之宝贝书系38

胎教优生百科

专家指导版

马良坤　菅波　编著

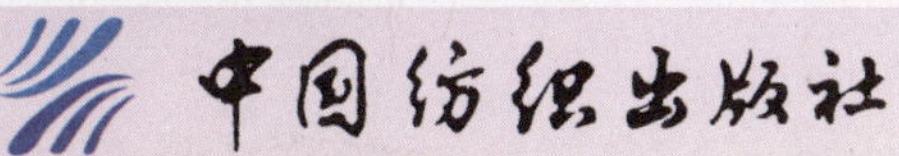
中国纺织出版社

内 容 提 要

本书以孕周为时间单位，详细记录怀孕每一周中胎儿、准妈妈的生理变化和注意事项，以及在本阶段最适合采用的胎教方法，使准妈妈能够在不同时期选择相应的胎教方式，让准妈妈们不再为了“如何胎教”、“怎样胎教才有效果”这样的问题而困惑。而且本书还对准妈妈的怀孕期进行最贴心的全程关怀，包括孕期检查和相关知识，同时汇集了许多国内外最流行、最前沿的胎教资讯，具有很强的科普性。

图书在版编目（CIP）数据

胎教优生百科专家指导版/马良坤，菅波编著.—北京：中国纺织出版社，2009.11
（之宝贝书系；38）
ISBN 978-7-5064-6011-8

Ⅰ.胎… Ⅱ.①马… ②菅波… Ⅲ.①胎教-基本知识 ②优生优育-基本知识 Ⅳ.G61 R169.1

中国版本图书馆CIP数据核字（2009）第189641号

策划编辑：尚 响　　责任编辑：李 娟　　责任印制：刘 强　　装帧设计：沈 琳　　张晓磊　　张双羽

中国纺织出版社出版发行
地址：北京东直门南大街6号　邮政编码：100027
邮购电话：010-64168110　　传真：010-64168231
http://www.c-textilep.com
E-mail:faxing@c-textilep.com
北京人教方成彩色印刷有限公司印刷　各地新华书店经销
2009年11月第1版第1次印刷
开本：635×965　1/12　　印张：20
字数：200千字　　定价：39.80元

前言

现在很多父母都很重视胎教，但也有很多父母并不知道如何科学地进行胎教。因此我们编写了这本书，用最通俗易懂的语言来进行深入讲解，提供多种方法以供准爸爸准妈妈选择。

这本书是以孕周为时间单位，详细记录怀孕每一周胎儿、准妈妈的生理变化和注意事项，以及在本阶段最适合采用的胎教方法，使准妈妈能够在不同时期选择相应的胎教方式，让准妈妈们不再为了“如何胎教”、“怎样胎教才有效果”这样的问题而困惑。而且本书还对准妈妈的怀孕期进行最贴心的全程关怀，包括孕期检查和相关知识，同时汇集了许多国内外最流行、最前沿的胎教资讯，使本书具有很强的科普性。

本书并没有局限于狭义的胎教概念，而是将胎教的理念渗透在孕期生活中。在怀孕的40周里，准妈妈与胎儿同体共息，准妈妈的情绪和生理状态都与胎儿休戚相关，因此，从准妈妈营养到行为活动，乃至所接触的生理、心理环境……都是我们胎教的范围，甚至可以说胎教伴随着妊娠的整个阶段。这个时候，让一本专业、科学的胎教书籍为准妈妈带来真诚贴心的指导，与胎儿共同度过温暖、充满爱意的40周，相信会为小家庭带来更多的温馨与活力。

祝愿每一个宝宝都能健康茁壮地成长，这是我们共同的心愿。

Contents 目录

我们的孩子长多大了

怀孕1～4周……14
怀孕5～8周……15
怀孕9～12周……15
怀孕13～16周……15
怀孕17～20周……16
怀孕21～24周……16
怀孕25～28周……16
怀孕29～32周……17
怀孕33～36周……17
怀孕37～40周……17

第一章 胎教总动员——让我们开始吧

10月胎教比10年教育更重要……20
传统胎教法……20

胎教的学问…………………………………………22
音乐胎教 ……………………………………………22
视觉胎教 ……………………………………………22
影响孩子健康的胎教………………………………24
希望自己的孩子健康，胎教能够帮助你 …………24
IQ取决于遗传还是胎教……………………………27
IQ是遗传的吗 ………………………………………27
胎教不是孕妇一个人的事…………………………29
何为社会胎教 ………………………………………29

第二章 从受孕开始胎教

怀孕之前的“受孕胎教”…………………………34
怀孕之后开始胎教为时已晚 ………………………34
怀孕前一起制定胎教计划…………………………36
思想准备 ……………………………………………36
调理身体 ……………………………………………37

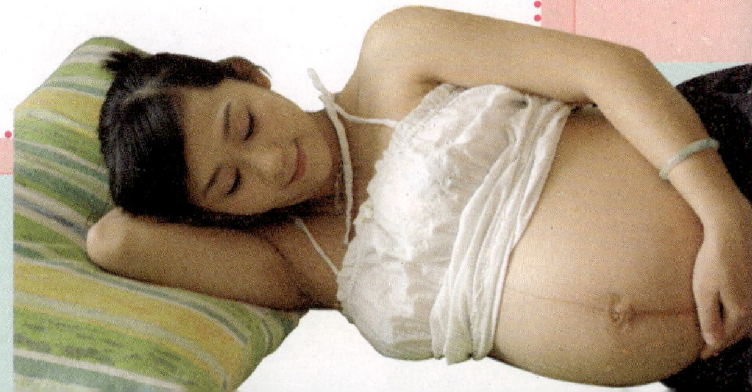

Contents 目录

饮食习惯 …… 38

生活作息 …… 39

怀孕之前一定要做的检查…… 40

TORCH …… 40

血型检查 …… 40

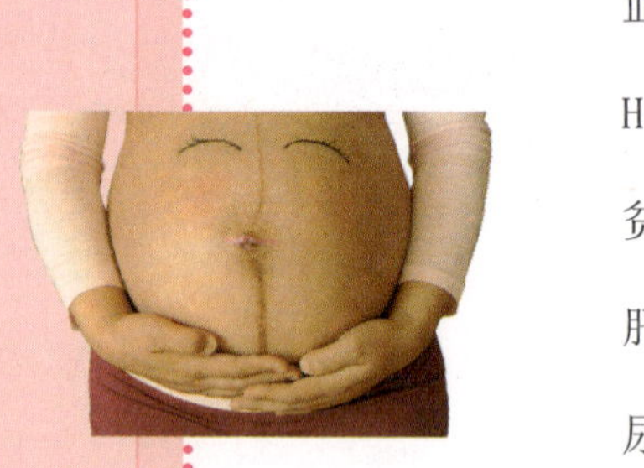

HIV检查 …… 41

贫血检查 …… 41

肝炎检查 …… 41

尿常规检查 …… 42

卵巢与子宫检查 …… 42

弓形体检查 …… 42

衣原体检查 …… 42

为了孩子的健康，有计划地怀孕…… 43

制定受孕计划 …… 43

精子与卵子的相遇实现了怀孕…… 45

生命之种——精子和卵子 …… 45

I Love you!!

推算预产期 …… 46
怀孕征兆 …… 47
斯瑟蒂克胎教法…… 48
让孩子变成天才的斯瑟蒂克胎教法 …… 48
斯瑟蒂克胎教的方法 …… 48
不同时期的胎教法 …… 50

第三章 和丈夫一起进行的每周胎教

胎教周历…… 56
怀孕1～4周 …… 56
胎教进行时…… 58
一家三口胎教法 …… 58
饮食胎教法 …… 61
运动胎教法 …… 64
瑜伽胎教法 …… 67

Contents 目录

孕妇普拉提 …… 71

按摩胎教法 …… 73

日记胎教法 …… 75

心理胎教法 …… 78

胎谈胎教法 …… 83

音乐胎教法 …… 88

胎教备忘卡 1～4周 …… 89

胎教周历 …… 90

怀孕5～8周 …… 90

胎教进行时 …… 92

一家三口胎教法 …… 92

饮食胎教法 …… 94

运动胎教法 …… 96

按摩胎教法 …… 99

游泳胎教法 …… 101

音乐胎教法 …… 104

I Love you!!

胎教备忘卡　5～8周……111
胎教周历……112
怀孕9～12周……112
胎教进行时……114
一家三口胎教法……114
饮食胎教法……116
运动胎教法……119
按摩胎教法……121
音乐胎教法……123
胎教备忘卡　9～12周……127
胎教周历……128
怀孕13～16周……128
胎教进行时……130
一家三口胎教法……130
饮食胎教法……132
运动胎教法……134

Contents 目录

瑜伽胎教法 …… 136

孕妇普拉提 …… 137

按摩胎教法 …… 138

童话胎教法 …… 139

氧气胎教法 …… 143

其他胎教法 …… 146

胎教备忘卡　13～16周 …… 147

胎教周历 …… 148

怀孕17～20周 …… 148

胎教进行时 …… 150

一家三口胎教法 …… 150

饮食胎教法 …… 153

运动胎教法 …… 155

按摩胎教法 …… 157

旅行胎教法 …… 159

胎教备忘卡　17～20周 …… 165

I Love you!!

胎教周历……166
怀孕21～24周……166
胎教进行时……168
一家三口胎教法……168
饮食胎教法……171
运动胎教法……174
按摩胎教法……177
森林胎教法……179
胎教备忘卡　21～24周……183
胎教周历……184
怀孕25～28周……184
胎教进行时……186
一家三口胎教法……186
饮食胎教法……188
运动胎教法……191
按摩胎教法……193

Contents 目录

视觉胎教法 …… 195

胎教备忘卡 25～28周 …… 199

胎教周历 …… 200

怀孕29～32周 …… 200

胎教进行时 …… 202

一家三口胎教法 …… 202

饮食胎教法 …… 204

运动胎教法 …… 206

瑜伽胎教法 …… 208

孕妇普拉提 …… 211

按摩胎教法 …… 212

视觉胎教法 …… 213

其他胎教法 …… 216

胎教备忘卡 29～32周 …… 217

胎教周历 …… 218

怀孕33～36周 …… 218

I Love you!!

胎教进行时……………………………………………… 220
一家三口胎教法 ……………………………………… 220
饮食胎教法 ………………………………………… 223
运动胎教法 ………………………………………… 225
按摩胎教法 ………………………………………… 227
胎教备忘卡 33～36周……………………………… 229
胎教周历……………………………………………… 230
怀孕37～40周 ……………………………………… 230
胎教进行时…………………………………………… 232
一家三口胎教法 ……………………………………… 232
饮食胎教法 ………………………………………… 234
运动胎教法 ………………………………………… 236
按摩胎教法 ………………………………………… 238
胎教备忘卡 37～40周……………………………… 240

鸣谢
孕妈妈：崔晶晶 李枫 刘静 瞿力 王艳 王玮 王淼 朱燕
准爸爸：李梓龙
宝宝：黄煜宸
指导教练：刘亚鹏
护士：张茜
摄影师：大雄 郭泳君 武勇

我们的孩子长多大了

怀孕 1~4周

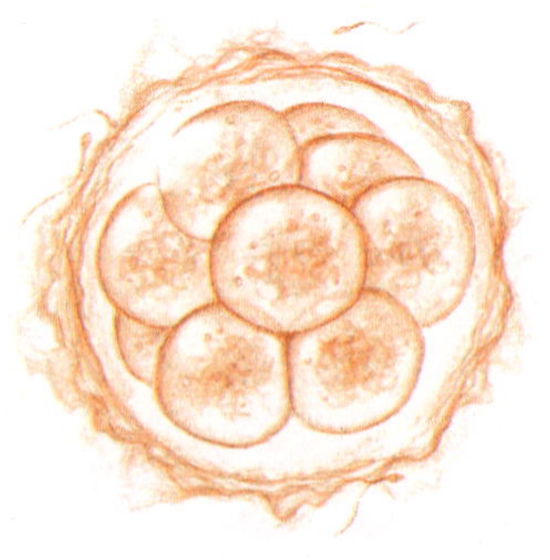

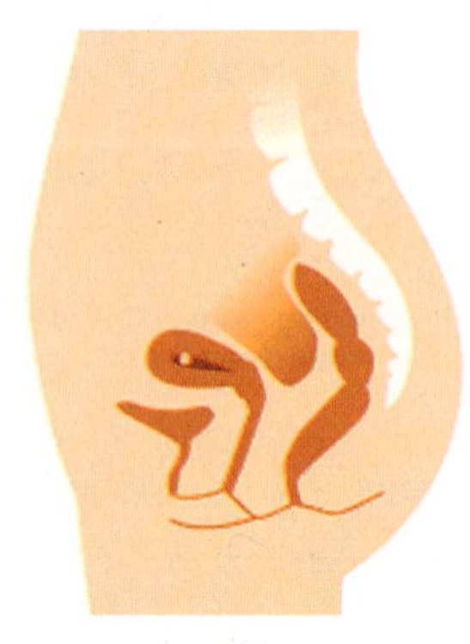

卵子受精之后，尽管在子宫内膜上着床的胚芽体积很小，但是其正以极快的速度生长着。此时胚胎长约0.5厘米，体重约1克。

怀孕 5～8周

胚芽的心脏开始跳动，脑部与一部分神经细胞发生分化，其他内脏器官逐渐形成。
此时胎儿的身长约3厘米，体重约4克。

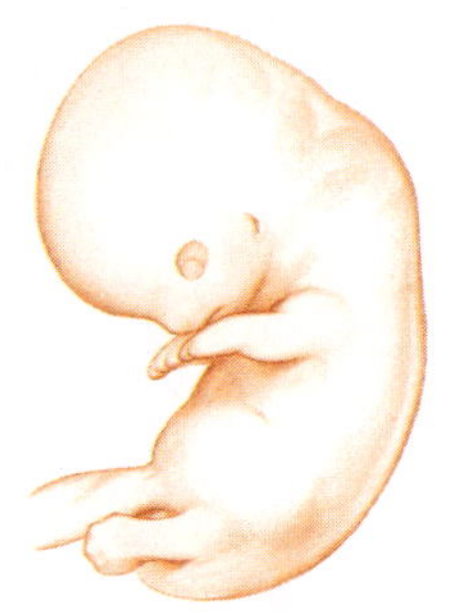

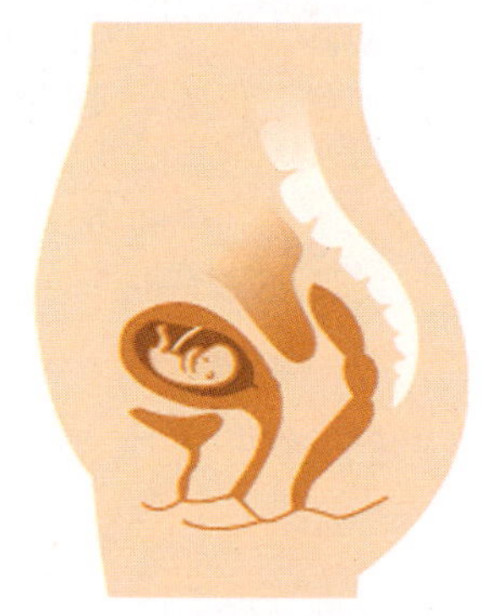

怀孕 9～12周

胎儿长出了手指和脚趾，孕妇需要提防流产。
此时胎儿的身长约8厘米，体重约30克。

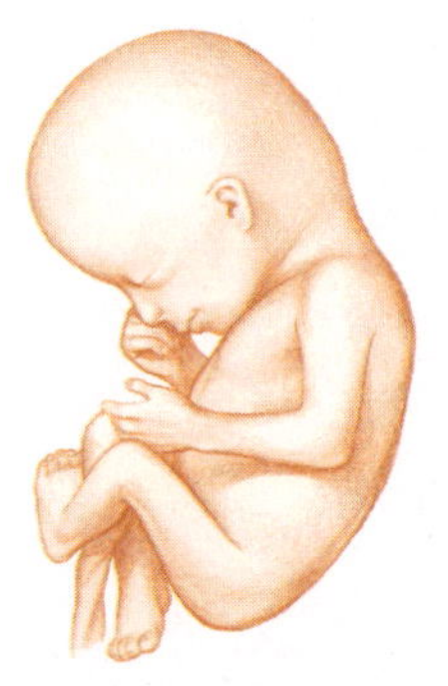

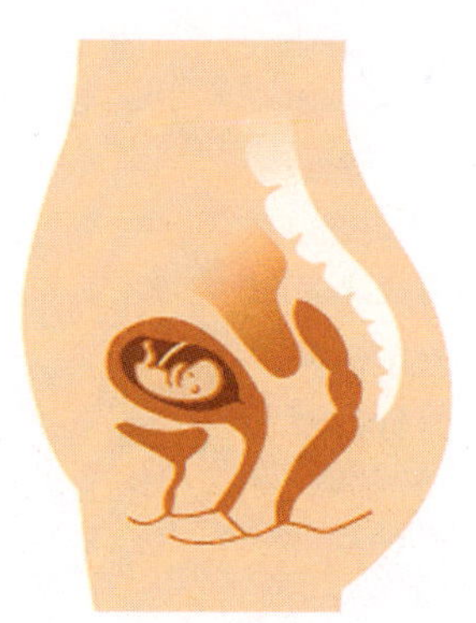

怀孕 13～16周

胎儿重要的身体器官已经形成，并且功能不断完善。
此时胎儿的身长约16厘米，体重80～120克。

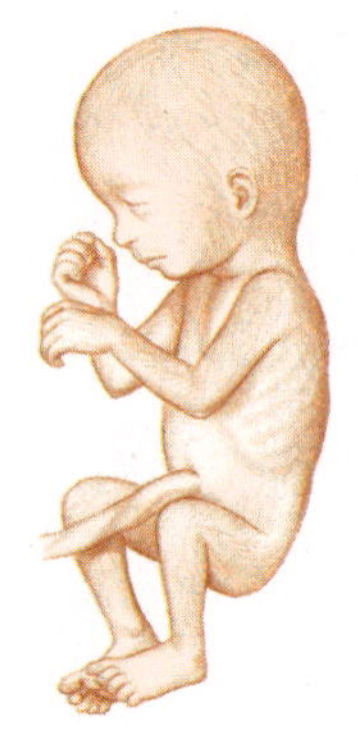

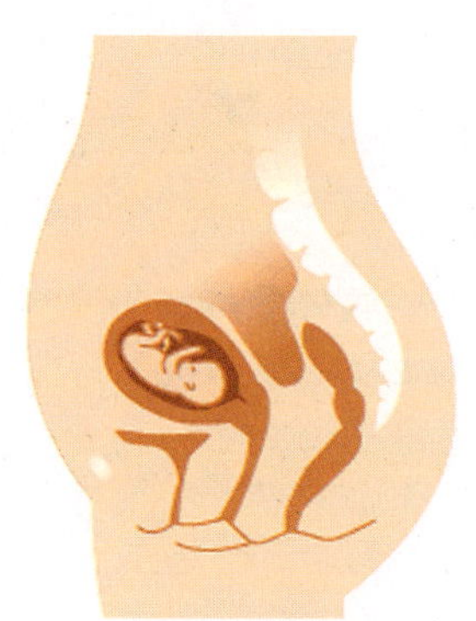

怀孕 17～20周

胎儿的听觉器官进一步发育，孕妇的腹部隆起明显，一眼就能看出怀孕了。

此时胎儿的身长约25厘米，体重约300克。

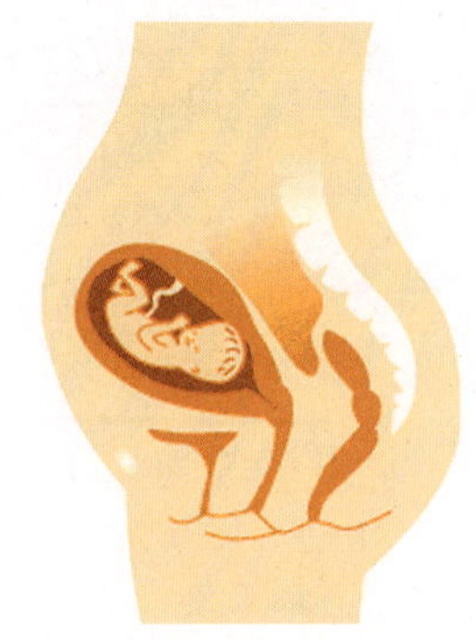

怀孕 21～24周

胎儿大脑迅速增长，肺部的血管进一步发育，消化系统开始工作。

此时胎儿的身长30～34厘米，体重500～800克。

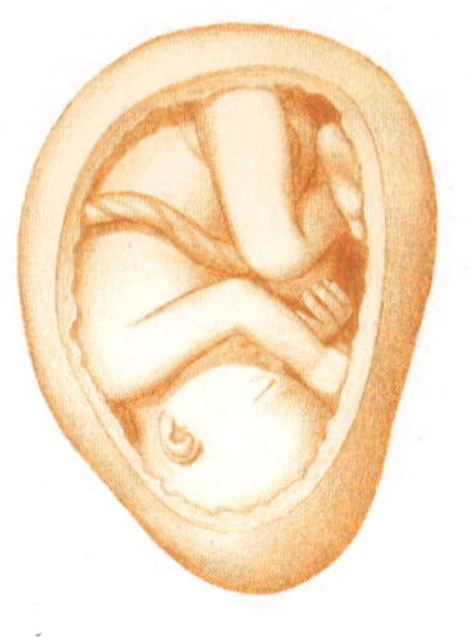

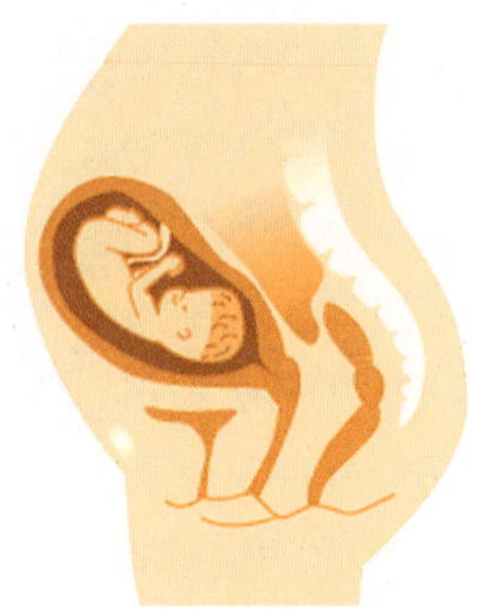

怀孕 25～28周

孕妇身体变胖，应开始进行呼吸方面的练习。抚摸腹部时胎儿会做出反应。

此时胎儿的身长32～37厘米，体重800～1500克。

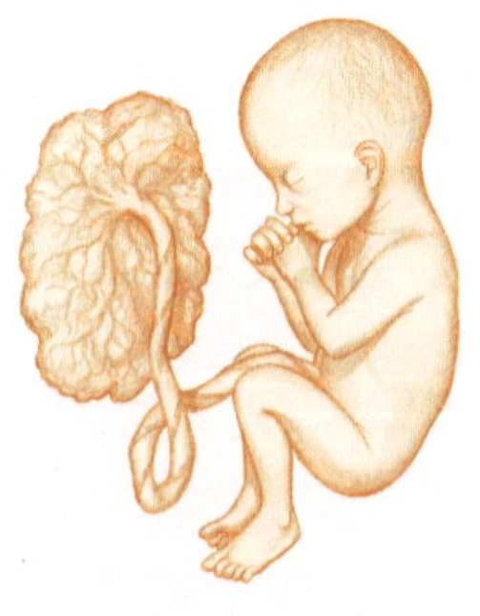

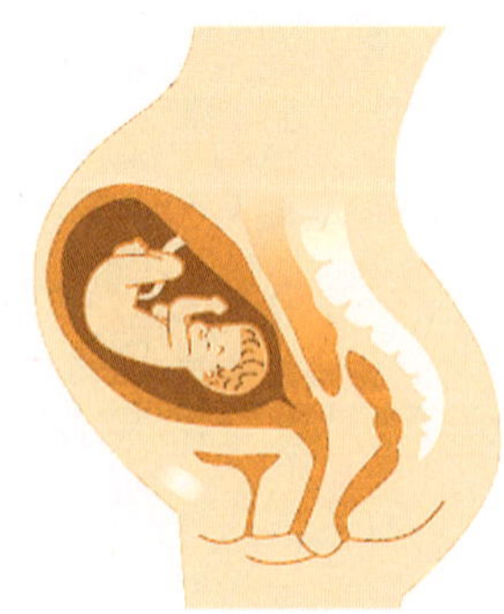

怀孕 29～32周

胎儿会对光线做出反应，肺部与消化器官几乎都已形成，胎动将逐渐减少。

此时胎儿的身长39～42厘米，体重1300～2100克。

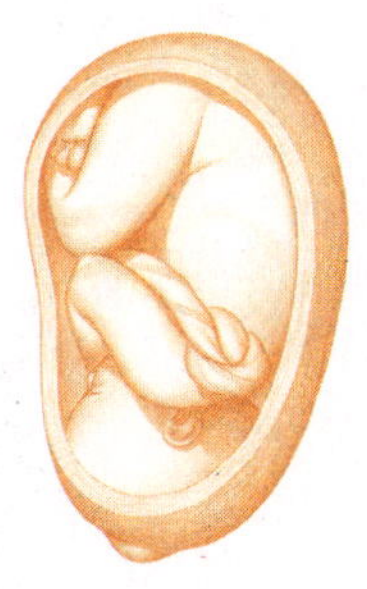

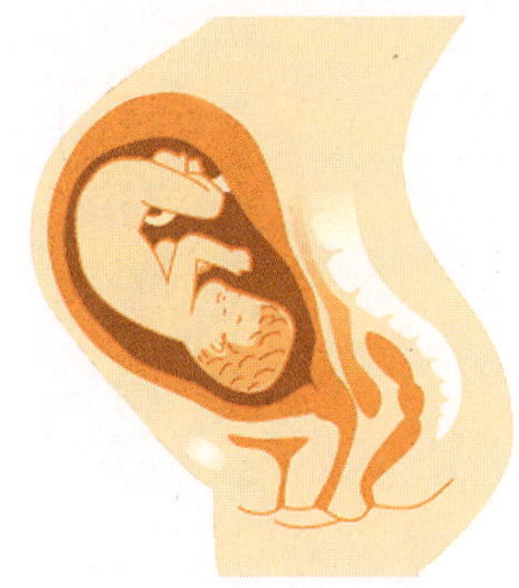

怀孕 33～36周

胎儿头部的骨骼变得坚硬，手指甲和脚趾甲不断生长，皮下脂肪逐渐增多。

此时胎儿的身长45～47厘米，体重1900～3100克。

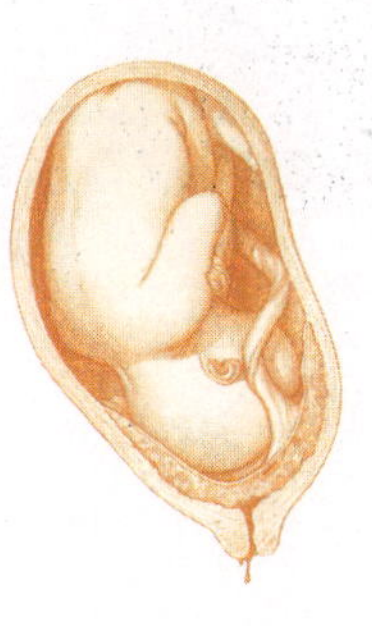

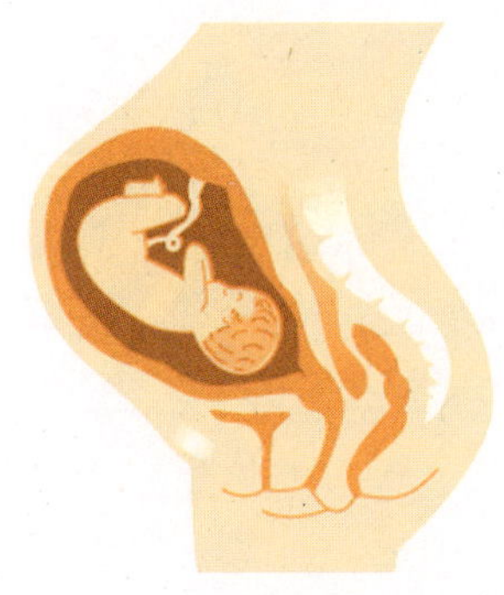

怀孕 37～40周

胎儿所有的身体器官都已发育成熟，为出生做好了准备。

此时胎儿的身长48～52厘米，体重2600～3800克。

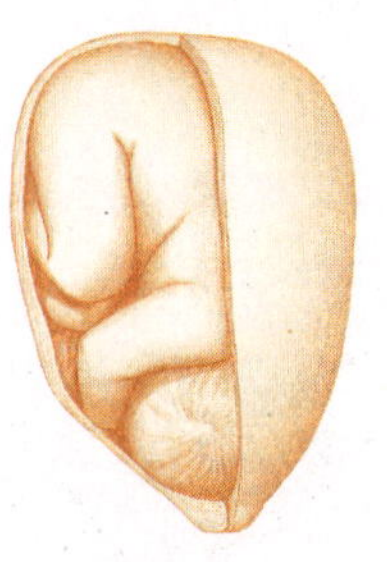

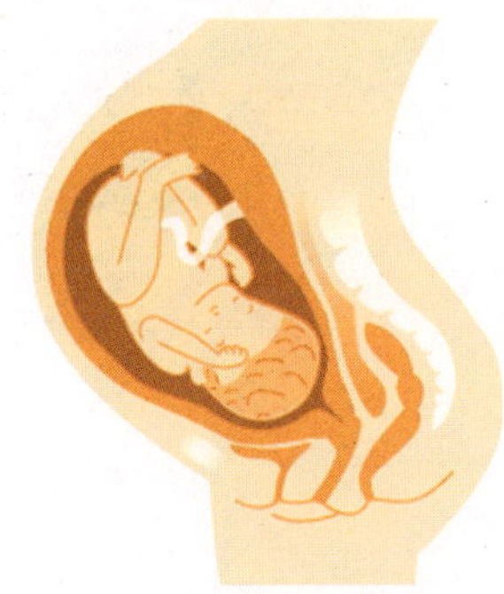

第一章
胎教总动员——让我们开始吧

女人一生中最幸福的事莫过于孕育一个小生命。母亲代表神圣、代表无私，在40周的孕期里，孕妇的身体会发生什么样的变化？胎儿又是怎样成长起来的？在探究这些问题的过程中，就能找到最佳的胎教方案。

10月胎教比10年教育更重要

传统胎教法

对于是否进行胎教这个问题，有的父母认为“别人都进行胎教，我做的话肯定没坏处”，但没有刻意地进行胎教，所以表现得很被动，只是把平时不怎么听的古典音乐偶尔拿出来听听，或是让丈夫偶尔读一些童话故事，就认为胎教已经进行得很到位了。

然而随着胎教效果越来越多地得到证实，人们对胎教的认识发生了巨大的变化。最引人注目的是人们越来越关注传统胎教法，这无疑是权威的专家所发现的胎教诀窍与传统胎教法相结合的产物。

科学理论不断证实着胎教的效果

以前，人们只是认为“进行胎教能生出聪明的孩子”，这一点已经被证实。但近年来还有一些研究成果揭示了胎教与孩子出生后的健康水平之间存在着直接关系，从而证实了“进行胎教能生出健康的孩子”这一观点。另外，如果妇女在怀孕期间曾承受过巨大的精神压力常常也会给孩子带来一定的精神问题，这一点也得到了科学的论证。因此，要想生出身心健康的孩子，就一定要好好进行胎教。

10个月胎教比10年教育更加重要

也就是说，比起孩子出生之后接受的智力开发、英才培养等系统教育，胎宝宝在母亲腹中10个月所受到的胎教要重要得多。

人类的智力48%靠遗传，52%靠胎教

如今，很多父母都相信有效的胎教可以生出聪明又健康的孩子，并把此当做进行胎教的核心理由。

各种研究成果都证实了这一点。一直以来，人们都认为“人类智力有80%受到遗传因素的影响”。但美国的一个研究小组，通过长期的观察和实验得出了“人类智力只有48%受遗传因素影响，剩余52%与宫内环境有关”的论断。

此外，英国著名生物医学博士诺塔尼茨也指出，成年人的肥胖症、糖尿病、癌症和心脏病等各种疾病，与其胎儿期的宫内环境有关。由此我们可以得出结论，胎儿时期对人一生的健康起到重大的、决定性的影响。

错过胎教的时机将成为毕生的遗憾

我们应当清楚地意识到，一旦错过胎教的好机会就再没有挽回的可能了，毕竟孩子出生以后就不会再有机会进行胎教了。

但怀孕之后才开始进行胎教并不是十分正确的做法，只有从制定怀孕计划时制定出胎教计划才能使胎教效果显著。

胎教的学问

音乐胎教

打算进行胎教的父母所做的第一件事是什么呢？恐怕大多数准妈妈都是按下音响设备的开关投入到美妙的音乐当中。因为优美的音乐对胎教有好处，这一点早已经成为常识了，而且大家都对这一点深信不疑。那么，优美的音乐真的对胎教有帮助吗？

据研究，当准妈妈听音乐时，胎儿确实有反应。胎儿在17～24周(即5～6个月)时能听见外部的声音，他不仅可以对其作出大致的区分，甚至有些声音的记忆能存留到新生儿时期。由于胎儿在子宫里就记住了爸爸妈妈的声音，所以在出生后的那段日子里，只要你直呼他的名字，就一定能看见他做出明显的反应。

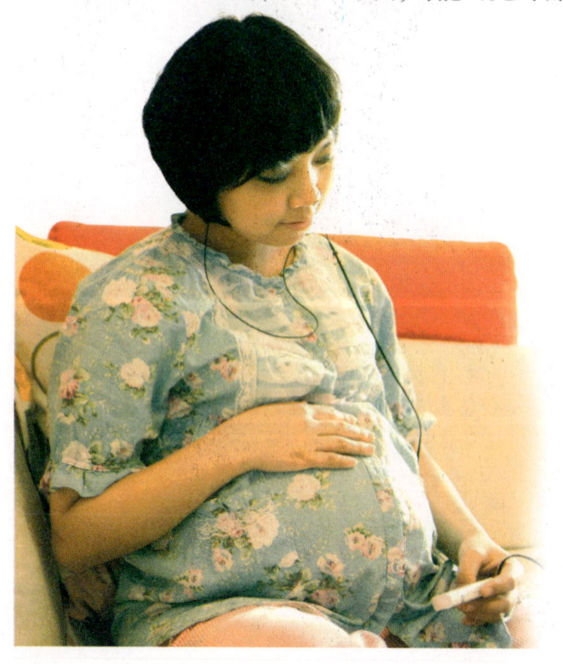

现在我们能够肯定胎儿不仅可以听得见声音，而且对这些声音存在记忆，所以我们应该尽可能地把美妙之声传递给胎儿。

还有研究结果表明，轻缓的音乐比嘈杂的声音更有利于胎儿脑部的发育，由此可以说：准妈妈们以自然放松的状态听古典音乐是一种先觉的、本能的胎教方法。原本就不喜爱古典音乐的准妈妈也没有必要勉强自己。因为无论是什么样的音乐，只要准妈妈喜欢听，愉快地接受，胎儿就能一同进入欣赏的状态，因为准妈妈和胎儿是一体的。

视觉胎教

胎教过程中的另一个重要事项，就是将照片挂在家里或是放在办公桌上反复欣赏。特别是听到“看漂亮宝宝的照片才能生出漂亮宝宝”的说法之后，许多准妈妈都开始到处寻找漂亮宝宝的图片，并贴满四壁。

毫无疑问，胎儿也是有视觉的。然而，胎儿的视觉能力仅仅达到可以分辨光亮的程度，所以准妈妈欣赏图片大多只起到稳定自己情绪的作用。说到底，欣赏美好的事物会使内心变得轻松，这一点毫无疑问。

准妈妈要养成追求美好、避开丑恶的习惯。因此，看漂亮的图片，能够稳定情绪，是准妈妈避开不良影响、接受美好事物的自觉行为。

胎教也是培养人才的过程

一直以来，对胎教有研究的人员都极力坚持胎教是科学的，在近些年的研究中，这一观点同样得到各领域学者们的肯定。

狭义的胎教是根据胎儿各感觉器官发育成长的实际情况，有针对性地、积极主动地对胎儿给予适当、合理的信息刺激，使胎儿建立起条件反射，进而促进其大脑机能、躯体运动机能、感官机能及神经系统机能的发育。目前人们也不断地从全新的角度看待胎教：胎儿在准妈妈腹中接受“硬件”和“软件”升级的过程中，如果能够持续接受具有一定积极意义的刺激，那么将来必定能够才智出众。

孩子与父母之间的纽带关系是从腹中开始形成的，所以我们不仅仅应当注意子宫内的物理环境，还应当维持正常的情绪环境。归根结底，胎教的过程也是人才培养的过程。

根据听觉和味觉的发育期进行胎教

随着人们对胎教关注程度的提高，如今已很少有人质疑“胎教是一门科学”这一命题，胎教的科学性也被许多亲历者所证实，并且其重要性及效果也广为人知。

看美好的事物，听悦耳的声音，极力追求内心的平静，这些做法无论对谁来说都是大有益处的，哪怕是对没有怀孕的人，也具有相当的益处。人们常常为了调整心情而进行瑜伽等运动，更何况是怀有一个蓬勃生命体的孕妇呢！努力保持平和的心态是每一位准妈妈要做的事情。

在过去，人们只能依据前人的经验进行胎教。而今有些方法也被逐一证实是有科学根据的，如聆听美妙声音的时期是胎儿听觉的发育期，营养胎教的时期是胎儿味觉的发育期。

胎教需要胎儿、准妈妈和准爸爸的共同参与

细心分析一下传统的胎教内容，就会知道胎教并没有被当做一种特殊的技能，也没有被当做对胎儿进行的产前教育，而仅强调了孕育小生命的孕妇在怀胎10月的心境和生活态度。

在当今社会，要完全用传统胎教法是不可能的，因此，最重要的是尽最大努力去达到其要求的一种心态。

所以，对于准妈妈来说，讨论胎教是科学还是非科学，还具有重要意义吗？事实上，为了宝宝的一次完美的问世经历，需要胎儿与准妈妈、准爸爸共同努力，这才是胎教的最大意义之所在。

影响孩子健康的胎教

希望自己的孩子健康，胎教能够帮助你

我们向准妈妈们提出了如下问题：

“希望能生出什么样的孩子？”

调查结果显示，排在第一位的回答依然是“身心健康的孩子”。将健康作为第一选择的准妈妈占到被调查者的一半以上。紧随其后的是“正直、善良的孩子”、“听话的孩子”以及“成绩优秀的孩子”等。

看到这一调查结果，人们多少会有点惊讶。想想看，曾有多少准妈妈在确认自己怀孕后，学起了多年没碰过的英语。“成绩优秀的孩子”这一选择怎么会屈居第四位呢？调查结果会不会不客观呢？

尽管有些人会这么想，但不可否认，调查确实反映出了准妈妈们最直接的想法。早期教育、英才教育必须以孩子的身心健康为最大前提。也就是说，“孩子五官端正、手脚健全”始终还是准妈妈们关心的第一件事。

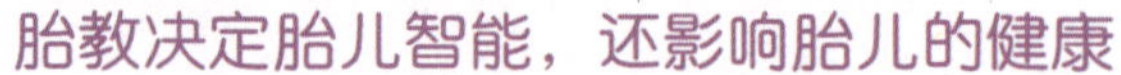

胎教决定胎儿智能，还影响胎儿的健康

胎教决定的不仅是孩子出生时的健康状态，还包括孩子一生的强健体质。毕业于英国剑桥大学，现担任美国康奈尔大学受孕及生育研究所所长的彼德·诺德尼尔斯教授认为，决定人一生健康的要素就是宫内的生长环境。准妈妈与胎儿之间身体上、激素上、感应上的相互作用，对孩子一生的身体和心理健康都有显著的影响。

所以，和遗传因子相比，宫内环境起着更重要的决定作用。彼德教授认为，孕妇所进行的胎教左右着孩子的健康，那么“健康是一种非人力因素所能及的、由命运所决定的东西”这样的观念也就不攻自破了。此项成果为人类带来了巨大贡献。

宫内环境不同决定了兄弟间的巨大差异

让我们一起来看看彼德·诺德尼尔斯教授的一项研究吧！

在美国加利福尼亚州的一个小家庭里，一对普通的中产阶级夫妇生下了他们的第一个儿子詹姆斯。在母亲怀有詹姆斯的那段时间里，家里一直安然无恙，夫妇二人以最为平和的心态度过了孕期。顺利出生的詹姆斯在满周岁之前，一直幸福地和父母生活在一起。

然而就在詹姆斯1岁时，不幸降临到这个家庭。父亲在一场交通事故中变成了残疾人，并且因此失去了工作。难以维持生计的父母带着詹姆斯搬迁到亲戚们居住的匹兹堡市。在那里，詹姆斯的母亲在一家洗衣店里干活，她每天都要搬运沉重的待洗衣物，工作十分辛苦。即使这样，一家人还是没能摆脱穷困的处境，只能经常吃一些不新鲜且没有营养的食物。在这样的困顿生活中，母亲怀孕了，生下了第二个孩子威廉。

故事讲到这里，大家可以明显发觉詹姆斯和威廉的宫内生长环境的巨大差异。詹姆斯在具有良好气候条件、经济毫无困难、母亲精神愉悦的状况下顺利来到人间，而威廉则是在母亲精神压抑的状况下出生的。

比遗传和生活环境更为重要的宫内环境

如此说来这件事的结果如何呢？弟弟威廉在40岁的时候出现了高血压的症状，50多岁患上了糖尿病，60多岁就因心肌梗死而死亡。相反，哥哥詹姆斯健康地活到了80多岁。

当然，两人的基因不尽相同，因此不可能进行最全面的比较。但如果注意到兄弟之间相似的基因和基本相同的成长环境，我们依然可以得出他们的健康状况是由宫内环境决定的这一结论。当然，“宫内环境左右一生健康”这一主张，所依靠的绝不仅仅是对这两兄弟的研究结果。

尽管我们拥有数量众多的事例，但詹姆斯和威廉这两兄弟的情况最能够体现宫内环境的重要性。彼德·诺德尼尔斯教授对宫内环境与胎儿关系的持续研究已经超过了30年，至今仍没有人对研究结果提出任何质疑。

尽管是由同一对夫妇所生，成长环境完全相同，但两人的健康状况却有着天壤之别，由此可知宫内环境对胎儿是多么重要。因此，为了生出真正健康的孩子，应当尽早迈出平安胎教的第一步。

制定适合自己的怀孕计划

在一些东方国家，孩子刚出生就被计为1岁。而很多西方国家在孩子出生满12个月才被认定为1岁。实际上，东方国家是将孩子在宫内生存的将近10个月的时间也计算进去了。

如今不断有人提出主张，这种将早在肚子里就开始看、开始听、开始感觉并有一系列活动的

胎儿视为一个生命体的做法，事实上是更为科学的。现在越来越多的人将视线焦点延伸到怀孕期间，甚至在怀孕以前，为准妈妈量身定做的怀孕计划也大受欢迎，这样的计划完全是根据准妈妈的健康状况、起居习惯、运动方式、压力大小而配套制定的。

这样的“怀孕计划”，其实就是完全意义上的胎教。每个人的生活方式不尽相同，因此孕妇不仅应该学习通用的胎教法，还应该选择一些适合自己的个性胎教。

准妈妈的健康是胎儿健康的保证

如果我们想制定出近乎完美的怀孕计划，就应该接受这样的主张：女性在孕前就应将包括子宫在内的、身体的每一个部分都调整到最适合怀孕的黄金状态。因为我们都相信，只有健康的妈妈才能生出健康的宝宝。

孩子的健康决定于宫内环境。不仅仅是畸胎、心脏病、高血压、糖尿病、癌症等这些疾病，其他如身体素质等也多多少少都和宫内环境的好坏有关。孕妇的健康是胎儿健康的保证。健康的体魄是母亲能给予子女的最佳礼物。进一步说，孩子的健康将会成为家庭和睦的重要基础。由此，我们再不应该漠然地抱着“胎教，做做看也没什么不好吧”这样肤浅的想法。若想生个健康的孩子并让其幸福地成长，就不能马马虎虎地做胎教。这不仅关系到孩子一时的健康，而且对其一生都大有益处，如此说来，我们难道不应该再多花一些精力吗？

IQ取决于遗传还是胎教

◎IQ是遗传的吗

尽管关于智商有这样那样的说法，但父母们还是希望自己的孩子聪明，换句话说就是希望生育一个IQ指数比较高的孩子。尽管大家知道那不是孩子一生幸福的必要条件，但依然无法抛弃“聪明的人可以较为轻松地生存”这样的观点。那么，要怎样生出聪明的孩子呢？

大部分人都认为孩子的智商是先天的、遗传的。但也有人认识到智商的后天因素、环境因素，从而迫不及待地让自己的孩子接受英才教育。

传统观点认为“IQ指数80%来自遗传”，然而这一说法越来越受到人们的置疑。

既非遗传，又非后天造就，具有决定性影响力的其实是胎教

在许多项研究中，最令人信服的莫过于美国匹兹堡大学有关机构的研究成果。该成果指出，尽管基因决定人的IQ，但它的作用不会超过48%，人类的智商更多的还取决于宫内环境。

有的父母总是非常自信地强调：“孩子的爸爸妈妈都很聪明，所以……”；有的父母说：“遗传的确是太重要了，除此之外，重要的就当属长大以后接受的教育了吧”，无论是前者还是后者，都是糊里糊涂地给自己的孩子下定论。要说真正的重点，其实还是既非遗传也非后天环境的胎教。

看到这样的结果也许会有人产生疑问：是不是对胎教强调的有些过头了。但曾有足足5万个婴儿参与了这项研究相关的实验，研究成果还被刊登

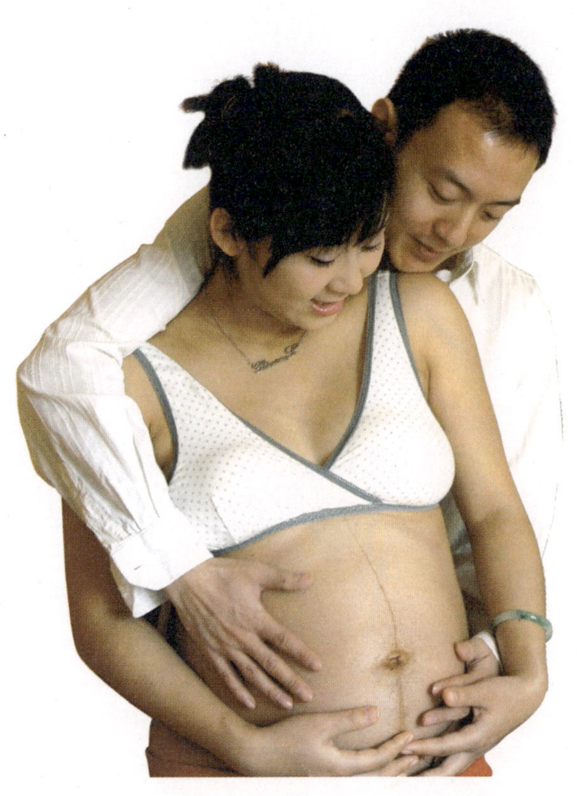

在了全球著名科学杂志《Nature》上，如此一来又增加了它的说服力。

实施了胎教的孩子情绪稳定

实施了胎教的孩子的突出特点是：情绪比较稳定。啼哭时给予安慰，马上哭声减小，多数孩子会停止哭泣，并且追寻声源。吃奶后入睡快，清醒时目光透着聪慧，亮而有神。手的伸张抓握能力强，四肢活动有力，肌力强，抚摩肢体即高兴地挥动四肢。扶坐时颈部肌张力强，俯卧抬头。对音乐非常喜爱，听到便不哭了。

对于刚出生婴儿的表现尚且如此，日后再放手创造良好的教育环境，个个都会成为学习的“天才”。

胎教不是孕妇一个人的事

◎何为社会胎教

女性有很多重要的事情，比如保持良好的个人生活方式、人际关系，还有自己的工作和阅历等。对于准妈妈而言，为了怀孕而放弃这一切无疑是强人所难。随着怀孕一起到来的诸多变化会让准妈妈感到苦恼，此时她应当与自己的丈夫、双方的亲属、同事一起努力，使自己从压力当中摆脱出来。

此刻，对于那些刚刚怀孕或是正有生育打算的人来说，谈及胎教时有一个概念是绝对不该被遗忘的，这就是所谓的“社会胎教”。

社会胎教如果用一句话来描述，就是胎教的重担不应由孕妇一个人来承受。孩子是夫妇二人的结晶，是爷爷奶奶们的宝贝孙子孙女，也是叔叔、婶婶、姑妈这些亲戚们的可爱的侄儿侄女。因此胎教是不应该由孕妇一个人承担的，而应该由以上所有的人齐心协力，共同进行的。

让丈夫参与到胎教中来

对于准妈妈本身而言，即使自己不多想也会本能地去进行胎教。她会主动要求营养美味的食物，主动不去不安全的场所，主动听美妙的乐曲，在工作的时候受到压力也能很好地进行自我调节。在心态平和的情况下想起自己以前对不起别人的地方，会萌发出一丝歉疚和忏悔。这些都是孕妇本能做出的胎教反应。

那些意识到胎教重要性的准妈妈，毫无疑问会在怀孕期间尽心尽力地进行胎教。在此基础上，如果胎教的合作伙伴——准爸爸能够给予一臂之力，胎教无疑将会进行得更加有声有色。毕竟从怀孕的那一刻，不，应当说是从怀孕之前开始，胎教就已经注定是妻子和丈夫两人共同的责任了。

越来越多的准爸爸意识到了胎教的重要性，并自发地参与到胎教活动当中。当然，与和胎儿连成一体、共同分享胎教乐趣的准妈妈相比，跟胎儿的接触机会少之又少的准爸爸身上的负担着实轻多了。

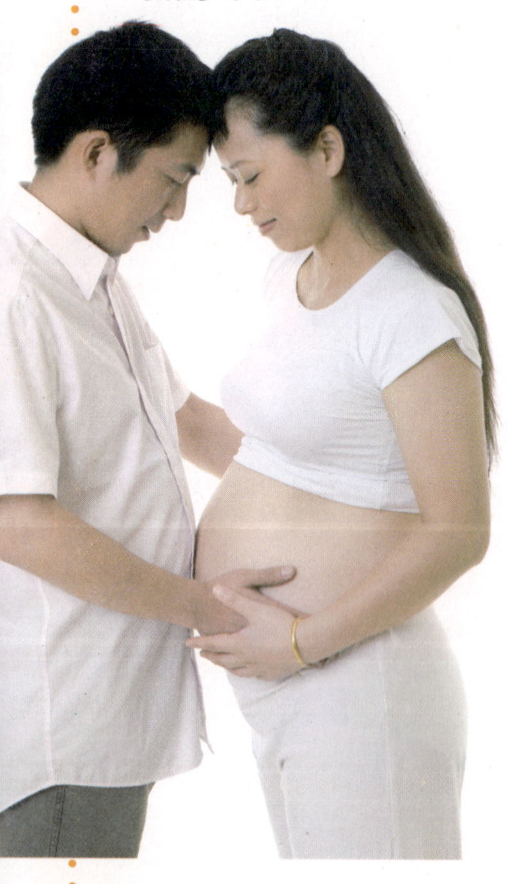

然而，准爸爸如果知道胎儿能够对外部传入的说话声音产生强烈的、积极的反应，就一定不会再对胎教采取马马虎虎、敷衍了事的态度了。他一定会常跟孩子说说话，甚至试着给妻子做轻微的按摩。其实准爸爸可以为孩子做的事情有很多，其中最简单的就是陪准妈妈散步。

与公公婆婆维持和谐的关系相当重要

除了散步以外，丈夫为了让妻子保持平和的心态所做的一切努力，都会转化为胎教成果。

对于准爸爸来说，绝不能抱有“胎教主要是妻子的事情，丈夫仅仅起辅助作用”这种想法，胎教的核心是强调准妈妈和准爸爸二者合一。若要深究二者谁起到的作用更重要，则毫无意义。

在胎教的各个环节中，另一个起到重要作用的当属婆婆一家。婆媳关系对女性而言一直是个令人头疼的问题。因此，为了能让儿媳妇心平气和地度过这10个月的孕期，婆婆一家确实应当给予她更多的关怀和照顾。不仅不能让身体和神经皆处于敏感期的儿媳妇进行体力劳动或处理大小事务，还应该时刻牢记不说过分的、可能对她造成一定伤害的话。

如果家里有个聪明且健康的孩子出生，又怎么能说这只是媳妇一个人的幸事呢？那时大家都将沉浸在喜添贵孙（女）、喜添贵侄（女）的幸福之中，为了这一刻，大家一起照顾处在孕期的媳妇吧。心里始终想着自己的言行、举止都将对小生命一生的健康与幸福产生影响，举手投足皆应三思而后行。

将怀孕的消息公开并寻求上司和同事的理解

如今，有了越来越多的职业女性，我们不得不承认她们承受着更多的压力。在极为复杂并且高速运转的现代社会当中，孕妇要想得到特殊的照顾真是难上加难。

在这种情况下，为什么不将自己怀孕的消息公开并寻求上司和同事们的理解呢？当然在有些

情况下，这样可能使自己的工作受到影响，但与为了隐瞒事实真相而使胎儿受到不必要的影响相比，哪个更重要呢？

让我们来听听美国某著名杂志社理事会的一个女职员的故事吧。她在忙忙碌碌的杂志社里工作，曾因压力过大而生下一个有多种并发症的早产儿，在那之后，她为自己的第二次生育选择了一条完全不同的道路。这个女强人向丈夫和身边的人们发出了求助，于是压力随着她的工作量一起得到了减轻，她终于有精力去调节自己的运动和饮食了。

这个女强人将过去放在工作上的热情全部放在了胎教上，结果，她生出了一个健康的孩子。当然，她是在经历了第一次生育的磨难之后才意识到的，但对于我们大家而言，谁都应该从这件事上吸取教训：再好的工作也无法与孩子的健康相提并论。

大家一起遵守孕期的重要事项吧

胎教并不是孕妇一个人的事情。孕妇时刻需要获得身边人的帮助，共同完成这个任务。

对于现在的准父母来说，未来一家人的幸福此刻就把握在自己手中。因为健康的父母所生下的子女，在未来也将生下健康的下一代。

法国人经常食用大量含有动物脂肪的食物，这些食物可能会导致胆固醇数值与血压升高，然而比起其他西欧国家的人来说，他们的心脏病发生率反而小了许多，这究竟是为什么呢？通常认为这和他们经常食用橄榄油和红葡萄酒、大蒜的饮食习惯有关。

但如果我们认真研究一番，则会发现这其中还含有一个胎教的秘密。与其他国家不同，早在一百年前，法国人就开始对孕妇实施胎教方案。那么，胎教就可以算作是今日健康法国的古老基石了。

从这件事的结果中，我们可以看出，胎教不仅对个人，而且对家庭也都是非常重要的。因此，胎教并不是孕妇个人的职责，丈夫、亲戚、同事都应该共同参与。

对于女性来说，在怀孕期间有许多她无法舍弃的：工作、家庭要让孕妇一个人应付这些压力，实在是勉为其难。

可以说我们每个人都是这件事的主人公。我们应该一起为了保护孕妇和胎儿去遵守各个事项，同时尽力缓解她们的压力。大家很快会意识到，保证一个人的幸福，其实是保证家庭幸福的必经之路。

第二章
从受孕开始胎教

胎教并不是在怀孕之后才进行的，而应该从制定怀孕计划的时候就开始，这就是受孕胎教。为了生下健康、聪明的孩子，在怀孕之前，夫妇二人做出周详的计划是必不可少的。

怀孕之前的“受孕胎教”

◎怀孕之后开始胎教为时已晚

胎教的基础是有计划地怀孕

看到自己的孩子出生，无疑是人一生当中最神奇的经历。而这件事也会带给你同样多的责任感和负担感。能够把各种负担减轻，让怀孕成为一件幸福的事情，无疑需要有计划地怀孕。

为了生出健康的孩子而事先进行计划是相当必要的。有许多孕妇很晚才知道自己怀孕，在这期间又是吃药又是照X光片，还容易情绪不稳定。这种情绪无论对孕妇自己，还是对胎儿都会造成不好的影响。

然而，如果有计划地怀孕，就能事先调整自己的身心，尽量避免对胎儿有危害的行为。事实证明，有计划的怀孕可以大大降低畸胎的发生率。这比保证孕妇身心愉快地度过怀孕280天、迎接孩子的降临更为重要。

只有准备充足的父亲才能孕育健康的孩子

尽管传统观念认为，胎教只需妻子一个人完成就可以了。但孩子是否健康仍然会受到父亲的影响。

我们可以将准爸爸的胎教法分成两大类，也就是“受孕胎教”和“协助胎教”。

受孕胎教就是丈夫在让妻子怀孕时，努力地优化一切条件，并把自己的身体调整到最好状态，要有孕育杰出下一代的决心。在丈夫身体健康、心旷神怡时孕育的孩子，出生后身体结实、头脑发达的可能性相当高。

如果在此之后妻子怀孕，那么丈夫所要做的协助胎教同样重要。丈夫的帮助与照顾会使妻子的心情变得安定，这是任何东西都不可代替的“灵丹妙药”。妻子安定的心情将给胎儿带来好的影响。

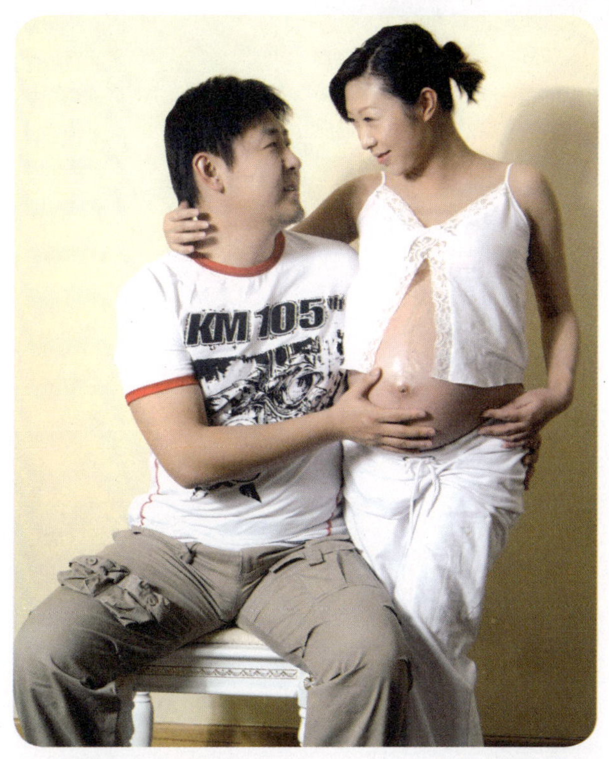

夫妻一起做身体和精神上的准备

健康的精子和卵子相遇是生下健康婴儿的必需条件。因此，夫妻两人必须在计划怀孕之前的数月就努力地调理身体和心态。精子和卵子是在人体内产生的，它们理所当然地会受到人体健康状态的影响。

无论在身体上还是在精神上，准父母们都应该保持健康的状态，特别是要戒除烟酒。丈夫最好在妻子怀孕前的6个月开始身体和心理上的准备，戒烟、戒酒自然不必说，连可能对未来孩子产生不良影响的言行都应该多加注意，要时时以感恩的心态迎接每一天的到来。

胎教法精华

为了健康的孩子而应遵循的10条法则

1. 禁止吸烟、饮酒等对胎儿产生害处的行为
2. 学习胎教方法
3. 夫妻之间不要争吵，时常共度美好时光
4. 避免过度节食
5. 在遗传问题方面听取专家的意见
6. 设想怀孕以后可能遇到的困难和负担
7. 坚持不懈地运动以增强体力
8. 和专业医师讨论家庭计划、避孕方法和现在的健康状况等事项
9. 均衡摄取各种营养
10. 保持生活作息规律

怀孕前一起制定胎教计划

◎思想准备

决定受孕的时机

如果有了想要孩子的念头，夫妻两人就该好好讨论一下到底什么时候要孩子比较合适，最好包括怀孕的时机、育儿计划等所有具体事项，还要仔细盘算一下家里的经济状况。因为怀孕、生育和幼龄教育等将需要一笔不小的开销，而在经济环境较为宽裕的情况下，妻子的精神状态也会比较放松。但如果有长期旅行或是搬家的计划，最好推迟怀孕。

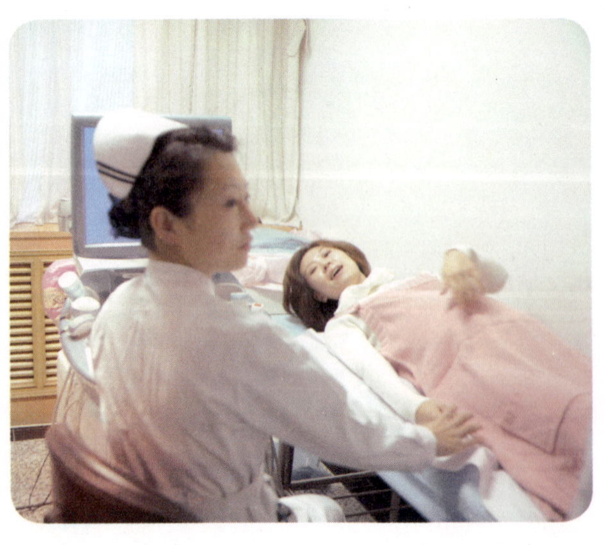

事先学习关于孕产的相关知识

妻子怀孕可能是夫妻人生的一个转折点，怀孕的那一刻让他们开始了一种崭新的生活。孩子的出生对他们而言是巨大的幸福，同时也是沉甸甸的责任。因此我们不应当毫无准备地迎接孩子的到来，而应该先将该学会的东西全部学会，减轻一切可能减轻的负担。

读一读关于怀孕知识、生育知识和胎教方法的书籍，常去社区中心、医院和幼教中心听一听相关的讲座，或者通过互联网参读别人的育儿日记、生产日记和胎教经验谈……这些对你都会有所帮助。

如果能为将要到来的孩子提前进行学习，准父母们就能体会到胎教的重要性、胎教以什么方式进行，以及怎样做好生产准备等。夫妇一起学习还能加深两人之间的感情，而这种情感将自然而然地延续到即将出生的孩子身上。

压力会影响精子和卵子的健康

万病的根源都是压力。尽管我们说压力在某种程度上是动力，但如果压力过大就很容易成为致病的诱因。承受各种压力的同时身心也会变得非常疲惫，患上疾病的概率则会大大增加，随之内分泌逐渐失调，正常排卵受到影响，受孕也就可能因此变得困难。

我们应当记住，胎教的目的是让准妈妈保持安定的心态，从而改善宫内环境，受孕胎教也是如此，也是让准妈妈的内心达到安定的状态。实际上，如果内心有所不安或是受到了压力，人的体液和血液就会呈酸性，就有可能妨碍精子和卵子的正常接触。

夫妻二人经常一起度过美好时光

有人说爱需要表达出来才会更加美好，那么丈夫和妻子就应该常常表达彼此之间的爱意，这样一来夫妻之间的矛盾也就自然减少了。

生活在一切都忙碌运转的时代，夫妇两人共度的时光少之又少。受孕胎教的真谛就是让夫妻双方的身心达到良好的状态，然后孕育生命。两人在一起度过的美好时光越多，他们之间的爱就会越深。

夫妻有共同关心的话题是一件再好不过的事情。养几盆花草，读相同的书籍并进行谈论，或者共同旅行、欣赏音乐……这些都是值得采用的方法。

◎调理身体

怀孕前3个月要停止避孕

如果要怀孕，自然要停止避孕。那么，究竟应该在什么时候停止，又应该在什么时候怀孕呢？应该在停止服用药物3个月以后再怀孕。虽然在刚停止服用药物就怀孕，不至于生出畸形儿，但为了最大程度地减少不良反应，我们还是应当留出足够的时间。

做孕前检查

怀孕之前夫妻二人要去做孕前检查，确定两人是否患有对胎儿产生不良影响的疾病。

我们都有可能患有自己不知道的疾病，因此在接受这些检查之后，如果查出患有某些疾病，应治愈后再怀孕。

戒烟戒酒

在制定怀孕计划之后，最应该做的第一件事

情就是戒除烟酒。烟和酒对身体有害是人尽皆知的。吸烟的男性精子活性差，精子数量较少。为了将要诞生的下一代，起码应该在妻子怀孕期前后尽量减少吸烟的数量和次数。

当心药物

有很多准父母担心自己服用的药物会导致畸形儿的出生，实际上怀孕0～4周内，孕妇很难意识到自己怀孕的事实。于是误服药物导致流产的事情偶有发生。而有计划怀孕的最大好处就是能消除由此带来的不安全感。由于怀孕是在计划内，所以就能做到对药物有所防范。

维持标准体重

体重过重或是过轻都会降低受孕率。即使成功受孕，不正常的体重依旧会给生育造成不良的影响。体重过重可能诱发妊娠期高血压综合征、糖尿病等，还会对关节造成损伤；体重过轻则会减缓胎儿的生长发育，造成低体重儿出生的可能。

◎饮食习惯

营养要均衡

无论对谁而言，营养均衡都是相当重要的。不过如果打算怀孕，就需要多花一些心思，只有这样，才能在怀孕初期向胎儿提供充分的营养。

不要总吃面食和甜食，也尽量不要吃方便食品。一个人在家吃饭，吃方便面和罐头省时省事，但为了自己的身体健康还是要尽量不吃。另外，不要吃生肉或是半熟的鸡蛋。

受孕前3个月起不要服用营养药物

如果正在服用营养药物，那么请仔细阅读相关的说明书，查看其对发育中的胎儿会产生什么样的影响。不听取专家的建议而服用大量的维生素、矿物质反而会造成不良影响。

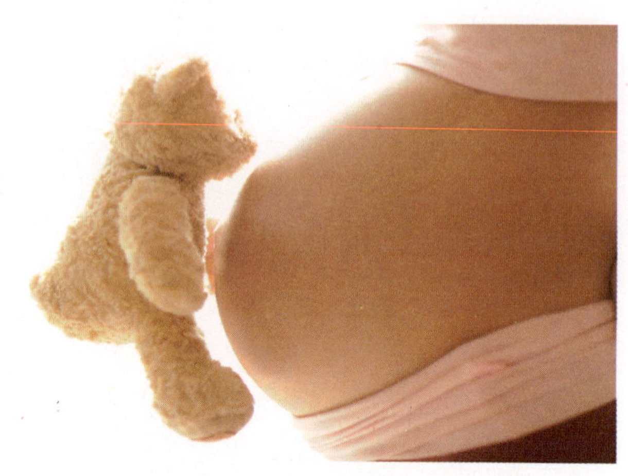

有研究结果表明，服用过量的维生素A会导致畸形儿出生。如果是计划怀孕，则应该提前3个月停止服用营养药物。取而代之的是均衡摄入含有各种营养的食物，防止出现营养不足的情况。

叶酸必不可少

要在受孕前3个月至孕后3个月服用叶酸。每天服用叶酸0.4毫克，可以预防胎儿神经管畸形。在先天畸形当中有一种是脊椎裂症，这种疾病在怀孕的最初几周就可能发生。专家们认为，在脊椎裂症的病例当中至少有75%可以通过提前服用叶酸来预防。叶酸含量丰富的食物包括芦笋、鳄梨、香蕉、豆类、西兰花、蛋黄、豌豆、肝、菠菜、草莓和酸奶等。

生活作息

生活作息要有规律

只有身体健康，才会有健康的精子和卵子。没有什么比有规律的生活更重要了。坚持不懈地进行游泳、骑自行车、散步、慢跑等运动，三餐规律，保证充足的睡眠，缓解疲劳，这样有规律的生活与服用补药相比，应该算作是最好的保养方式。

记录月经周期

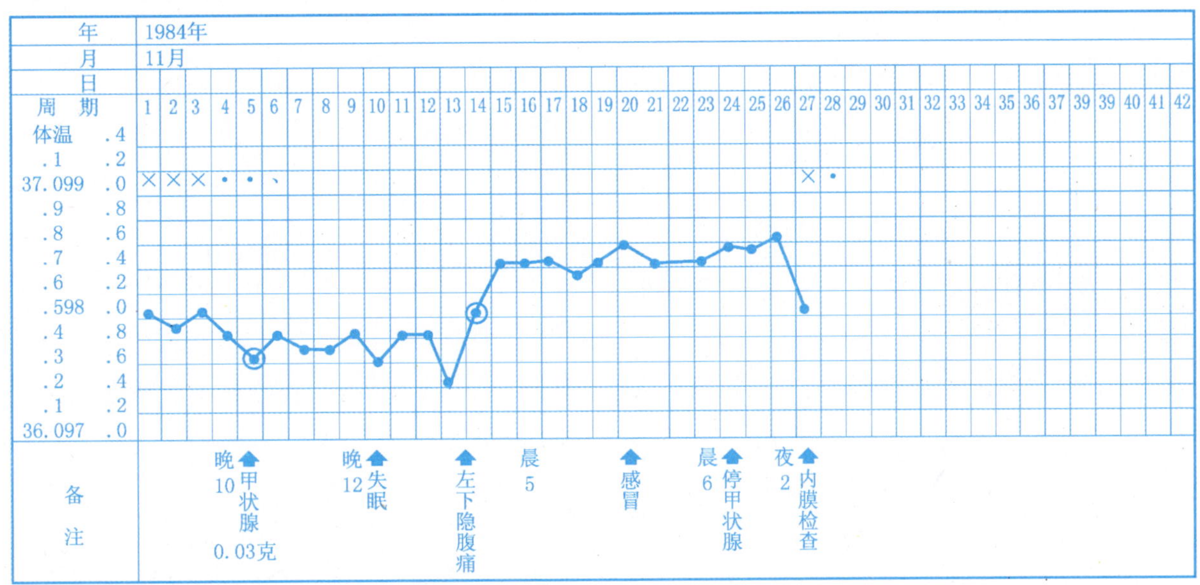

让周边环境变得舒适

明亮的色彩会使人的心情变得开朗。明亮而温馨的色彩装饰居室，暖色调衣服，墙壁上挂幅画，再配上音乐，这一切都会使人的情绪变得安定。经常给居室通风，保证屋内空气新鲜也是十分必要的。如果孕妇能够过得舒适愉快，同样会给将来出生的孩子带来好的影响，这一点是毋庸置疑的。

怀孕之前一定要做的检查

◎TORCH

检查项目包括风疹病毒、弓形虫、巨细胞病毒、单纯疱疹病毒体。正常为阴性，如为阳性，则应在产科医生指导下妊娠。

对胎儿的影响可能致命

如果孕妇患上了风疹，本人虽然仅仅出现类似感冒的轻微症状，但可能会给胎儿带来致命的影响。

在受孕前3个月感染风疹很容易导致流产。即使没有流产，50%～75%被感染的孕妇会生下死婴或有严重畸形的婴儿。

进行预防接种3个月后才能怀孕

在受孕前进行风疹抗体检查之后，如果结果是阴性就要进行预防接种。接种之后至少3个月后才能怀孕。

◎血型检查

分娩可能会导致大量出血，这时弄清楚孕妇的血型是相当必要的。另外，如果准爸爸是A型、B型或AB型，准妈妈是O型，生出的小宝宝有“ABO”溶血的可能性。如果准妈妈为Rh阴性，既往有胎儿Rh溶血史者，在生产前要预备好Rh阴性的血液，以备新生儿发生Rh溶血症换血治疗时使用。

孕妇患有梅毒时，毒菌会进入胎盘造成胎儿先天性感染。胎儿感染上梅毒菌之后，肺、肝、脾、胰腺都会受到影响，胎盘也会发生变化。这样的变化会对胎儿的健康产生严重的影响。想了解是否感染梅毒就得做血清检查，除了在怀孕初期进行一次检查之外，危险系数较高的孕妇在怀孕后期还应当增加一次本项检查。

在患有梅毒的情况下可以用青霉素进行治疗。在怀孕前18周进行治疗就可以预防胎儿感染，如果超过18周，就需要孕妇和胎儿一起接受治疗。

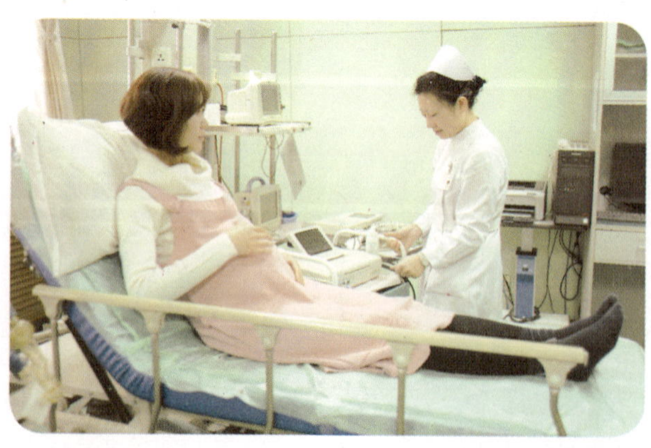

◎HIV检查

艾滋病患者不宜怀孕

新生儿因父亲或母亲是艾滋病患者而直接感染病毒的平均概率是25%。所以，在已经得知自己感染艾滋病的情况下就不应当生育。如果从怀孕第8个月开始服用防止母婴感染的药物，病毒传染给胎儿的可能性将会降低到6%～8%。

尽管对于大多数正常孕妇而言，感染艾滋病的概率很低，但仍应该具有防范意识，事先进行艾滋病检查，以健康的身体状态迎接怀孕。

◎贫血检查

患有贫血症将无法给胎儿提供充足的氧气和营养

胎儿是从母亲的血液中获取必需物质的。若母体贫血，那么胎儿就无法获得充足的氧气和营养。育龄妇女很容易因为贫血而在怀孕过程中变得非常脆弱。

孕妇贫血可能导致早产、难产，生出低体重婴儿，引起婴儿发育迟缓。严重的还会导致新生儿死亡。所以说孕妇的营养状况是新生儿的健康保证，这句话一点都不夸张。希望所有已婚女性都在怀孕之前进行检查，发现问题要及时接受相关的治疗。

◎肝炎检查

出生时胎儿有可能感染上肝炎

如果孕妇患有肝炎，自然分娩时孩子就有可能染上肝炎。肝炎感染者可能对自己的病情一无所知，所以，如果不接受肝功能检查，就无法确认是否患病。

如果是计划怀孕，最好先进行肝炎病毒接种，在产生抗体之后再怀孕。如果第一次检查结果皆为阴性，就需要通过3次肝炎疫苗接种而获得抗体。而如果查出体内有抗原，就要通过几个不同种类的检查确定其活动性如何。若诊断出肝炎处于活动期，就必须在怀孕前进行彻底的休息。

如果孕妇是肝炎病毒携带者，孩子一生下来就必须接种免疫球蛋白和肝炎疫苗。

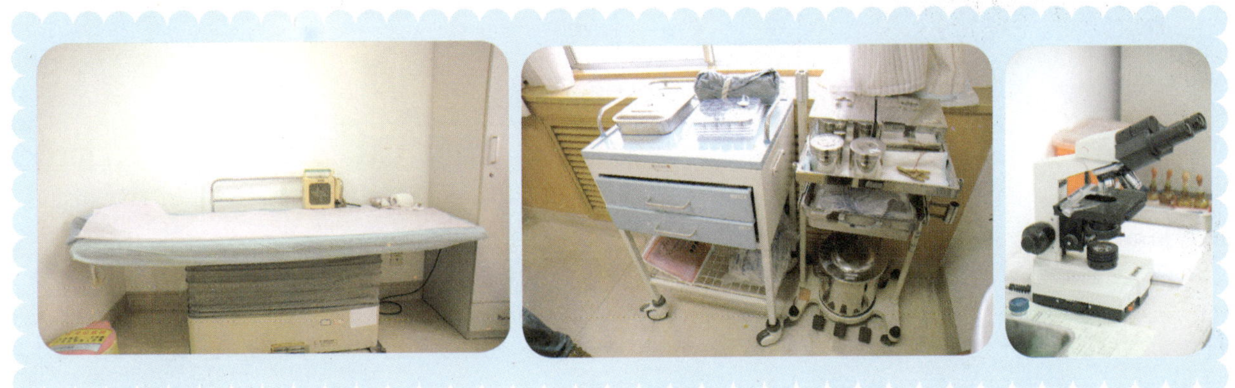

◎尿常规检查

能够预防妊娠期高血压综合征

这是为诊断是否患有膀胱炎、尿道炎、肾盂炎而做的必要检查。如果蛋白质呈阳性，则可能患有妊娠高血压、糖尿病，所以怀孕前要做尿常规检查。

◎卵巢与子宫检查

利用超声波检查卵巢和子宫是否有异常情况

利用超声波可检查出卵巢和子宫是否存在异常情况，其中包括卵巢内是否有肿瘤、是否畸形等。

◎弓形体检查

如果家里养了宠物如猫、狗、鸟等，最好去做一做检查。弓形虫主要是通过宠物的粪便而使胎儿受到感染的。尽管感染的时候不会有任何症状，被感染者可以像平时一样正常生活，但其后遗症会相当严重。

如果孕妇感染了弓形虫病，有可能导致流产、早产、胎死宫内等。还有可能造成胎儿的中枢神经先天缺陷，如脑积水、小脑畸形、脉络膜视网膜炎等。

◎衣原体检查

沙眼衣原体是一种细胞内微生物，传染方式以性接触为主，其次是手、眼以及病人被污染的衣物、器皿等媒介物间接传染。它是引发子宫内膜炎和输卵管的炎症，从而成为不孕的原因，还会导致流产、早产、死产等各种危险情况。早检查早发现，治愈后可生育。

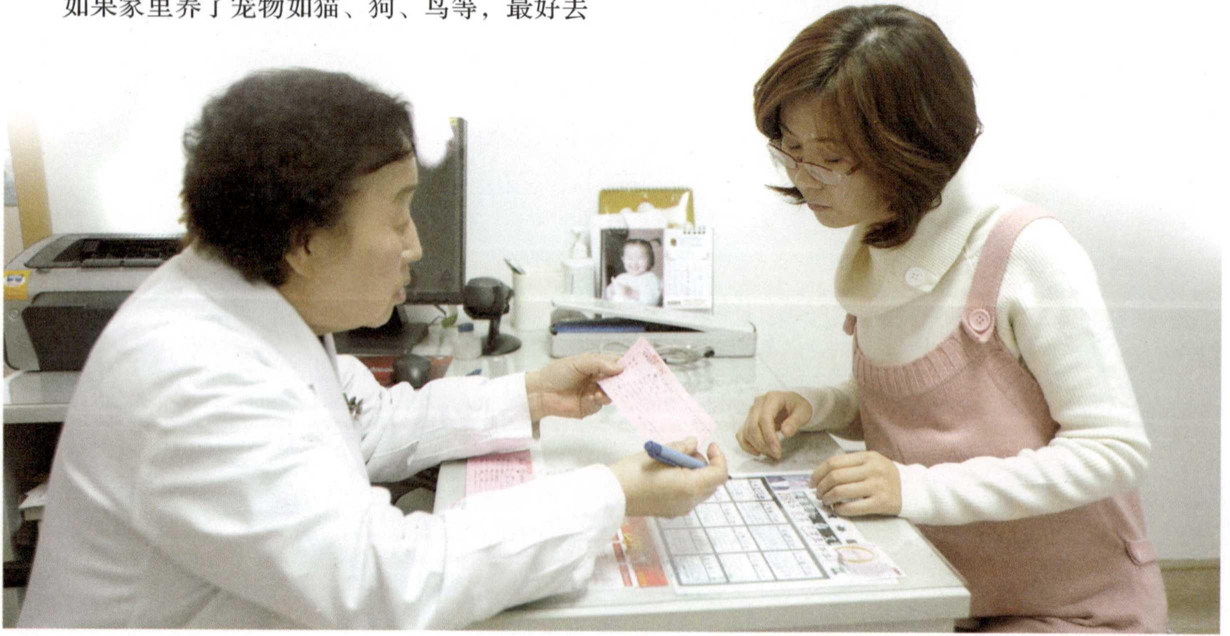

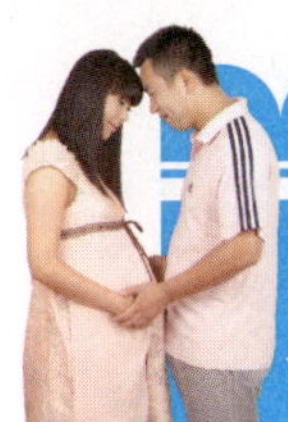

为了孩子的健康，有计划地怀孕

◎制定受孕计划

年轻的新婚夫妇有时会意外妊娠。没有计划的怀孕虽然也可以说是喜事，但恐怕更多的还是烦恼和负担。也许家庭的经济情况还没有到十分宽裕的地步，或者怀孕是在身体欠佳、服用药物或是酒精中毒时发生的，这些都会影响胎儿的健康。

在这种情况下怀孕，孕妇将会战战兢兢地度过接下来的10个月。这种不安的感觉不仅对母亲有害，对胎儿也同样是有害的。

有计划的怀孕不仅可以有效地防止畸形儿的出生，还会让夫妻二人在所有亲朋的祝福中愉快地度过每一天。

选择最佳受孕季节

如果有搬家、长期旅行或是留学的打算，就暂时不要怀孕了。因为一般认为每年的4月是不错的生育季节。若想让孩子在这个时候出生，就要在前一年的6～8月怀孕。

呕吐症状严重或自己母亲怀孕时也曾经常呕吐的孕妇，应避免在身体敏感的季节里怀孕。一般情况下，孕期呕吐多发生在春季和夏季。

家庭状况也是不得不考虑的因素之一。生育和孩子的教育都需要一笔很大的开销，因此在家庭经济宽裕的条件下怀孕才是明智的选择。

孩子一生的健康决定于一夜之间

哪一个精子与卵子结合可以决定孩子的一生。

夫妻发生关系时的心理状态的不同，精子和卵子的相遇状况也会千差万别。

在制定受孕计划时，就应当接受健康检查并锻炼身体，避免接触对身体有害的物质，制造健康的精子和卵子。准妈妈和准爸爸只有准备充分，才能得到最健康的孩子。

精子偏爱较为凉爽的环境。健康的精子是指活动性强的精子。为了让精子能够自由活动，就应该尽量避免到温度过高的场所和环境。有研究

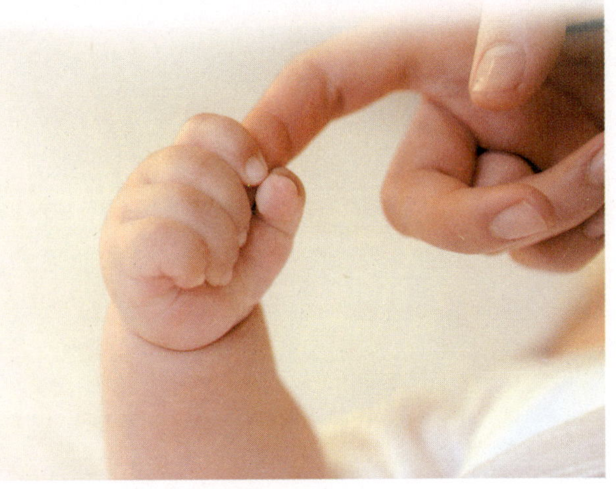

结果表明，长期从事高温作业、驾驶、案前工作的男性，精子活性会明显下降。

与人体内的其他器官和物质相比，精子适宜在34℃左右的环境下生存，这也就是睾丸和阴茎都长在人体外部的原因。男性穿过紧的内裤或者紧贴身体的牛仔裤会对睾丸产生刺激，使生产精子的能力下降，因此应尽可能穿宽松的内裤和外裤。

相反，卵子喜欢温暖的环境。所以与睾丸不同，女性的性器官生长在人体的内部。如果想让一个月才排出一次的卵子保持健康的状态，避免压力是非常重要的。保护卵子，其实质也就是保证整个身体的健康。

相敬相爱与和谐的夫妻性生活

确定排卵日期以后，应如何孕育出一个小生命呢？和谐的夫妻关系是孩子未来健康的第一条件。首先必须要做到相敬相爱，在醉酒、不安或是有厌恶情绪的状态下过性生活会对胎儿造成不良影响。过性生活时，应该将其他事情全部忘掉，而只把对配偶的爱铭记在心。

另外，还要做到节欲。想得到健康的精子和卵子，就一定要防止性生活过度。

确定排卵期

想要如愿以偿地怀孕，掌握正确的排卵期相当重要，排卵一般发生在月经开始日的14天之前，但具体日期是因人而异的。可通过以下方法确定排卵期：

通过基础体温获知——如果月经不规律，通过测量基础体温就可以更准确地获知排卵期。将每天早上相同时段所测得的体温绘成图表，就会发现在有些日子里体温上升了约0.5℃，这样的日子就是排卵日。每天测定体温的时段必须相同，而且要符合刚刚起床这个条件。

通过疼痛获知——在排卵日里，右下腹不时会有轻微的痛感。那是卵子从卵巢中排出时性器官产生的疼痛感觉。但这样的痛感并不是人人都可以感受到的，在100人当中不会超过15人，所以这种方法并不适用于每一个人。如果可以感觉到疼痛，那么把月经周期中各种疼痛发生的日期记录下来，就可以得知排卵日期了。

到医院检查获知——能够最准确地获知排卵日的方法就是到医院做检查。根据超声波检查或尿液检查的结果可以诊断出具体的排卵日期。超声波能够测量出具有产生卵子功能的卵巢中卵细胞的大小，从而诊断出排卵日期。如果卵细胞直径达到1.6厘米就会进行排卵，想知道正确的排卵日期，就得持续进行3～4次这种检查。而尿液检查的结果则是根据尿液中的激素含量判断的。

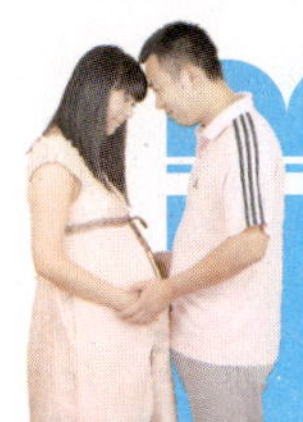

精子与卵子的相遇实现了怀孕

◎生命之种——精子和卵子

我们的身体是由数十亿个细胞构成的，而在新生命诞生的过程中起着重要作用的，只有精子和卵子这两种细胞。被分配到男子和女子体内的这两种细胞，一般通过性关系得以相遇。一个精子与一个卵子结合形成了受精卵，受精卵在着床以后不断地吸取营养成分并快速地成长，在约280天之后就变成婴儿了。

女性出生之时体内就带有卵子

女性是携带着卵子来到这个世界的。但卵子最初只是处于原始状态的卵母细胞，直到进入青春期以后才会变成成熟的卵子。在5个月大小的女性胎儿的身体内，可以找到约700多万个卵母细胞。而到了青春期，这个数量将削减到20万～50万个。

当卵巢开始排出成熟卵子的时候，女性就自然获得了怀孕的能力。卵子是体积最大的人类细胞。从卵巢里突破而出的卵子会移动到输卵管里，并在那里等待与精子相遇。

卵子到达输卵管以后，会停留12～24小时。由于卵子的生命只有短短的一天时间，因此如果在此期间不能遇到精子就会自动死亡，随即来月经。

男性要在进入青春期以后才能够产生精子

与女性出生时即带有卵子相反，男性直到进入青春期之后才会产生精子。睾丸不断释放出精子，直到老年时期才会停止下来。形状有如蝌蚪一般的精子一刻不停地摇晃着自己的尾巴，为了与卵子结合而踏上各自前进的道路。精子是体积最小的人类细胞，肉眼无法辨认。

精液作为精子的生存环境，时时刻刻都起着为精子供给养料以及运送精子的作用。与精液一起进入女性体内的精子可以存活3～4天。

精子与卵子结合

在发生受精之前，精子为了寻找卵子而不得不踏上漫长的旅程。一次射精会释放出数千万甚至2亿个精子，之后能够进入输卵管的不到100个，而它们当中只有最幸运的精子才能最终与

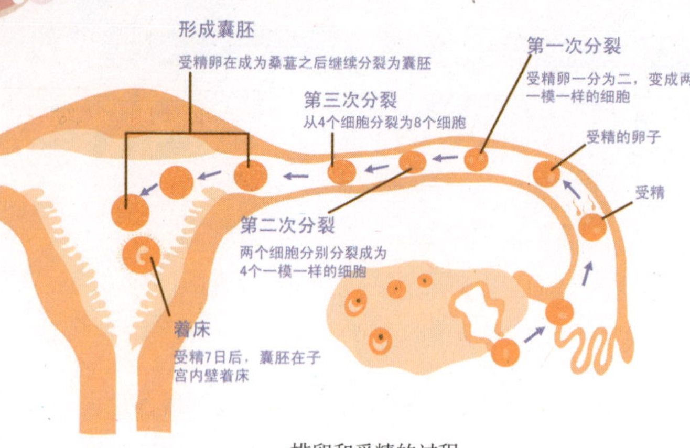

排卵和受精的过程

卵子相遇。精子要想和卵子相见，就一定得经历相当“残酷”的竞争过程。

受精发生在输卵管里。受精卵会缓缓移动，寻找能够让它生存280天的舒适环境。子宫就是这样的舒适环境，于是受精卵在子宫内汲取养分并开始发生变化，在急速成长并完成细胞分裂之后，受精卵会着床。

怀孕以后，母体内的营养被快速地吸收

在开始着床的时候，受精卵直径只有0.25毫米，所以要想让它长成具有“人形”的个体就必须向它提供大量的营养。于是胎儿就好像海绵吸水一样，从母体内开始快速地吸收养分，各个身体器官逐渐形成并且发育。

◎推算预产期

如果你打算怀孕，可以将每个月月经开始的日子记录下来。因为无论确认是否怀孕，还是推算预产期，这样做都是相当必要的。当每个月都如期而至的月经突然停止的时候，就有可能怀孕了。

想做怀孕测试既可以就近去药店购买早孕试纸，也可以到医院的妇产科进行检查。

推算预产期

确认怀孕以后，孕妇就想知道孩子在哪一天出生。推算预产期的方法大致可以分为三种。只要知道最后一次来月经的日期，就可以通过简单的计算进行推测。

如果不记得最后一次来月经的日期，还可以通过B超来测量胎儿的大小和孕周，从而推算出了预产期。需要注意的是，就算推算出了预产期，胎儿正好就在那一天出生的可能性其实并不大。比预产期早上几天或是晚上几天都是正常的。

根据最后一次来月经的日期推算——最后一次来月经的日子减去3个月再加上7天，这样就可以得知大概的预产期了。例如最后一次月经开始的日子是2008年6月27日，那么6减3得3，27加7得34，由于3月份一共有31天，因此得出来的预产期就是2009年4月3日。

用B超测定——能够得出最准确结果的测定方法就是通过B超检查，测量胎儿从头顶到臀部的距离，从而判断胎儿的大小。采用B超确认怀孕周数，这个过程最好在怀孕20周内进行，因为在此之前，胎儿在发育程度上的个体差异不大。

怀孕4～7周时可以测量胎囊的直径，8～11周时可以测量头顶到臀部的距离，12周以上则可以测量从正上方观测到的头部边长、身体周长和大腿骨的长度。通过以上这些方法都可以算出怀孕的周数。到了11周、12周的时候就可以测听到胎儿

心脏搏动的声音，将此作为一个依据，再参考B超的检测结果，就可以算出更加准确的预产期了。

◎怀孕征兆

呀，怎么不来月经了呢

每个月都很规律的月经如果没有如期而至，就应该考虑是不是怀孕了。另外，体重变化、精神压力、疲劳和内分泌问题等因素也会导致月经变化。

但即使是在怀孕的情况下，也有把偶然的出血现象误当做月经的可能。比如在受精卵着床时，往往会有少量的出血。这种现象会在2～3天之后消失。如果持续发生出血现象，就有流产的危险，要立即去医院进行检查。

总有恶心的感觉

尽管在严重的时候有的孕妇会呕吐不止，但一般情况下仅仅是有恶心的感觉而已。孕吐大多是在空腹时发生的，由于个体差异，有的孕妇孕吐严重必须住院治疗。

曾经非常喜爱的香水味在某一天突然不喜欢了，一向很适合胃口的食物反而会引起不适和呕吐，这些往往都属于孕吐的症状。

乳房胀大

怀孕会使乳房发生变化。胸部会胀大而敏感，乳头的颜色会加深。这是由于黄体激素导致的。

全身上下没有一丝力气

有些孕妇会感觉像感冒发烧一样四肢无力，恨不得想一直躺着不起来。体质较敏感的人会从怀孕1个月的时候开始有这种感觉。此外，一些孕妇容易在用餐之后不久就开始犯困，工作时也会很快疲劳，往往在晚上没有精神，总是想早睡觉。

尿频

很多孕妇会不断地进出洗手间，这是因为血液集中在骨盆周围，对膀胱造成了一定刺激而导致了尿频的发生。尽管膀胱里仅仅存有非常少量的尿液，但由于受到刺激，所以就自然地产生了非常强烈的尿意。

口味发生变化

当体内激素增加之后，会与孕妇口中唾液里的一些成分发生化学反应，导致孕妇的口味发生变化。假如你以前不喜欢吃肉，现在却成了汉堡包的忠实拥护者；或者原来一直对方便面和比萨饼持反对态度，如今却总是想吃这些食物，如果这样，那么，你真得好好想一想：自己是不是怀孕了。

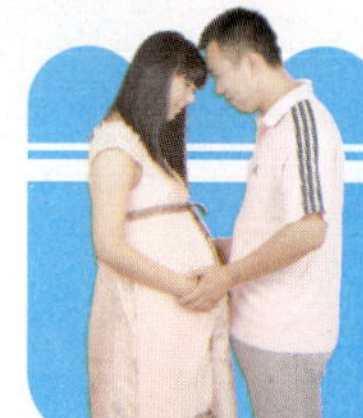

斯瑟蒂克胎教法

◎让孩子变成天才的斯瑟蒂克胎教法

孩子在出生前就开始学习了

身为机械工人的父亲和平凡的母亲所生下的4个女儿的智商都超过了160，这在一时之间几乎震惊了整个美国。它意味着有某一因素能够超越遗传，对人类的智商起到决定性的作用。

这对夫妇看重的东西就是宫内教育。“孩子在出生前就开始学习了”，虽然每个人都知道这句话，但是究竟应该怎样对胎儿进行教育却是一个不折不扣的难题。但对于这一点，斯瑟蒂克夫人的心中却有着明确的答案。

每一个胎儿都是天才

斯瑟蒂克夫妇一直坚信“每一个胎儿都是天才”，正是在这种观念下他们从怀孕开始的时候起就坚持对胎儿说话，还利用卡片教授胎儿文字和数字。除此以外，他们的胎教方法还包括听音乐和浏览图书，以及将准爸爸和准妈妈的生活趣事用非常自然的语调说给胎儿听。

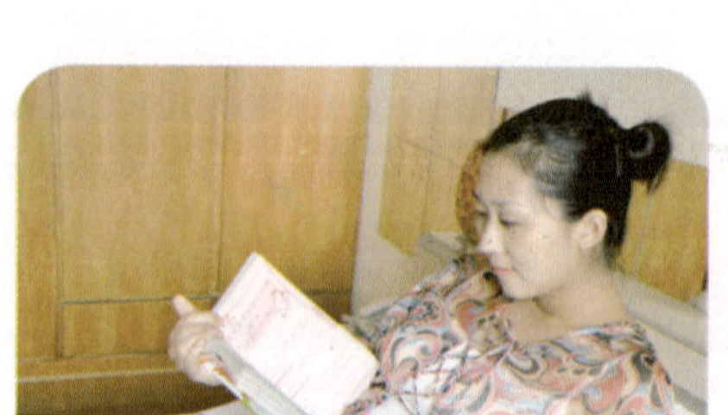

实际上，这对夫妇对胎教的信念并没有在一开始就达到现在的程度。他们的胎教历程是在丈夫的劝导下开始的，那时斯瑟蒂克夫人对胎教的态度并不像后来那样坚决。然而随着时间的推移，她也逐渐意识到了胎教的必要性，对胎教的热情也自然而然地高涨了起来。

斯瑟蒂克夫人心里十分清楚，不顺应自然而去人为地制造天才是一种徒劳的行为。孩子可以清楚地察觉到父母的声音和情感，也可以分辨出话语的意图。所以这对夫妇告诫人们：准父母的心中不能有一丝急功近利的思想，而应该怀着即将与胎儿相见的喜悦心情进行胎教。

◎斯瑟蒂克胎教的方法

进行子宫对话

斯瑟蒂克夫人究竟用了什么方法让4个女儿都是那样的聪明伶俐呢？在她的胎教法中有一个不可缺少的要素，这就是所谓的“子宫对话”。子宫对话并不是什么需要高超技术的胎教法，无论东西古今，对孕妇们来说它都

是一种不可或缺的胎教手段。

孕妇应该以比做任何事情都积极的态度来对待与胎儿的谈话，尽管一直以来有着“养育孩子的妇女应该把自己变成话匣子”这样的话，但按照胎教的理念，这个时间范围应该扩大到怀孕阶段。在对话的过程中，应该把自己在日常生活中所遇到的事情非常详细地说给胎儿听，争取用语言把自己所接受到的五感刺激全部表达出来。

斯瑟蒂克夫人每次怀孕时都会不停地和自己的孩子对话。这些对话的直接目的并不是让孩子进行某种学习，而是要表达自己对孩子的爱意。

在孩子出生以后，她一直坚持用深情的声音呼唤孩子的小名，不仅如此，她还为她们唱歌、讲故事、哄她们玩。

阅读有图画的书籍

我们都知道童话书对胎儿有很大的益处。斯瑟蒂克夫人是一个思想较为朴实的人，但她牢记着要给胎儿朗读印有美丽图画的童话书。插画的线条和色彩鲜明、文字内容丰富的童话书可以把梦想、希望和友情的概念传递给胎儿，使子宫对话的内容范围瞬间变得宽广起来。

灵活地运用卡片

为胎儿讲解数字、文字和图形等概念的时候，应灵活地运用卡片。在白色的图纸上用鲜明的颜色写下文字或数字等内容，然后把图纸裁剪成卡片。这是一种简单而实用的方法。接下去可以首先简单地说明符号的样子，然后描述一下联想到的相关画面，最后再直接拿实际生活中的对应事物举例，让胎儿留下深刻的印象。

一切源自心底无限的爱

斯瑟蒂克夫人在胎教之后又对4个女儿实行了早期教育，使姊妹4人都变得极为聪明，并成长为感情丰富且情绪安定的女孩。

除了胎教方法得当这个重要的原因之外，另一个不能不提的根本原因就是伟大的母爱。从斯瑟蒂克胎教法中极为朴实的胎教内容就可以看出，要想和这对夫妇一样持有坚定的信念和积极的行动并不是一件容易的事。斯瑟蒂克夫妇的成功告诉我们，应该让自己的内心对胎儿的爱变为胎教的根源和基础，而不是某一种简单的期望或者目标，只有做到这一点，胎教这棵树才能结出最饱满的果实。

◎不同时期的胎教法

怀孕之前

确立怀孕计划

每次说起胎教，人们很容易将其当成一件从怀孕以后才开始的事情。实际上，胎教这个概念十分广泛，它涵盖了精子和卵子相遇时的注意事项，以及受孕成功以后父母为即将降临的孩子所提供的环境和教育。

斯瑟蒂克夫人也特别看重在怀孕前做好为人父、为人母的心理准备。丈夫和妻子要相敬相爱，随后在确定完整的怀孕计划之后，竭尽全力地创造让健康的精子和卵子相遇的良好条件。

要想让健康的精子和卵子相遇，夫妻两人就必须将精神和身体调整到最佳状态。反之，如果心绪不宁，人的血液就会偏向酸性，这会对胎儿产生不好的影响。

提前做好怀孕计划也很重要。有详细的怀孕计划时，即使不能确定自己是否已经怀孕，也可以在相应的期间里有意识地回避会给胎儿造成危害的行为和言语。

可以说，怀孕计划的制定既是丈夫和妻子各自做好心理准备的过程，也是给胎儿营造安稳的子宫环境的开端。

为胎教做好准备

确定怀孕计划之后就应该开始准备孕期将要用到的胎教用品。首先需要购买的就是能够使人产生联想和希望的色彩鲜艳的图书，虽然怀孕后期才会用到文字卡片和数字卡片，但你可以把它们事先做好并保存起来。最好制成两套，写上从1～10这10个数字的卡片，并在另外几张卡片上画出“+”、“－”、“=”等数学符号。制作的材

料最好选用白色的卡片纸，并将不同的颜色搭配起来在纸上写字，争取达到一目了然的效果。文字卡片的制作要点也与之相类似。

从受胎开始到怀孕第16周

多与胎儿对话

用一句话来说要让准妈妈把自己变成话匣子，从早上起床直到晚上睡觉把自己的所有想法、行动和感觉通通讲给胎儿听。

这种习惯可以使准妈妈和准爸爸更清晰地意识到胎儿的存在，并迅速传达父母对胎儿的爱。从怀孕的那一瞬间起，我们就应该把胎儿当做实际存在的对象，在此基础上与胎儿进行积极的交流和对话。

多看有图画的书籍

斯瑟蒂克夫人曾回忆说，她在怀孕2个月时就阅读一些画有动物图片的童话书。那些书籍给人带来一种朴素而美好的感觉。

其实，胎儿到底能不能理解书里的内容，甚至他们能不能清楚地听到孕妇的声音都不重要。重要的是孕妇能否带着兴趣去阅读，并从中感受到乐趣。在厌倦甚至是反感的状态下阅读则毫无用处。

斯瑟蒂克夫人说，胎儿也对童话书有着自己的偏好。他们喜爱那些由原色红、蓝、绿构成的线条，并且色彩鲜明、画面简洁的图书。此外，书中最好不要有太多的文字，文字不要超过整个页面的50%。

欣赏音乐或哼唱歌谣

孕妇应该根据自己的喜好为胎儿播放音乐，或是直接哼唱歌给胎儿听。让胎儿倾听音乐可以丰富他们的感性认识能力，并陶冶他们的情操。此时最好选择一些旋律平缓而优美的音乐。

准妈妈和准爸爸可以把胎儿的小名创作到歌词里再唱给胎儿听，也可以把平时喜爱的几首曲子录到一起连续播放，这些做法都将提升胎教的效果。

让胎儿经常听到准爸爸的声音

准爸爸的声音较为低沉，所以比准妈妈的声音更容易让胎儿听到。但一般情况下准爸爸陪在胎儿身边的时间十分有限，所以大多数胎儿对准爸爸的声音并不是特别的熟悉。

因此，为了让胎儿熟悉自己的声音，准爸爸应该每天固定拿出一点时间为胎儿阅读。

将你看到的东西描述给胎儿

将日常生活中产生的所有想法和感情都说给胎儿听，会明显提高其智力。“硬梆梆的”、“软绵绵的”、“甜丝丝的”……把这些通过感觉器官接受到的信息直接表达出来，可以使胎儿很快对其产生认识，并达到使胎儿自身的感觉变得更加灵敏的效果。

从怀孕17周到分娩

用卡片向胎儿传授数字和数学知识

5个月以上的胎儿已经具有学习的可能。由于其接受能力的提高，谈话内容也可以变得更为宽泛了。

怀孕之前就制作完成的数字卡片终于可以在这个时候派上用场了。取出画有数字的卡片并仔细观察每一个卡片的形状和色彩，直到脑海中的印象变得十分鲜明为止。接着对这些数字的外观和它们的作用一一加以说明，用各种各样的方法使胎儿产生相应的认识。

例如，在看到“1”这个数字时，你可以把它描述为“把铅笔竖起来的模样”、“跟黄瓜差不多”，然后拿起身边的某一样物体，说出类似于“一本书”这样的短语。一定要在观察对象的同时用清晰的声音把“一”这个单词表达出来。

此外，还可以在提出“把这边的一个苹果和那边的一个苹果加起来，一共是几个苹果呢？”这样的问题之后，认真地看着放在一起的苹果，体会与胎儿一起思考的感觉，然后再说出“两个”的答案。计算完之后还不要忘记做出“你真行”这样的夸奖和称赞。

斯瑟蒂克夫人一直认为孕妇和胎儿共同思考的过程能够使胎儿的脑部受到有益的刺激。由此我们可以推想到：孕妇在进行胎教的过程中，不良情绪会转移到胎儿身上，在这种情况下无论怎样胎教也不会得到任何的效果。

用文字卡片教胎儿学习单词、短语

胎儿的记忆能力从怀孕第6个月开始提升，在怀孕第8个月时逐渐稳定下来。在这一时期对其进行文字教育往往可以取得最佳效果。

在此基础上，我们还可以让胎儿接触一些单词，在遇到没有见过的文字时应该正确读出这个字，并用手指写出来。每一个字再组3个词，然后最好能把与每个单词相关的画面也一起描绘出来。

通过散步让胎儿接触这个世界

散步对孕妇来说是一项非常有益的运动。它既可以让人接触到新鲜空气，又可以达到锻炼的效果，进一步而言，还可以给胎儿带来各种各样的体验。

在散步或者逛街时，孕妇可以把周围的风景描述给胎儿。天上的云朵、玩耍的孩子、橱窗里漂亮的衣服和在马路上穿梭的汽车都可以是描述的对象。

孕妇若能饶有兴致地观察，就可以给胎儿带来感官上和认识上的刺激，从而让其得到丰富的间接体验。

散步时速度过快，或是时间太长很容易带给人疲劳的感觉。因此孕妇最好能做到闲庭信步。散步的最佳时段是上午10点到下午2点，因为这段时间内宫缩较少，身体状况都比较稳定。

借助童话书告诉胎儿什么是勇气、情义和友谊

孕妇可以借助童话书让胎儿了解勇气、情义和友谊这些概念。孕妇应该通过自己的声音把图画里的各种动植物、风光、陆地和天空展现在胎儿面前。

在阅读过程中，孕妇可以让自己的脑海中浮现出一幅幅画面，然后将它们活灵活现地转述给胎儿。照片和图片的好处就在于它们可以帮助孕妇将自己身边难以接触到的东西表达出来。

准爸爸的声音可以刺激胎儿的脑部

与胎儿交谈其实并不需要做什么特别的准备，只要用柔和的声音把当天所发生的日常琐事说出来就行了。在进行胎谈时，准爸爸要和准妈妈的腹部距离保持在50厘米左右。

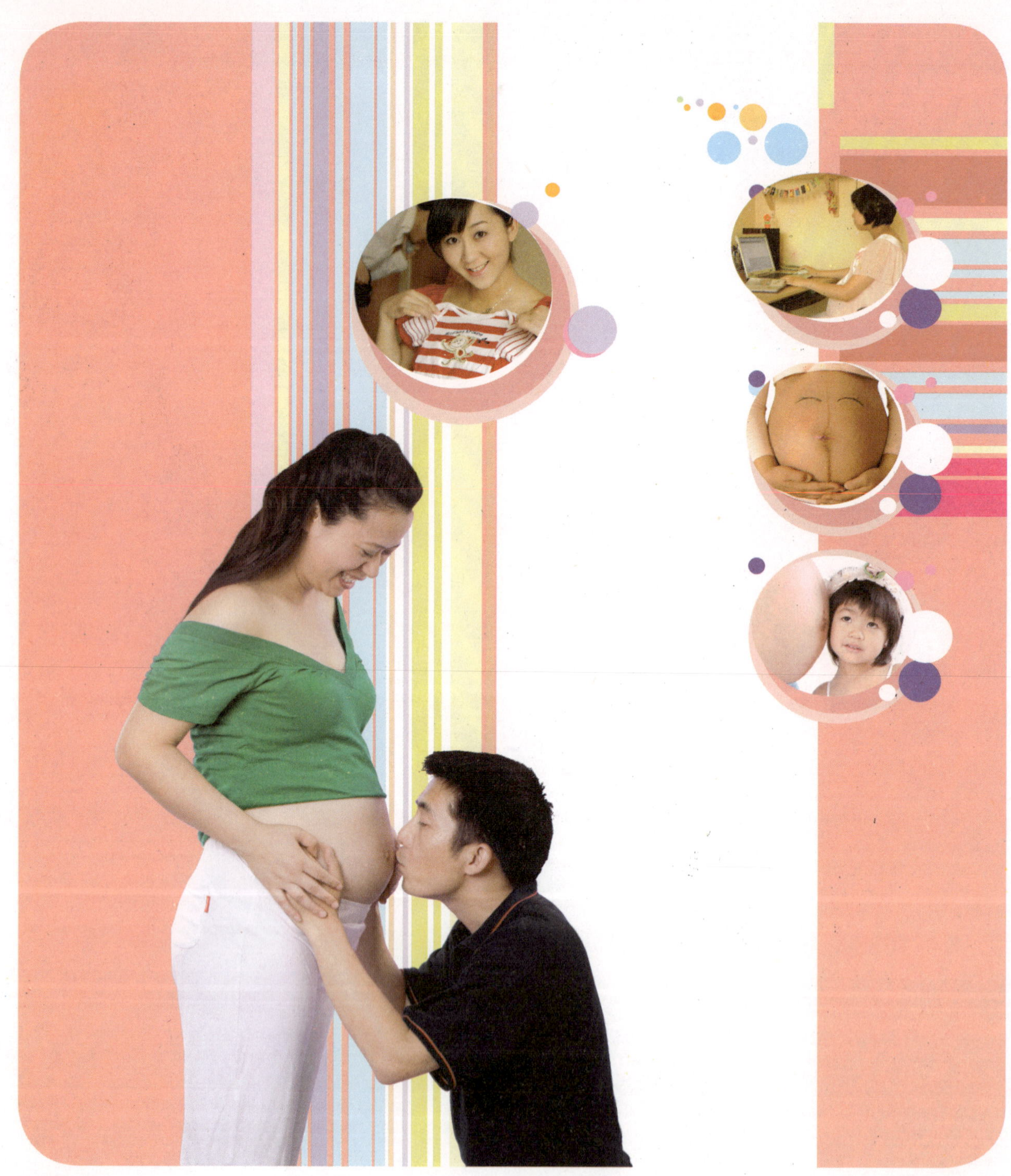

第三章 和丈夫一起进行的每周胎教

怀孕40周是每位女性一生当中最耀眼的时光，尽管可能要忍受呕吐等因怀孕带来的不适。随着小生命的到来，她将完成向世界上最伟大的角色——母亲的转变。因此，生下健康、聪明、有才智的孩子，母亲对生活的热爱在此刻达到了顶点！

胎教周历

怀孕1～4周

怀孕1～2周

胎儿发生了怎样的变化

第一周就是最后一次月经开始的那一周，子宫内膜脱落形成月经之后，体内的激素会促使又一次排卵。第二周，子宫内膜逐渐变厚，开始真正地为排卵做好准备。排卵时有的女性会感到疼痛。

孕妇发生了怎样的变化

月经停止、恶心、疲劳以及尿频等，这些都是怀孕的征兆，然而由于此时还没有怀孕，所以还不会出现以上征兆。就算出现消化不良、疲劳等情况，也是其他原因导致的。但是，如果在这一时期就了解了怀孕的征兆，就能够为怀孕做积极的准备，也容易计算出预产期。

本周备忘

摄取充分的营养——对于即将怀孕的女性而言，应该时刻注意摄取最合理的营养。这时应当更多地选择新鲜的食物，少食用加工后的食品。此外，还要避开含有酒精的食物，坚持进行适当的运动并及时休息。

怀孕3周

胎儿发生了怎样的变化

精子与卵子在输卵管里相遇，并完成了受精与着床的过程。受精的卵子被称为受精卵，受精卵在输卵管里移动并最终进入子宫内部，接着就开始发生细胞分裂。此刻即是怀孕的开端。这一时期在子宫内生长的所谓胚胎，实质上不过是一个细胞群，体积非常微小，然而它却以飞快的速度增殖并成长。

孕妇发生了怎样的变化

虽然没有什么太大的变化，女性有时还是可以通过阴道分泌物的增多或轻微的疼痛意识到排卵。由于还没有经过一个月经周期，对自己怀孕的事情可能依旧无所觉察。当然这一时期还未出现乳房胀大和孕吐等现象。

着床的过程可能会引起出血，在5名孕妇中往往会有1名在怀孕初期发生流血的情况，此时即使流出的血液并非呈现出红色而是灰黑色，也不必惊慌。

本周备忘

摄取叶酸——叶酸可以在怀孕初期起到预防贫血并降低畸形儿出生率的作用，因此应当大量食用富含叶酸的水果、豆类、绿色蔬菜和粗粮，并且保证每天都饮用足够的白开水。

进行有规律的运动——适当的运动可以为以后度过阵痛和分娩的难关打下基础，但其前提是要根据怀孕的周期选择适当的运动。在运动中还应注意将自己的脉搏始终控制在每分钟140次以下，疲劳的时候立即停下来休息。

怀孕4周

胎儿发生了怎样的变化

微小的受精卵在子宫内部找到自己的位置并固定下来之后，就完成了向胚囊的转变。当它到达子宫的时候，受精卵分裂成两部分，一个黏附在子宫壁上形成了胎盘，余下的一个就变成了胎儿。进行B超检查可以观察到胎儿所生存的初始场所——胎囊。到了第4周末的时候，月经就停止了。由此可以明显感觉到身体发生了变化。

孕妇发生了怎样的变化

由于月经的停止，女性往往恍然得知自己怀孕的事实。尽管维持妊娠过程的黄体激素开始分泌，但还不会使孕妇发生体重或外表的变化。

本周备忘

基本检查——在怀孕的初期就应当接受体重、血压、尿液、血液等基本项目的检查。定期进行体重检查对于诊断妊娠高血压和双胞胎有很大的帮助，血压检测的结果也是诊断妊娠高血压的重要依据。

尿液检查可判断是否感染上疾病，同时可检测出蛋白和糖的数值，因此是十分必要的。而通过血液检查可以得知自己的血型和Rh因子类型、对风疹的免疫能力，以及是否感染上乙肝或是性病。

避免烫发染发——在怀孕初期的3个月里应当尽量避免染发和烫发。

完整的怀孕过程并不是从精子与卵子相遇的那一瞬间开始的，而应该是从计划怀孕的时刻算起。在健康的卵子和活跃的精子成功相遇之后，孕妇的身体和心理都将立刻进入繁忙的状态。此时，她们不仅要适应身体上的变化，还要开始进行最为重要的胎教。积极的怀孕就是这样开始的。

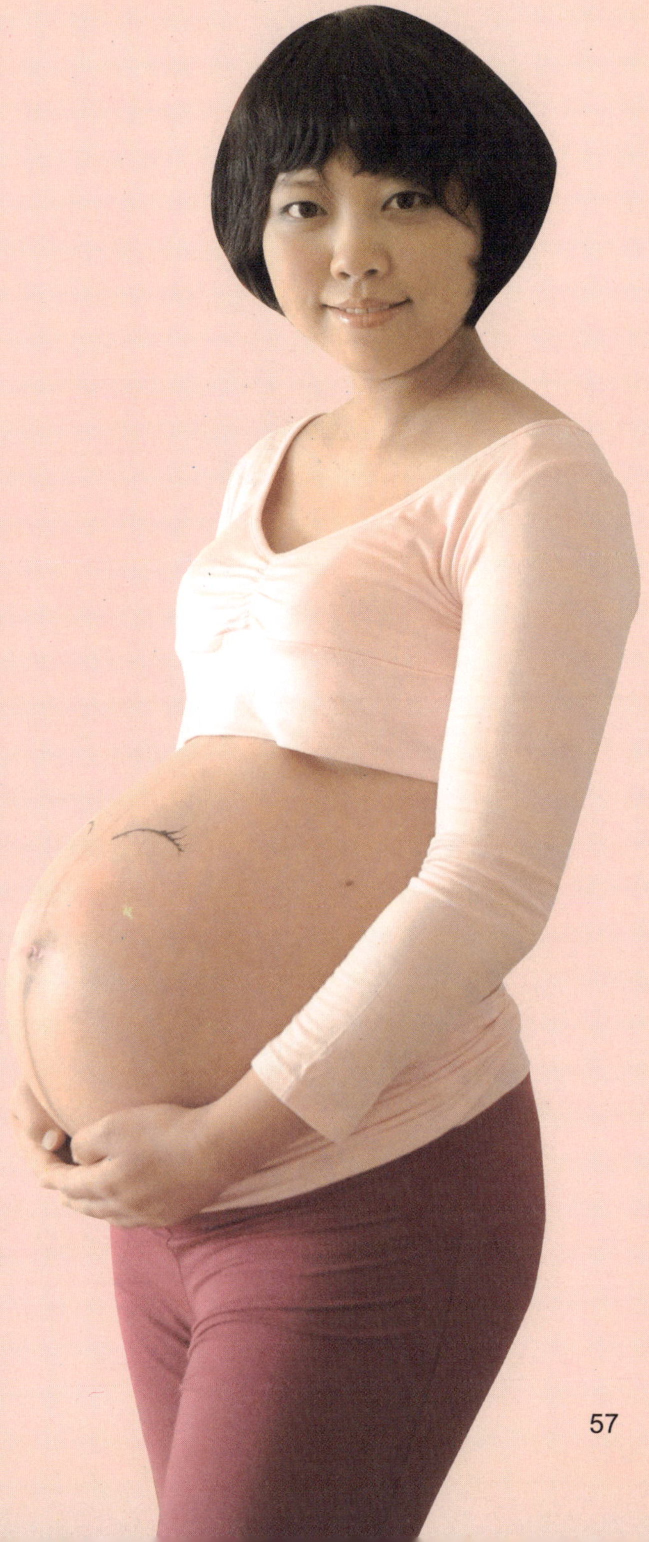

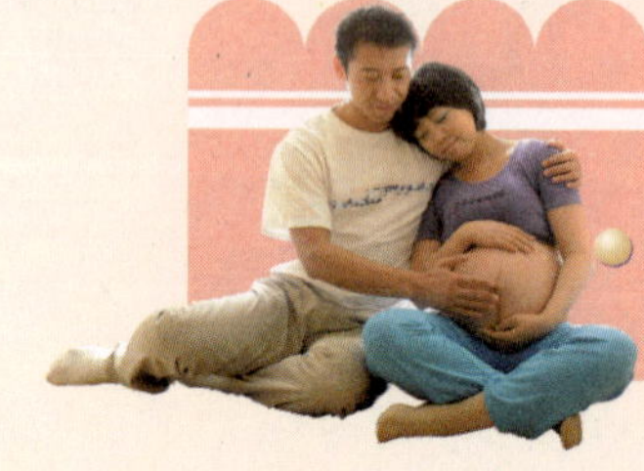

一家三口胎教法

本月胎教计划

胎儿——受精卵会在1周的时间内着床，至此，在到达子宫之前，就不断发生细胞分裂的受精卵，终于在柔软的子宫当中找到自己的位置。着床以后很快就形成了初始形态下的神经管、血管系统、循环系统等组织，并开始向胎儿的心脏供血。这一时期的胎儿被称为胚芽，而把胚芽包裹起来的纤毛组织，即是后来形成胎盘的重要基础。

孕妇——可能很多孕妇都没有怀孕的感觉。大部分女性是在发现月经停止之后才开始考虑是否怀孕，因此这一时期她们多半会毫不知情。也有一些较为敏感的女性可以从疲劳、低热、畏寒等感冒症状中意识到自己怀孕。但如果事先做好了怀孕的计划，此时就能够判断自己是否怀孕并很快加以确认。

准爸爸——准爸爸在早期胎教中的作用可能并不十分明显。但他应当承担起选择何时生育的重要责任。即便是采取了避孕措施，还是应该做好随时可能因避孕失败而怀孕的思想准备。

特别提醒

正确认识胎教

胎教并不是一门生产技术，完全按照时间来划分每个阶段的胎教并不具有严格的意义。无论是按周划分还是以月份为单位，我们所介绍的具体胎教方法在更多意义上还是对孕妇进行的产前教育，其根本目的就是让孕妇有一个健康的身体，这也是胎教的根本所在。

另外，在胎教过程中培养正确的生活态度是非常重要的。关于这一点，未必非要从聆听柔美的音乐做起。

当然，在孕期常常欣赏美妙的旋律是大有益处的。胎儿在母亲的腹中时时刻刻都发生着变化，只要能够大致掌握其变化规律并施以合适的胎教，毫无疑问将收到事半功倍的效果。

然而，假如看书之后就生搬硬套地认为“这个月可以和胎儿交谈啦”或“下个月最好多听一些优美的音乐”，这无疑是一种错误的想法。

在阅读与怀孕及胎教相关的书籍时，首先应将这本书全部读完，从而了解胎儿和孕妇的各种变化，并充分体会到胎教的正确含义。一旦到了为怀孕做准备的那一天，以前所学的那些胎教方法就可以一一派上用场。因此，学习胎教，应该从准备怀孕之前抓起。

人们对于早教的关注程度在不断上升，实际上比起早教更值得关注的是早期的胎教。如果换一个角度去认识胎教，也可以将其认为是早教的一种吧。胎教是比一般的早教更早开始的教育。

夫妻感情破裂会使缺陷婴儿的出生概率上升2.5倍

对于胎儿来说，父亲的作用是不可忽视的。据统计，与关系融洽的夫妻相比，如果夫妻间的感情出现裂缝，所生的婴儿在精神或肢体上出现残疾的概率会上升2.5倍。胎教并不是孕妇一个人的事情，每一份责任都应该由夫妻二人共同承担。

有一种说法认为孩子的身体是妈妈的，心灵是爸爸的。从这句话中我们可以看出，在受孕过程中丈夫的心理状态是相当重要的。从受孕开始，一直到孕妇分娩为止，丈夫一定要做到的事情就是：在妻子需要自己的时候能够及时到达她的身边。

怀孕时期的性生活

怀孕初期

怀孕后的1～12周是孕期中最重要的时期。精子和卵子结合之后，未来的胎儿会在子宫中寻找自己的位置，在这个过程中会有流产的可

能。这期间要尽量减少性生活的次数并避免插入过深。此外，将手指插入阴道可能会导致细菌感染或造成损伤，也是极不可取的行为。

怀孕中期

到了5个月的时候，怀孕就逐渐进入了平稳阶段。随着呕吐症状的减轻，孕妇在身体上和心理上都基本适应了怀孕的状态。由于胎盘已经稳稳地固定在它的位置上，因此即使是受到轻微的撞击也不易造成流产。尽管这时进行适当的性生活并无坏处，但有30%～40%的孕妇都有不想过性生活的念头。她们会直截了当地向丈夫说出这样的想法，并希望得到理解。因此，即使继续进行性生活，丈夫的动作也应该尽量温柔，不要挤压到妻子的腹部。

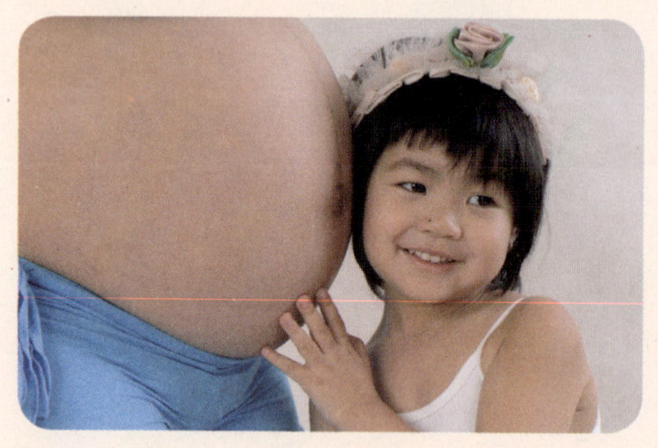

怀孕后期

到了怀孕第8个月的时候，孕妇的腹部明显凸出，并有一定的压迫感。因此在睡觉的时候最好不要采用较为吃力的平躺姿势，而应该采取侧卧姿势，这一时期进行性生活的频率应减为平时的1/3。

这一时期有许多必须注意的事项。而且，到了第10个月，丈夫就应该多为妻子考虑，尽量不要再提出过性生活的要求。

TIPS

根据胎儿的发育状况和孕妇的身体变化来选择有效的胎教方案，这才是最正确的做法。在胎儿脑部发育的时期应该选择什么样的饮食；身体发育需要哪些营养成分；严重呕吐时接受什么样的按摩可以得到缓解；孕妇的手脚产生浮肿时，做哪些伸展运动可以消除……这些都是我们每周胎教的重要内容。

TIPS

对怀孕、胎教、出生有帮助的图书

《亲密育儿百科专家指导版》，中国纺织出版社

《健康怀孕百科专家指导版》，中国纺织出版社

《图解怀孕万事通》，中国纺织出版社

《健康怀孕500问》，中国纺织出版社

《科学育儿500问》，中国纺织出版社

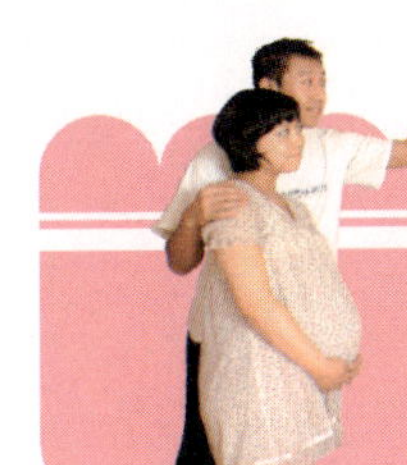

饮食胎教法

怀孕第1～4周时，胚胎只有珠丸一般大小。

受精卵周围是一些草根一样柔软细微的绒毛，这些绒毛可以透入到子宫内膜中，为胚胎汲取必要的营养和氧分，所以这一较为原始的时期被称为“胚芽期”。

胎教并不应该是在怀孕之后才开始的，在制定怀孕计划时就要将胎教纳入其中。有了怀孕的打算之后，至少应该提前3个月制定计划。因为参与受精的精子都是在3个月之前就被制造出来的，所以丈夫应在妻子受孕的3个月之前让自己的心情安定下来，孕期的饮食应本着丰富多样、适量的原则，粗细搭配，每日食谱应包含：蛋白质、脂肪、碳水化合物、维生素、矿物质、纤维等。

选择能提高受孕概率的食物

充分摄取维生素A、B族维生素、维生素C、维生素E，多吃富含蛋白质和钙质的食物。糙米、谷物胚芽、麦粒、豆芽、豆腐、豌豆、黑豆等新鲜谷物，蔬菜还有各种水果都是值得选择的食物。在这些食物中，甘薯、土豆、柚子、李子、大枣、南瓜、花菜、芹菜和白菜则是最好的选择。孕妇还应该食用一些锌、铜含量较高的肉类或海产品。

为了进一步保证受精卵顺利着床，可以取20毫升生地的汁液，每天2～3次空腹服用。也可以将浸泡过生地汁液的米熬成粥，具有补血降火的良好效果。另外，将去掉外皮和莲子心的莲子与米熬成米粥也具有同样的作用。

苦菜也有强化心脏机能并安定情绪的作用，有利于受精卵着床。另外，孕妇宜多吃卵磷脂含量较高的豆类、大酱汤、鸡蛋黄以及动物肝脏等。

摄取优质蛋白和钙质

在这一时期，母体的足厥阴经脉调控着胎儿的生长，并且与肝脏直接相关。所以应吃一些强化肝脏机能的食物，如荠菜、韭菜、紫李、山梅以及肉枣茶和木瓜茶等。

充分摄取优质蛋白和钙质、维生素以及其他矿物质也是十分必要的。肉类、动物内脏、牛奶、奶酪、鸡蛋黄，鳗鱼和泥鳅等鲜活水产，在此刻都可以摆上孕妇的餐桌。除此以外，鱼片、牡蛎、豆制品、海藻以及西芹、青椒、白菜等也都是相当适宜的食品。

紫李有助于预防便秘和贫血

维生素B_2又被称为核黄素，缺乏这种元素，阴部和口部就容易发生溃烂。牛奶、蛋黄、鳗鱼、紫菜和扁桃中都含有大量的维生素B_2。

紫李的益处是不言而喻的，它不仅仅在维生素B_2的含量上大大超过其他水果，就是硫胺、烟酰胺和本多酸的含量也毫不逊色。服用紫李可以有效预防便秘和贫血等症状。

适当服用鱼肝油和蛋黄

胎儿即将形成自己的骨骼时，母体正处于随时都可能缺钙的状况下，要多选择含有丰富的钙质和维生素D的食品，如鸡蛋黄、鱼类和鱼肝油等。

鱼肝油指的是在明太鱼和鳕鱼的肝脏中不饱和度极高的脂肪油。在怀孕期间，孕妇的体力消耗较大，或是钙严重不足急需补充。孕妇应该每天服用5克左右的鱼肝油。当孕妇出现焦躁不安或皮肤变粗糙的现象，服用鱼肝油可以起到良好的改善作用。

不放调味料，并选择对健康有益的食物

我们为每顿饭吃什么花了很大的心思，在做菜的时候要尽量不放调味料，并只选择对身体有益的食物。我在加餐时一般吃用黑豆和黑芝麻做成的点心，偶尔还吃可以补充胎儿血气的鲤鱼和鲫鱼。我把重视父亲参与胎教的理论说给丈夫听了以后，他也参与到了胎教当中，不仅戒除了烟酒，还主动承担了许多家务。由于孕妇不可以激动，所以我一直注意回避会让自己生气的话语、场面和念头。

现在，我有一个漂亮的女儿。她常常看着我的眼睛，咿咿呀呀地说着，别提多可爱了。直到现在我都确信：之所以能生下这么健康的孩子，完全是因为怀孕时遵从正确的胎教方法，端正了自己的言行和心态。

孕期食谱这样做

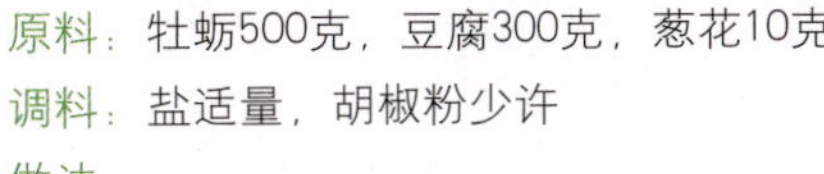

牡蛎豆腐汤

原料：牡蛎500克，豆腐300克，葱花10克

调料：盐适量，胡椒粉少许

做法：

1. 用盐水将牡蛎洗净，沥干后放入锅中，在开水中氽烫，然后捞起备用。
2. 另起锅，放水烧开。将豆腐切丁，与调料同时放入开水中。
3. 待水重新沸腾时，将牡蛎和葱花入锅，即可熄火。

蛤蜊烧芥菜

原料：芥菜150克，蛤蜊500克，姜丝少许

调料：食盐少许，低度白酒5毫升

做法：

1. 将蛤蜊干炒至出汤，捞出蛤蜊，并盛出汤汁备用。
2. 选取芥菜菜帮部位切成2.5厘米长的细段，放入锅中略加翻炒后加入少量清水，大火焖烧5分钟，捞出备用。
3. 大火将炒锅烧热，投入姜丝炝出香味，再放食用油、蛤蜊、白酒、盐、翻炒，最后注入清水，加盖煮沸。
4. 锅盖打开放入芥菜，待芥菜熟透后，将炒蛤蜊时所出的汤汁倒入锅中，即可食用。

洋葱炒白菜

原料：白菜200克，洋葱200克，葱花100克

调料：淀粉8克，食盐6克，胡椒粉少许

做法：

1. 将白菜、洋葱洗净切碎，并用水将淀粉拌匀。
2. 将食用油倒入锅中，加热，放入葱花和洋葱，中火炸至透明。
3. 倒入白菜，大火翻炒3～4分钟，撒上盐和胡椒粉。
4. 将准备好的淀粉倒在白菜上，翻炒至菜熟即可。

TIPS

在受精发生之后一直到第10周为止，可以称为“胚芽期”，而第12周则是怀孕第一阶段的末尾。在这一阶段里，应当把摄取充足的营养当做是重中之重。婴儿脑部畸形的原因，有时就和1～6周，或者是接下来的7～12周中错误地摄取了各种营养成分存在着某种关系。此外，如果在9～12周所摄取的营养成分不够充分，还会影响胎儿手脚骨骼的发育。营养不足还可能带来严重的孕吐或早产等后果。

怀孕初期，孕妇常有恶心和疲劳的感觉，经过约12周(3个月)之后这两种现象就基本消失了。有80%的孕妇会从第2个月开始出现孕吐，大多数孕妇会在第4个月或第5个月时停止。但有一些孕妇仍会在第5个月之后，甚至持续到孩子出生之前，都有孕吐或其他与之相似的现象。

在早上空腹时或用餐以后感到恶心和呕吐，随即感到四肢无力、身心疲惫。孕吐是怀孕以后的正常生理现象，不必为此事大费心思、过于烦恼。

此外，由于怀孕初期的身心疲惫、四肢无力多是由妊娠反应造成的。因此，当感到不适就立即卧床休息是完全没有必要的，孕妇可以选择进行一些轻松的活动来调整自己的身心。在怀孕的第4周之前，着床过程还没有完全结束，所以这时切不可进行剧烈的运动。做适当的伸展运动和筋骨锻炼可以有效地缓解疲劳的感觉。

胎教法精华

◎ 所有的动作都要根据身体的状况慢慢地进行。摆好姿势以后，要深深地、均匀地呼吸。在站立姿势下做动作时要特别注意身体的承受能力。

◎ 感到吃力时可以减小动作的幅度，并用增加次数来弥补效果。

◎ 不可用力压迫腹部。

◎ 用餐3～4小时后再开始练习。

◎ 练习瑜伽时最好询问专业教练的意见之后再练习。

舒展背部

Step 1

◎盘腿而坐，上身与地面垂直，头低垂，面部与地面平行，两手手指胸前交叉，翻腕，手心向外，然后双手向前推，手臂与地面平行。

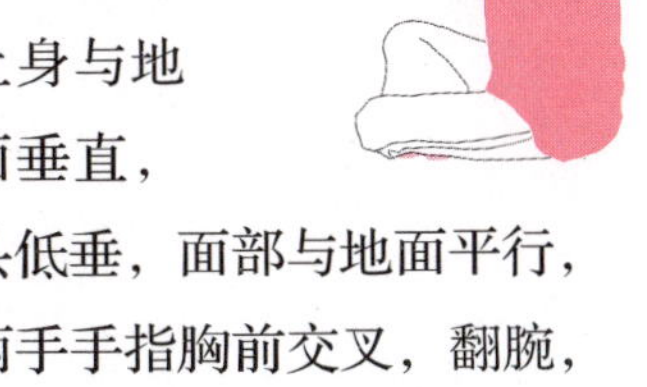

Step 2

◎将背部伸直，借用两臂的力量尽力向上推。上推的同时吸气。

Step 3

◎然后两臂缓缓放下，吐气。

功效：反复做这一动作可以强化筋骨，消除双肩紧张状态。

转动颈部

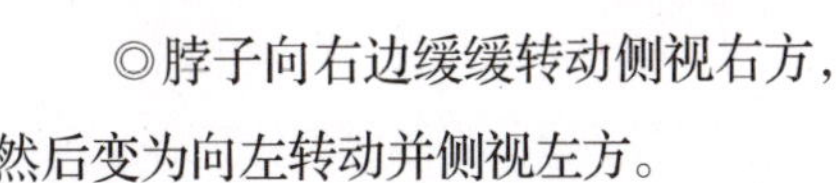

Step 1　Step 2　Step 3　Step 4

◎脖子向右边缓缓转动侧视右方，然后变为向左转动并侧视左方。

◎向上仰视，再转而向下。

功效：通过从左到右，再从右到左的旋转，可以缓解颈部的僵硬状态，达到松弛肌肉的效果。

TIPS

1．在做出伸展型的动作后，保持15～20秒，以便让筋骨得到彻底的放松。

2．呼吸时用鼻子吸气，用口呼气。怀孕4个月之后，应尽量不在平躺状态下进行运动。原先平躺时做的动作可以在重复3～5次之后，改为侧卧姿势进行。

深呼吸

Step 1

◎将双手放在腹部两侧，用鼻子深深地吸入一口气，同时向前挺起腹部。

Step 2

◎慢慢地用嘴将气吐出，并随之收缩腹部。

功效：不仅可以缓解孕吐，还可以使孕妇的心态变得更加安定。

拉伸腰部

◎两腿分开而立，两臂伸开置于胸前。

◎一只手高高举起，另一只手放在下端，在一侧腰部收缩的同时尽可能地拉伸另一侧的腰部。接着换一个方向重复这一动作。

TIPS

1. 伴随着自然的呼吸完成这些动作，每个动作重复8～12次。

2. 所有的动作都要在向左和向右这两个方向之间切换进行，在更换方向之后要保持原来的力度和幅度。

功效：使腰部得到锻炼。

拉伸腿部肌肉

◎在一条腿向前迈出的姿势下把前腿伸直，让脚后跟接触地面。

◎后腿弯曲的同时尽量使上半身的头部和腰部保持一条直线，这样保持15～30秒，注意呼吸均匀。

◎为使前腿的膝盖不发生弯曲，可以用手轻轻按住。

功效：增加腿部后半边肌肉韧带的柔韧程度。

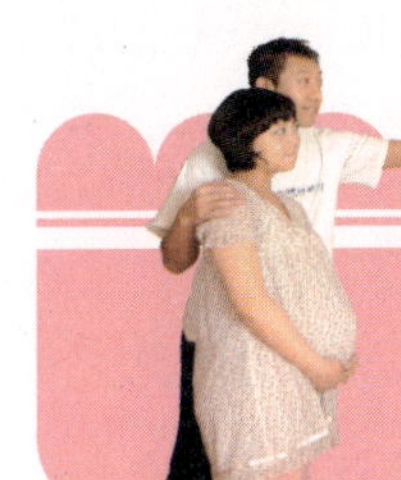

瑜伽胎教法

◎瑜伽胎教法的优点

用运动法、呼吸法和冥想法达到身心的宁静

瑜伽的练习方法大致可以分为三类，即使身体得到锻炼并往健康方向发展的运动法，强化生命力的呼吸法，以及净化人的心灵并带来内在平和的冥想法。

运动法是借助瑜伽体操来均匀地伸展骨骼、肌肉等各个部位，从而起到锻炼整个身体的效果。

呼吸法是通过吸入和呼出等调节呼吸的手段来积蓄气息，在给身体带来活力的同时让内心变得平静。

冥想法要求端正心态，通过冥想使自己变成心灵的真正主人，从而让自己的生活变得随意而自由起来。

瑜伽胎教法正是采用了这三种方法使孕妇的身体保持各方面的平衡和稳定，并迅速地进入良好的状态。

使孕妇健康地度过整个怀孕阶段

女性在怀孕之后要经历许多身体上和精神上的变化。血液循环量的增加导致心脏负担变重，

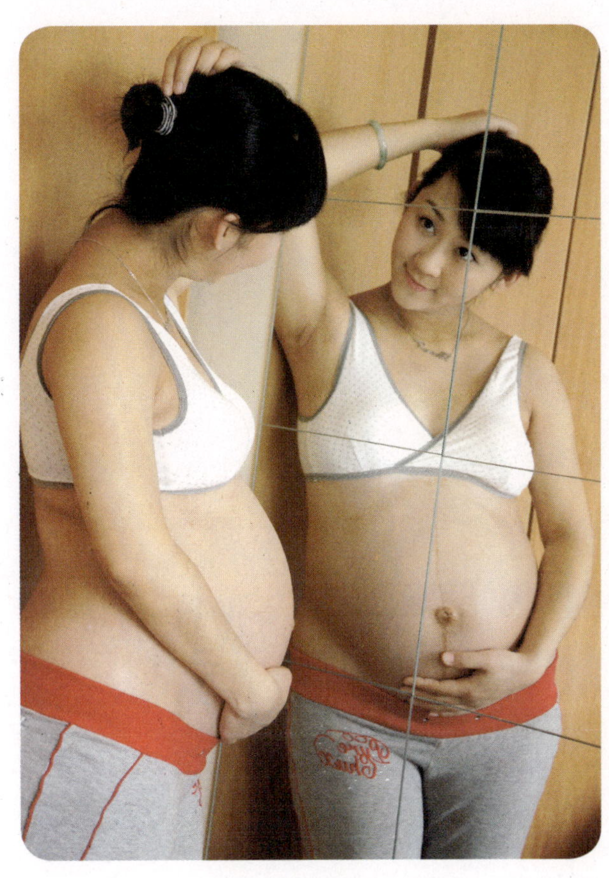

骨骼与肌肉重量的增长也给关节带来了更多的压力。除此之外，孕妇的神经和感觉也变得极为敏感，极易导致情绪上的波动，并感受到各方面的压力。

此时进行瑜伽胎教将会获得明显的改善。通过运动法、呼吸法和冥想法可以为体内的各种活动带来最高的效率，从而维持身体和内心的轻松感觉。瑜伽不仅可以给人带来能量，还可以使人有效地保存和运用能量。

对胎儿的成长发育有帮助

孕妇的健康与胎儿的健康息息相关，进行瑜伽练习可以确保胎儿在母体中有活动的空间，这一点将会对胎儿的成长以及其头脑发育产生直接的正面影响。冥想法和呼吸法可以使人的精神变得十分清醒，此外通过瑜伽体操使身体内部的气息流动顺畅之后，这些气息也会对胎儿的脑部发育产生积极的作用。孕妇的身体若能保持清爽舒畅，胎儿也会在腹中感受到情绪上的安定并健康地成长起来。

为孕妈妈产后的健康打下基础

怀孕给许多女性带来腰痛和浮肿等烦恼，练习瑜伽能很好地预防这些症状的发生。

练习瑜伽有利于孕妇的产后恢复和以后的健康。在接受自己怀孕的这个事实之后，孕妇在感到身体疲倦的同时会有一种兴奋感和责任感。瑜伽可以让孕妇迅速地适应这种变化，并帮助她最大限度地发挥出自身的能量。

◎瑜伽胎教法的准备动作

转动颈部

让自己的耳朵碰到肩部为止，让颈部缓缓地向左边旋转几圈。在此过程中双眼要一直睁开，并使眼球和自己的视线也跟着颈部一起转动。随后向反方向继续转动。由于这个动作可能引起头晕，所以最好坐下来慢慢地做，此外紧闭嘴唇也可以提高锻炼的效果。

◎肘部稍稍弯曲，重复握拳和松开的动作10～30次，这样可促进身体的血液循环和能量循环。

◎轻握自己的双拳，手腕向左侧旋转10～20次。然后换方向重复这一动作。

◎松开握住的拳头，就像要甩掉手上的水珠一样快速地向下面、上面和侧面甩手。

功效： 可以消除手指和手腕的疲劳感觉。

◎双脚合拢或双脚分开与肩同宽，站立。

◎两手各自抓住同侧的膝盖，重复做呼气时坐下、吸气时起立的动作。

功效： 活动腿关节。

◎两脚分开，与肩同宽，保持站立姿势。

◎两手叉腰，腰部和臀部向两侧来回摆动，注意在摆动出去的时候呼气。

功效： 活动臀部、腰部。

◎两脚分开，与肩同宽，保持站立姿势，抬起左脚脚跟并转动脚踝。

◎用同样的方法转动右脚脚踝。

功效： 活动脚踝。

调整坐姿

◎采取舒适的坐姿，自然挺直上身并保持肩膀和脸部的放松。

◎两手交叉在一起，然后高高地举过头顶。此时手掌应正对屋顶。

◎在呼气的同时使肘部靠近耳朵并完全伸直，让包括手掌在内的整个手臂都得到拉伸。

◎均匀地吐出气息并保持几秒钟静止，注意下巴不要向前伸出。

◎慢慢地放下手臂并分开交叉着的手指，把双手放在膝盖上让其彻底放松下来。

功效： 选择可以使胸部、腹部和骨盆的全身肌肉变得柔韧而有力，能够减轻骨盆所受的压迫，强化骨盆，增加肺活量的动作。

舒展盆骨

◎将两腿伸开后坐下，保持脊柱挺直。

◎双脚并拢，两手交叉握住双脚，脚后跟抵住自己的会阴部。

◎进一步伸展脊柱，远望前方或注视自己的鼻尖，均匀地呼吸并保持平静的状态。

◎在这一状态下让膝盖接触地面再恢复原位，重复这种一上一下的动作。

功效： 选择可以促进肾脏、前列腺和膀胱健康的动作。

休息的姿势

◎平躺，轻轻地闭上双眼。

◎双臂自然地放在身体的两侧，手掌向上。

◎自然地分开双腿并保持放松，保持笔直的平躺姿势，头部、臀部或腿部不要向一侧歪斜。

功效： 选择可以消除疲劳的动作。为了让神经和肌肉感到舒适，要尽可能地放松身体所有的部位。

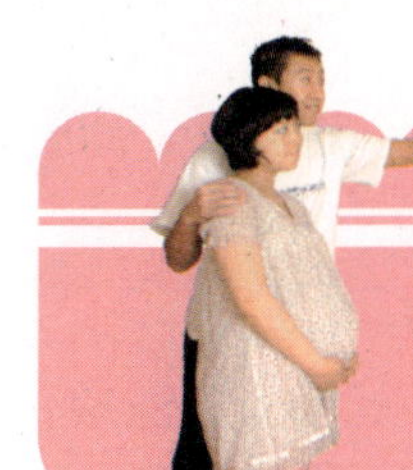

孕妇普拉提

◎普拉提的特点

全身得以舒展

与健美操等其他锻炼方式不同，普拉提要求练习者在移动脚步或肩部的时候完全集中自己的注意力。它还强调让横膈膜进入规律的活动状态，以及掌握正确的呼吸方法从而使气息变得更加均匀。

坚持练习普拉提可以使全身的骨骼变得更加稳固，并让紧张的肌肉放松下来，从而达到让整个身体更加健康的目的。

让孕妇的身心变得平静

在怀孕之后，激素分泌量的增多使孕妇在生理上和心理上发生一系列的变化，随后会出现乳房体积变大，产生恶心感觉等非常明显的症状。

这些身体内部的变化其实是为怀孕和分娩而做的一种准备，所以我们应该把注意力转移到即将出生的孩子身上，从而让自己的心情愉快起来。普拉提不仅能够纠正练习者不正确的姿势和习惯，以保持人体各方面的均衡，还可以给人的内心带来平和的感觉。所以这项运动能够给压力过大的现代人，特别是给孕妇带来很大的帮助。

◎准备阶段

练习普拉提之前先进行咨询

怀孕前3个月进行运动可能引发流产，所以在怀孕初期有运动打算时，一定要先咨询专家的建议。此外，还应注意避免过量或强度过大的运动。

准备活动

在进行正式运动之前应该先做一做准备活动。普拉提的准备活动与其他运动的准备活动有很大的区别。其目的并不是舒张和收缩自己的肌肉并让脉搏数上升，而是要让整个身体变得平静并进入协调的状态。

在做完准备运动之后，人的身心将会变得平和，所有的注意力都会集中到自己的躯体上。这时就可以开始慢慢地、小心地进行运动了。如果在活动的过程中有疲劳感，应当立刻停止活动并进行充分的休息。

正确的姿势很重要

普拉提强调的就是保持正确的姿势，这一点对孕妇来说尤为重要。正确的姿势可以解除肌肉的紧张感，还能够使血液循环变得更加通畅，并促进人的神经自由发挥作用。在练习普拉提的过程中若姿势不正确，将不会有任何的锻炼效果。

准备姿势

◎膝盖与墙壁保持15～20厘米的距离，并倾斜地站立，两脚分开与肩同宽，用脊柱靠在墙壁上。头部稍稍抬起，颈部挺直，两臂自然下垂。在站立的同时让肚脐和脊椎之间产生互相吸的感觉。

◎深深地吸一口气再呼出去，向上牵拉骨盆的肌肉，下巴下降到胸部的位置。这样颈部和背部都会有向上舒张的感觉。此时手臂可以轻微地自然摆动。

◎彻底向前俯下身去，让臀部贴住墙壁，手臂和头自然地垂向地面。身体在下垂的过程中可以得到舒展并松弛下来，呼吸也会在一段时间内保持非常自然的状态。

◎在呼气的同时确认肚脐是否在向脊椎方向推进，向上紧拉骨盆的肌肉，再次舒展骨盆与背部之间的肌肉，在站立的姿势下慢慢转身，舒张背部的同时让肩膀自然下沉。重复整套动作3次。

◎孕早期的普拉提练习

挤按枕头

◎平躺，脚底着地。把一只枕头或垫子放在竖着的膝盖当中。确认是否缓解了肩部和颈部的紧张程度。

◎运用腹式呼吸的方法，在呼气的时候应该感到肚脐和脊柱相互吸，同时使劲推挤膝盖之间的枕头。身体的其他部位保持不变，而仅对两个膝盖用力。

◎再次吸气的同时轻轻地夹住枕头。将此套动作重复10次。

按摩胎教法

怀孕之后，孕妇不得随意服用药物这一点是显而易见的。那么，在整个怀孕期会出现一些不适，有的症状还会随着时间的推移而逐渐加重。这时都可以通过按摩解决问题。怀孕时如果接受按摩，一定要告知自己怀孕的事实，应用拇指或手掌轻轻地进行按摩。

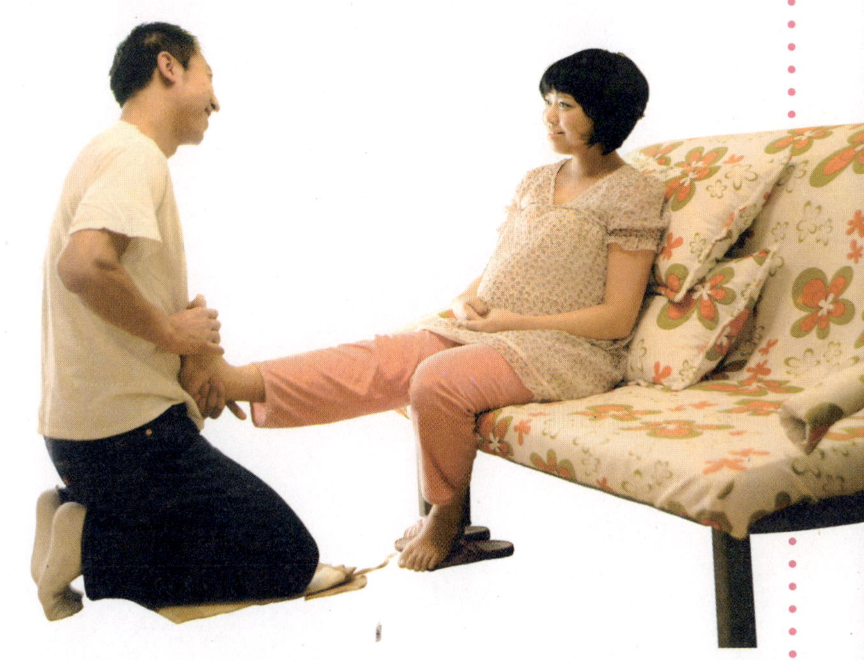

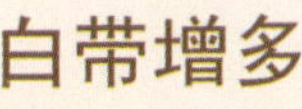

白带增多

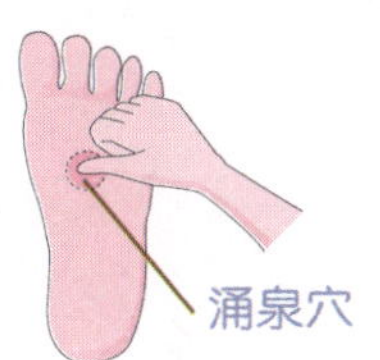

◎在肾脏的反射区涌泉穴上，用大拇指轻轻地按1～2次。

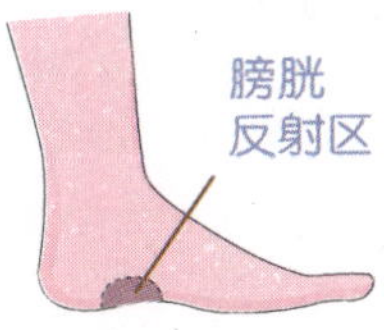

◎用大拇指在膀胱反射区上下按摩3次。

◎握起拳头在脚后跟底部的生殖腺反射区上，轻轻敲击4～5次。

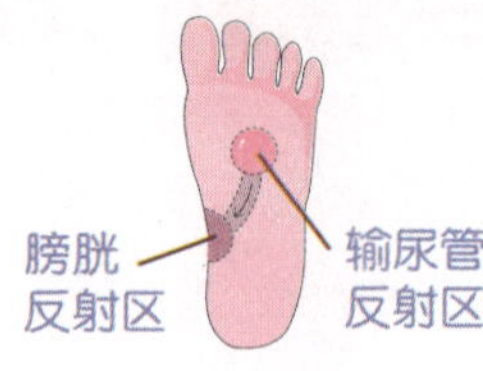

◎涌泉穴和膀胱反射区之间是输尿管反射区，在这一区域用大拇指滑动搓摩约9次。

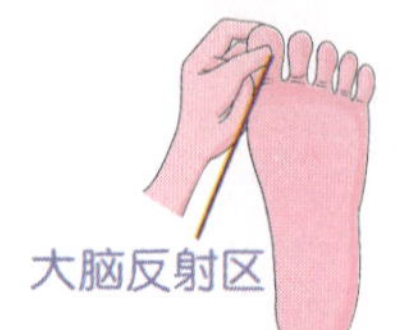

◎用大拇指按摩位于大脚趾底部的大脑反射区,每次持续4秒钟，共进行4～5次。

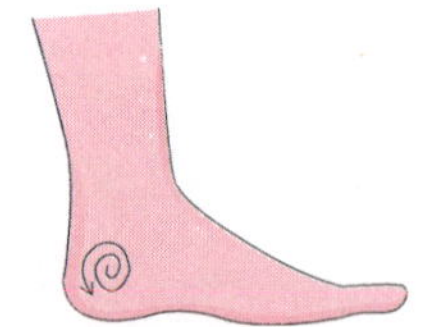

◎在子宫和卵巢反射区按照逆时针方向画圆。

功效： 有效缓解白带增加的现象。

尿频

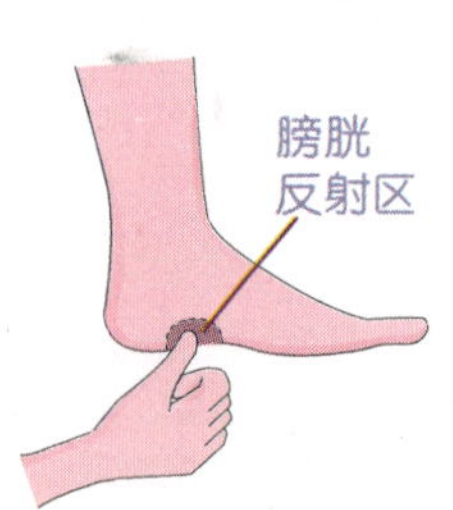

◎在肾脏的反射区涌泉穴上用大拇指缓慢地连按4下，再重复3～4次。

◎在涌泉穴和膀胱反射区之间的输尿管反射区，照箭头所示方向用大拇指滑动搓摩约9次。

◎在足部内侧的膀胱反射区，以没有痛感为前提，按3秒钟，重复按3次。

◎用大拇指轻按位于大脚趾底部的大脑反射区，重复4～5次。

功效： 缓解尿频现象。

TIPS

除以上方法外，还可采用下面方法缓解尿频症状，从而提升胎教效果：

1. 控制饮水。最好在临睡前1～2小时内不要喝水。

2. 少吃利尿食物。在怀孕的初期及末期，应该少在晚上吃利尿性的食物，如西瓜、蛤蜊、茯苓、冬瓜、海带、车前草、玉米须等。

3. 避免仰卧位，要采取侧卧位。侧卧可减轻子宫对于输尿管的压迫，防止肾盂、输尿管积存尿液而感染。

4. 常做缩肛运动。这样可以训练盆底肌肉的张力，有助于控制排尿。

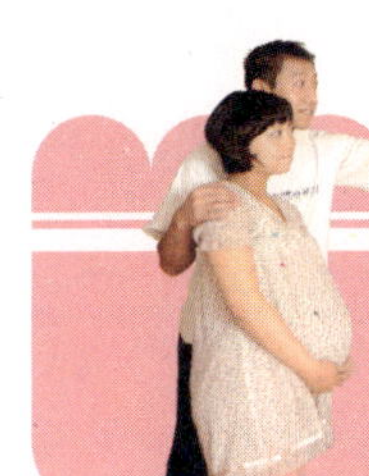

日记胎教法

受到体内激素变化的影响，孕妇在一天内可能时而忧郁，时而感到幸福，感情时刻处于起伏不定的状态。在这种情况下孕妇最好养成写日记的习惯，写的时候心里可以想着将要出生的孩子，借此来使自己逐渐进入宁静而平和的状态。在写日记时最好能将当天发生的事件以及自己的苦恼、担心、喜悦和感激等情感记录下来。

◎可给内心带来温暖感

写胎教日记已经成为了一种潮流

怀孕期间一边写日记一边让自己的内心变平和的过程就是日记胎教。在孩子出生前写胎教日记，出生后写育儿日记，这是一件多么有意义的事情啊！

如今记录胎儿成长过程并写成胎教日记已经形成了一股潮流。越来越多的孕妇把胎教日记贴到育儿专题网站上，甚至还有一些热心的女性开始发表“怀孕预备日记”，除此以外，我们偶尔还能看到一些准爸爸们写的相关文章。

在写日记的时候使自己的内心平和下来

孕妇往往都会有一种不安的感觉，因此，有必要对自己的内心进行一番探索。想要达到这个目的，最好的手段就是写日记。写日记其实是为了更好地了解自己，通过这样的过程可以使孕妇不安的内心渐渐平和下来，并逐步加深对胎儿的爱。与丈夫一起写日记还可以增进夫妻之间的感情，夫妻关系会变得更加亲密，孕妇也会得到一种情绪上的安慰感，这种安慰感则会自然而然地提升胎教的效果。

将消极想法转化成积极想法

孕妇应该将自己的真实想法坦率地写进日记当中，同时我们也要注意到，在怀孕期间，孕妇的感受并不仅仅是舒适和幸福。

对于即将成为母亲的事实感到不安，担心自己生下畸形儿，担心怀孕之后夫妻关系疏远，这些都是孕妇在怀孕过程中很容易遇到的问题。对此，孕妇首先应该做到坦率地面对它们。一边写日记一边思考，然后让自己的想法逐渐向积极和肯定的方向转变。因为如果孕妇整天愁眉苦脸、焦躁不安，子宫环境也会跟着越变越差，并最终对胎儿造成不好的影响。

购买自己喜爱的日记本

写日记并不像说话那么简单，怀孕之后即使意识到了有写日记的必要，也未必知道该写些什么。有的时候甚至会觉得这是一件比以前写作业还要困难的事情。

一切胎教方法的根本都是让孕妇的内心变得更加愉快，写日记也是一样。记录孩子的成长过程并用爱心去进行写作，这就是它的根本所在。

孕妇首先应该买一本自己喜欢的笔记本。学生专用的笔记本或是带有漂亮图片的手册都是不错的选择。把买来的日记本放在最显眼的地方，好让你在任何时候都可以记录。孕妇还应该把它当做自己在怀孕期间最亲密的朋友，与其分享所有的秘密和心里话。

不要拘泥于形式，而是完全按照自己的想法写

日记的形式并不固定。孕妇可以把它写得很长，也可以写得很短，甚至写成一封信也没有关系。我们建议在睡觉前像与胎儿进行交谈一样把自己想说的话写成一封信。有一点非常重要，那就是，一定要坦率地对待自己。一旦开始写日记就要做好对写下的内容负责的准备。

每天都写日记固然是一个很好的习惯，但也没有必要过于坚持。孕妇完全可以根据自己的意愿，在特别想与胎儿对话时，以及有特殊事件发生时写日记。

写日记就好像与孩子对话

在写日记时，孕妇应该从心里跟孩子进行对话。除了文字内容以外，孕妇还可以把B超检查的照片贴在日记本里。如果拍下自己每个月发生的外貌变化并把它贴在日记本里，今后也一定会成为美好的回忆。在孩子出生以后妈妈把这本日记当

做礼物送给孩子，一定会比千言万语更能传达自己心中的深厚爱意。

记录每周胎儿与孕妇发生的变化

一本好的胎教日记往往涵盖怀孕期间孕妇和胎儿的所有身体变化，在刚刚得知怀孕消息的日子，第一次感觉胎动的日子，在B超检查时看到胎儿模样的日子，听到胎儿心脏跳动的日子等这些特殊的日子里，孕妇可以把自己的喜悦和神秘感一一记录下来，还可以把在胎教过程中读过的诗句或播放的音乐，自己和丈夫之间的深厚感情以及对孩子的无限期待全部作为日记的内容。

写完一篇日记后可以自己朗读出来，胎儿一定会对爸爸妈妈充满爱意的声音产生好感，这样一来就顺便起到了胎谈的作用。孕妇可以用阅读童话书的方法来阅读日记。

写日记有困难可以改为写信

如果孕妇感到写日记压力很大，可以偶尔尝试一下写信的滋味。

信写完之后应当像写好日记一样，用舒适的姿势躺下来并大声地朗读给胎儿听。孕妇的声音将向胎儿传递父母的深厚爱意。

心理胎教法

我国周朝的太任王后曾刻苦修炼8个月时间，最终生下了聪明而又仁慈的周文王。她所修炼的内容其实就是适合孕妇学习的清静法，太任王后的行为就是我们常说的心理胎教。

心理胎教让身心愉悦

修炼身心的清静法

在各种调整心灵和肉体的身心方法里有一种就是清静法。这种方法不仅可以起到胎教的效果，还可以对分娩过程和产后休养等有很大的帮助。

周文王从小就聪明过人，这一点是和他在出生前所接受的教育分不开的，其中最重要的一点是，他的母亲在怀孕时静养了整整8个月。正是因为周文王的母亲太任王后口不说污言，脑不想邪念，修炼身心，认真胎教，才最终诞生了周文王这样的一代明君。

清静法包括清静操、冥想

孕妇坚持使用清静法不仅对胎教有好处，也会对分娩有帮助。清静法要练习一个月以上才可以看到效果，所以最好从怀孕第16周起一直练习到分娩。孕妇每天应该练习30分钟到1小时，但也可以根据自己的身体状态适当选择。清静法中有多种清静操的姿势和冥想法。

练习清静操、呼吸和冥想都可以让孕妇保持良好的心理状态。

清静法的优点

调节内心

所有胎教方法的根本都是让孕妇保持好的心理状态。清静法的一大效果就是使孕妇能够对自己的内心进行调节，使其在身体上和精神上同时保持着健康的状态，所以对怀孕的人来说，学习清静法是一个非常好的选择。

学习清静法以后，孕妇就可以自由应对怀孕和分娩过程中身体所产生的所有变化，也会渐渐地

变得积极、爽朗起来，这会让孕妇以一种平稳的心态顺利地度过整个怀孕阶段。

消除孕妇对怀孕和分娩的恐惧感

清静法可以消除孕妇对怀孕和分娩的恐惧感，使其变得愉快起来。由于清静法包括清静操、呼吸法、放松法和冥想法等能够提高顺产概率的内容，所以在想到自己将会顺利地度过怀孕和分娩时，孕妇的不安感和恐惧感就会自然而然地消失殆尽。

促进了与胎儿的交流

胎教的出发点是怎样与胎儿进行交流。因此在任何形式的胎教当中，都应该重视与胎儿的交流。孕妇应当时刻留意胎儿是否有着某种需求，并不停地做出交谈等形式的努力以和胎儿分享自己的感受，最终达到与胎儿交流的目的。清静法可以引导孕妇的身心，使孕妇和胎儿之间很快建立起自然的、深层次的交流，并对胎儿的品性以及大脑机能的发展提供帮助。

提高顺产的概率

许多练习清静法的孕妇在分娩时都只经历了很少的痛苦。只要经常用清静操锻炼身体并熟练掌握、运用呼吸法和松弛法等诀窍，孕妇在分娩时就能够很自然地做到顺产。实际上，呼吸法和松弛法可以促进大脑当中氨多芬的分泌，这不仅能够减轻疼痛，还能加速分娩过程，这样一来阵痛的时间也就自然减少了。

促进消化并缓解便秘

怀孕之后，女性会在身体上出现许多种症状。练习清静法能够消除腰痛，并能减轻四肢酸软、手脚冰凉、腿部浮肿、消化不良和便秘等症状。孕妇会很快变得安定下来，失眠和头痛等症状也会得到明显的改善。

进行清静法的孕妇，练习1个月后就会发现自己沉重的身躯突然变得轻盈起来。这种变化非常明显，几乎让孕妇感觉不出自己已经怀孕了。

◎清静操

在练习清静操时一定要舒展眉梢并面带微笑。孕妇可以选择一种舒适的姿势坐下，同时要注意伸直腰部，正视前方，下巴略微向里收。

在呼吸法上主要采用自然的呼吸方式，有时也要根据情况做出深呼吸的动作。

卧姿

此套动作最好在怀孕第16～32周练习，如果身体不是特别沉重也可以一直练习到怀孕的后期。练习躺着做的体操动作能促进全身的血液循环，并能够强化腰部力量，还能预防和治疗腿部的浮肿症状。

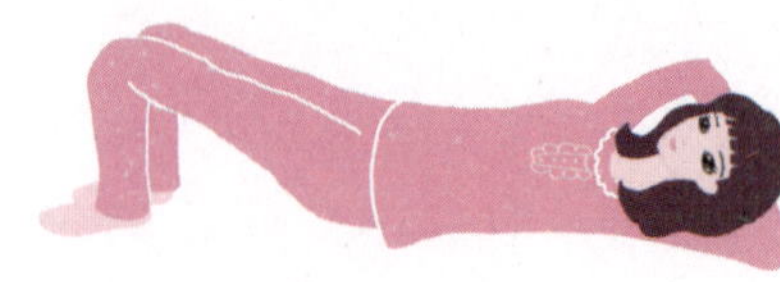

◎双手垫住头部，两腿一起上抬并弯曲到胸部位置与胸口接触。

功效：促进腿部的气血循环，减轻腿部浮肿和心律不齐的症状。此外，还可以强化腰部肌肉，增强子宫的收缩能力。

◎平躺，弯曲左腿，然后抬起右腿与身体呈90°角，与此同时用双手垫住头部。尽可能长时间地保持这一姿势，然后把腿放下来休息片刻。

功效：预防并治疗腿部浮肿，强化内脏器官并帮助消化。

这套动作可以从怀孕初期一直做到分娩之后，并且最好和丈夫一起练习。练习“坐姿”可以增加孕妇的肺活量，从而给胎儿带来充足的能量供给。这不仅有益于胎儿的健康成长，还能够使孕妇的消化和排泄恢复正常，并让手脚渐渐温暖起来，心情也会随之变得更加愉快。

◎双手手掌向前方完全张开。双臂分开与臀部同宽，举至肩膀的高度。一边收缩手臂一边长长地吸气，在伸直手臂的同时再将气息呼出。重复4次。

功效： 让内心安定下来并使腰部变得更加结实。对伸展孕妇的骨盆也具有一定的好处，还可以疏通全身的气血，给胎儿带来充足的氧气。

◎两手手指交叉、翻转向前推，然后先向上举，再移动到头后，最后头部向后倾。将此套动作重复2次。

功效： 疏通上半身的气血，帮助消化，强化肾脏的机能，解除腰部的疼痛。

此套动作可以从怀孕中期一直做到怀孕末期，能使人的大腿和骨盆盆腔变得结实，并能够促进全身的气血循环，提高顺产概率。

四肢运动

◎双脚分开与肩膀同宽，右臂向上伸直，手指朝向天空，左腿向前迈步并在空中弯曲成90°角。两侧轮流做，各重复5次。

功效：促进血液循环和新陈代谢，强化腿部肌肉和骨盆盆腔，提高顺产概率。

走姿

◎在空气清新的地方慢慢走动，与此同时重复将自己的手掌向内弯曲再向外展开的动作。

功效：将清新的空气传递给胎儿，通过深呼吸来提高胎儿的供氧量。适量的行走能够强化孕妇腿部的肌肉并放松骨盆肌肉。

冥想

◎采用平躺或向侧卧的姿势。舒展眉梢，面带微笑。

◎让自己的颈部、肩膀、手、腿和脚都完全放松下来。

◎让头脑保持一片空白，集中注意力。

◎想象孩子俊俏的面容以及其长大成人以后的模样。

◎想象大自然的清静和广袤，可以想象大海、森林和清澈的河水等事物。

功效：使孕妇的不良情绪得到缓解。

结束操

在练完清净操或冥想之后不要忘记收尾。主要方法是双手互搓发热之后摩擦自己的脸或耳朵。

◎抚摸脸颊：可以增加面部皮肤的弹性，起到美容的效果。

◎梳头：促进血液循环，使血压变得稳定，还可以起到治疗头部疾病和提升智力的效果。

◎抚摸耳朵：耳朵上的血管十分密集，按摩耳部可以对全身起到积极的作用。

◎抚摸大椎穴：大椎穴在第七节颈椎，也就是弯下颈部时位置最高的那节颈椎的下端。这样做不仅可以预防并治疗感冒，对支气管和肺也有很大的好处。

◎仙鹤点水：头部先向后倾斜，再往前伸，让自己的下巴在空中画圆。这样可以治疗颈椎和胸椎的疾病，并能放松颈部和肩部的肌肉。

胎谈胎教法

◎顺利展开胎谈的十要领

给胎儿起一个可爱的小名

刚开始对腹中的胎儿说话可能觉得挺不自然，就像在自言自语一样。与生硬地称呼胎儿为“孩子呀”相比，不如先给他起一个小名再开始胎谈，这样，接下来的过程就会变得轻松许多，不仅母亲不自然的感觉会逐渐消失，与胎儿之间的亲子关系也会变得深厚，从而使母亲有机会与胎儿进行更为亲密的谈话。

可以取“圆圆”、“宝宝”这种非常上口的名字，但名字最好不要有性别倾向。因为这代表了父母对孩子真实性别的尊重态度。

就像与朋友说话一样真诚

由于说出的话得不到任何回应，有些人会因此对胎谈失去兴趣。

但实际上在进行胎教时，孕妇不应该觉得自己是单独一个人，而应该用与身边的朋友交谈的真挚态度和嗓音来诉说自己的心里话。

说话时要注意抑扬顿挫，并尽量做到发音标准；如果能够保持平静、柔和的声音，胎儿就不会产生拒绝感。一边深情地抚摸肚皮，一边温柔地对胎儿说话，只要这样做，就可以把母亲良好的情绪完完整整地传递给胎儿。

自己的各种体验是胎谈的最佳话题

每次说不同的话题可以对胎儿的大脑起到良

好的刺激作用。如果想让胎儿的情绪稳定，就应该经常对胎儿的大脑进行良性刺激。事实上，胎谈时的最佳话题就是孕妇自己的各种体验。

此外，胎儿对语言的初步学习过程也是从胎儿时期开始的，这时孕妇只要进行各种积极的活动，并用话语向胎儿表达自己的感情，就可以对胎儿产生极大的帮助。

在迎接美好清晨的那一刻，为什么不试着向胎儿问好呢？这样向胎儿问好会使自己的心情也渐渐地愉悦起来，不知不觉就做好了迎接快乐一天的心理准备。

链接：胎谈时说说这些吧！

早上起来时

“宝宝，睡得好吗？”“妈妈昨天做梦梦到你啦！你看看这升起的太阳是多么的美丽呀，让我们一起度过精彩的一天吧！”

吃饭时

“今天我们吃鱼，对我们的身体可有好处了，它的味道香浓，咱们一起尽情享用吧！”

“苹果好吃吧？真是又香又甜，据说苹果里有许多的维生素呢！”

去医院时

“今天是定期检查的日子，你的脸、手和脚都长到多大了呢？妈妈很快就可以看到啦！”

“已经做过B超检查啦，宝宝你真是太可爱了。你一定要在妈妈的肚子里乖乖地、健康地长大哦！”

听音乐时

“这是轻音乐，让妈妈从身体到心情都变得舒畅了！宝宝的心情也很不错吧？”

发生胎动时

“呵呵，宝宝这会儿正玩得开心呢，妈妈来陪你一起玩好吗？”

“来，妈妈在这里拍一下，宝宝也来拍一下？嗯，真听话！”

"宝宝的心情可真不错呀。你知道吗？妈妈也和你一样高兴！"

胎谈的同时听听音乐吧

胎谈的同时可以做一件非常容易的事情——欣赏音乐。播放你最喜欢的音乐，然后从与音乐相关的事情开始聊起，这样就能够非常自然地进入到胎谈的状态中。在欣赏音乐的同时，孕妇可以把自己对音乐的感觉，音乐讲述的内容以及使用的各种乐器一一介绍给胎儿。

对胎儿唱歌也会使其变得心情愉快

除了与胎儿谈话之外，把孩子的小名编到歌词里，或者学一些传统的童谣唱给胎儿听，也都是不错的选择。有些母亲曾经说：把胎教时经常唱的童谣再次唱给婴儿听时，婴儿会有非常明显的反应。

专家们还发现，胎儿时期经常欣赏音乐的孩子在情绪上比其他的孩子更加稳定。用爸爸妈妈自己作的歌词配上现成的曲子唱给胎儿听，既有趣又能达到胎教的效果，这可真是一件一举两得的事呀。

用谈话的口吻读童话故事

选择好的童话故事，然后像和朋友谈话一样读给胎儿听。最重要的是讲故事时一定要想像胎儿就坐在自己的身边，但必须注意不要读得过于平淡，一定要让自己的声音始终饱含情感。

从怀孕第6个月开始，胎儿的听觉就得到了明显的发育，并成为五感当中最为敏锐的一感，因此为胎儿读童话故事就变成了胎教效果最好的刺激方法。即使不读童话故事，孕妇也可以选择一两篇自己喜爱的小说或散文读给胎儿听，读的时候仍然应该饱含感情。

画出孩子的小脸当做胎谈的对象

如果觉得一个人说话还是有些放不开，可以把想像中孩子的小脸画出来，并当做胎谈的对象。这样做可以让孕妇感到胎儿似乎真的就在自己身边，如此一来胎教也将变得更有效果。孕妇可以采取舒适的坐姿，看着孩子的画像娓娓道来，这样母亲平和的情绪就能够渐渐地传递给胎儿。

此外，把漂亮的宝宝图片收集到一起并贴在墙上也是一种方法。就“欣赏漂亮的宝宝图片就能生下漂亮宝宝”这样的想法而言，也可以算作是一种图像胎教的理念吧。

让胎儿常常听见爸爸的声音

如今，准爸爸们也纷纷开始对胎教产生了兴趣。因为他们知道了自己在胎教中所起的重要作用。

胎儿可以经常听到准妈妈的声音并在脑中产生记忆，但是准爸爸的声音对胎儿来说却并不是那么熟悉。与此相仿的是，一体相连的孕妇和胎儿之间，早已非常自然地形成了一种亲子关系，而这种亲子关系，对在怀孕和生产过程中一直只是起到辅助作用的准爸爸来说，往往是可望而不可即的。在这样的情况下，准爸爸们就更应该一有空闲下来就让胎儿听一听自己的声音，努力使两人之间的感情变得深厚起来。

在怀孕期间，如果准爸爸坚持不懈地与胎儿交谈，胎儿出生之后就能分辨出父亲的声音。上班出门、下班回家的时候可以用“睡得好吗？”“今天在玩什么呢？”“爸爸下班回来啦！”这样的话向胎儿问好，以此增进准爸爸和胎儿之间的交流。

胎谈时可以正对孕妇的腹部，也可以在抚摸孕妇腹部的同时进行，此外胎谈过程中还要注意用充满爱意的语气。要知道，抚摸孕妇的腹部就是间接接触腹中的胎儿，因此这一举动也能达到使胎儿的情绪安定下来的效果。

让胎儿知道你的无限爱意

胎谈过程中最不能忘记的事情就是传递爱的

信号，“让胎儿知道你的无限爱意”，可以说是胎谈的根本所在。“我爱你”、“欢迎你的到来”这样积极的话语将使胎儿更加感受到你对他的爱。

另一方面，孕妇一定要少说消极的话、少做消极的事，因为与其他任何人相比，胎儿能更快地感知到孕妇的情绪变化。孕妇在视觉和听觉上都尽可能不接触消极的事物。举例而言，要尽量避免使用“太差了”、“不行”等否定词汇的语句。

称赞和奖励对胎儿的好处是不言而喻的。去医院做检查时，发现胎动比较明显或是感觉自己身体状态良好时，都可夸奖腹中的胎儿。

请记住，只有心态乐观、积极，你的孩子才能拥有开朗的性格。

孕早期这样进行胎谈

胎谈开始得越早越好，我们建议从得知怀孕消息的那一刻开始进行胎谈胎教。孕妇可以把自己得知怀孕消息时激动、愉快和幸福的心情说给胎儿听。

让自己变成话匣子吧

变成一个话匣子对孕妇来说是理所应当的事情。孕妇可以把一天当中遇到的许多琐事向胎儿一一道来。从早上起床一直到晚上上床，一天中肯定会发生很多事情，就从向胎儿简单地打招呼开始胎谈吧！总之要通过这些内容来把一个母亲的情感生活完整地表达出来。

除此以外，孕妇还应该把自己对胎儿能平平安安地成长、不受流产等问题困扰的期望告诉胎儿。

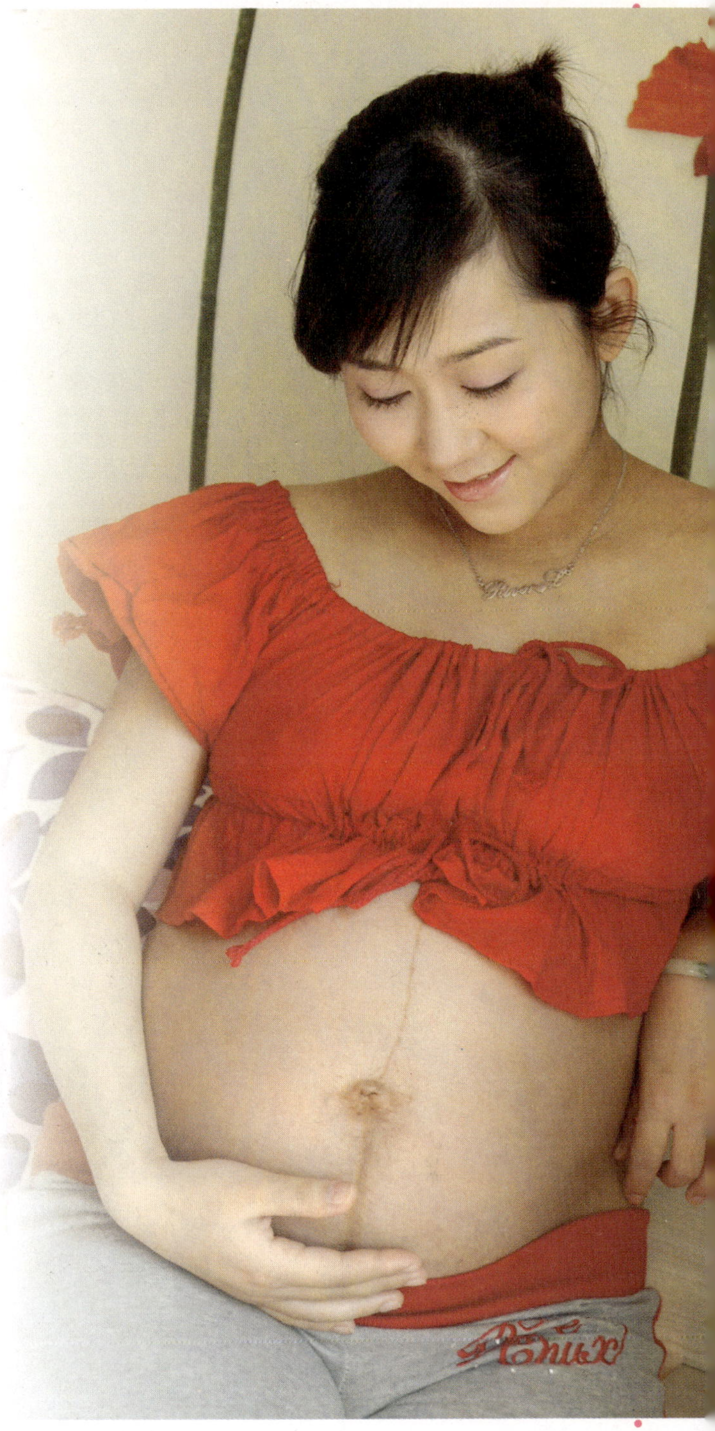

音乐胎教法

胎儿可以完整地感受到孕妇的心理状态

尽管无法听到声音，胎儿还是可以感受到孕妇的愉快心情。胎儿的双耳是从怀孕初期开始形成的，但还不具备听觉上的功能。不过音乐胎教的意义在于通过让孕妇心情平和达到使胎儿情绪变佳的目的，所以孕妇应该在怀孕早期就开始进行音乐胎教，以保持一个平稳而宁静的心态。

这一阶段孕妇很容易因为孕吐和压力等问题而变得忧郁，所以通过音乐来调整自己的心态就显得格外重要。此时孕妇应该根据自己的作息时间决定每次欣赏音乐的时间。

这些曲目最为合适

莫扎特的《第十四号钢琴奏鸣曲》
海顿的《四季交响曲》
约翰·施特劳斯的《圆舞曲》
迈尔斯的《卡伐蒂娜》

胎教备忘卡 1～4周

	胎儿的生长发育	孕妇的身体变化	这一周要注意的事项	最适合1～4周进行的胎教
1～2周	◎ 第1周就是最后一次月经开始的那一周； ◎ 第2周子宫为排卵做好准备。	◎ 没有明显变化。	◎ 要充分的摄取各种营养。	饮食胎教： ◎ 选择可以强化肝脏功能的食物，摄取优质的蛋白和钙质，吃一些紫色李子预防便秘或贫血，适当服用鱼肝油和蛋黄。 运动胎教： ◎ 伴随自然的呼吸，适当进行伸展运动和筋骨训练。 按摩胎教： ◎ 进行缓解白带增多、尿频、心理紧张等症状的按摩。
3周	◎ 精子和卵子在输卵管中相遇，形成受精卵； ◎ 受精卵移动到子宫内，开始形成细胞分裂； ◎ 胚胎体积很小，但增殖和成长的速度很快。	◎ 阴道分泌物增多或有轻微疼痛； ◎ 着床过程可能引起出血，出血甚至呈灰黑色。	◎ 摄取叶酸至孕3个月，进行有规律的运动。	
4周	◎ 受精卵分裂胎盘和胎儿两部分； ◎ 通过B超检查可以观察到胎囊。	◎ 月经停止，出现疲惫感。	◎ 可以到医院进行第1次孕期检查； ◎ 不要染烫头发。	

胎教周历

怀孕5～8周

怀孕5周

胎儿发生了怎样的变化

这一时期，相当于一粒苹果籽儿的胎儿出现了心跳。胎盘与脐带开始起供给营养的重要作用。心脏逐渐有了雏形，两条主心血管开始持续不断地收缩，大脑和脊椎也慢慢地发育。随着骨骼的形成，已经可以区分开胎儿的头部和尾部。

孕妇发生了怎样的变化

大多数孕妇此时开始出现恶心和呕吐的情况，疲劳感出现得更加频繁，因此，这一阶段应该避免进行过激的运动或者长途旅行。由于胸部明显变大，孕妇开始有衣服穿不下的感觉，排尿的频率也变得越来越高。

本周备忘

警惕滥用药物——不要随意地吃、用中药和营养品，孕吐严重的时候去妇产科询问专家。

怀孕6周

胎儿发生了怎样的变化

胎儿外观与蝌蚪有几分相似，并且生长发育迅速。眼部长出眼睑和水晶体，四肢的芽体开始出现，胎儿的头部、尾部和臂部都已可以被轻易地区分开。此外，肝脏、胰脏、甲状腺、肺、心脏等器官开始形成，脑部的体积增加，血液循环也开始运作。做B超检查时有可能听见胎儿心跳。

孕妇发生了怎样的变化

孕吐、疲劳和尿频等症状更加明显，体重也略微有所增加。也有因为孕吐而导致体重下降的情况。由于身体的变化非常明显，绝大多数孕妇都可以借此判定自己怀孕了。除一些普通的症状之外，偶尔还会发生乳房发痒并感到心口疼痛的症状，甚至会突然有一种不安的情绪。另外，排便习惯也发生了变化，容易出现便秘和痔疮等症状。

本周备忘

定期接受检查——应如实告诉医生自己过去是否有流产、人工流产的经历，家族病史，以及最近正在服用哪些药物等。一定要按时做产前检查。

预防便秘——常常喝水或饮用李子汁可以缓解便秘的症状。另外还需记住：排便时切勿用力过度。

怀孕7周

胎儿发生了怎样的变化

胎儿以令人难以置信的速度生长着，心脏变得饱满，并分离出左心室和右心室，肺部也长出支气管，从而进入其发育的第一阶段。同时，大脑半球也逐渐成形，肠、盲肠和胰脏开始发育，眼珠发育成为一个黑点，舌部和身体开始变长，头部变大，眼皮也渐渐长了出来。

孕妇发生了怎样的变化

眩晕和恶心等孕吐症状变得越发严重，乳头的颜色微微变深，乳腺发达起来；一些孕吐症状不太厉害的孕妇会发现自己的体重逐渐增加。

本周备忘

服用药物——服用药物时必须征得医生的同意。

性生活——在怀孕初期时发生流产的可能性较高，因此进行性生活时要格外注意体位的选择。

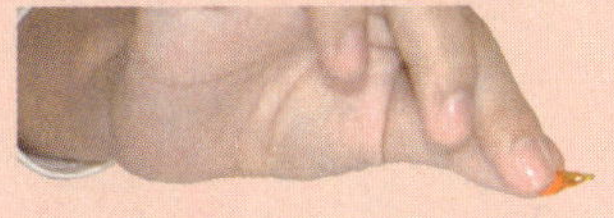

特别关注

怀孕最初的征兆出现了：呕吐、尿频，稍加活动就感到疲惫，常常被困倦的感觉包围，乳房和体重发生变化。在这一时期里，不良影响会提高畸形胎儿的出生概率，所以服用药物时要慎重，对腹痛和阴道出血等症状也要多加留意。

怀孕8周

胎儿发生了怎样的变化

胎儿身长已经增长到14～20毫米。在这一时期当中，胎儿有了嗅觉，眼球里色素含量增高，四肢也明显变长，其颈部开始发育，下肢的芽体分化为大腿、小腿和足，上肢的芽体分化为手、胳膊和肩。生殖腺、男孩的睾丸以及女孩的卵巢开始出现，同时，软骨组织和骨骼也开始生长。

孕妇发生了怎样的变化

子宫的体积渐渐扩大，体重也有所增加，但从外表上看还看不出怀孕。腰部的轮廓逐渐消失，穿原来的衣服常常会觉得此部位被勒得很紧。

乳腺越来越发达，孕妇会感到自己的胸部变得丰满。此外，下腹部、肋部和腿部不时出现疼痛的感觉。如果发生坐骨神经痛的症状，换一个地方侧躺下去就会有很明显的改善。

本周备忘

摄取必需的营养——吃乳制品、绿色蔬菜、动物肝脏、蛋黄、坚果、海产品和肉类以补充钙质，还要注意维持体内铁元素和锌元素的含量。

确保身体健康——确认自己是否患有妊娠糖尿病、妊娠期高血压综合征以及是否怀有双胞胎等都是相当必要的。如果做进一步检查，还可以判断是否有贫血症状、所怀的胎儿是否畸形儿、胎儿发育状况如何等。

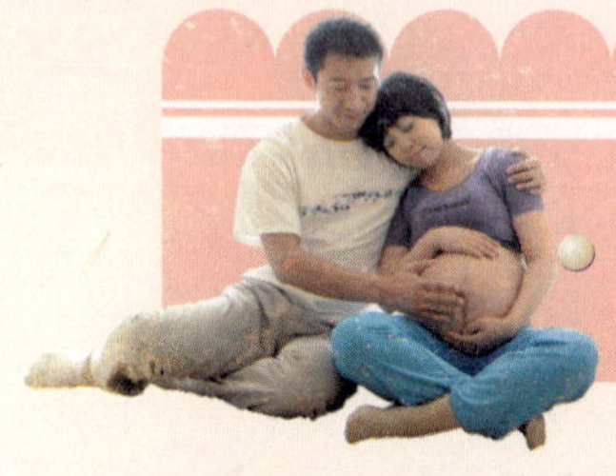

一家三口胎教法

胚芽期还没有结束，给胚芽提供充足的氧气吧

胎儿——怀孕第5周，胎儿进入了细胞迅速分裂的特殊时期，脑部和脊髓开始逐渐形成。到了第7周，其头部占据了全身整整一半的大小，并且可以明显地与躯干区分开。可以把这一时期称为是身体各个器官的分化期。脑细胞和神经细胞有80%都是在这一时期分化形成的，同时视觉神经和听觉神经也渐渐形成，下颚和嘴部开始出现，整个脑部正在迅速发育。

孕妇——大部分的孕妇在此刻都知道了自己怀孕的事实。所以有关怀孕的联想就油然而生。体质较为敏感的人应该从此刻开始做好预防呕吐、低烧和四肢无力等症状的准备。乳房和排便习惯也可能发生变化。除此之外，因为胎盘还没有形成和固定，所以孕妇应该尽早确认自己怀孕与否，以便让自己的身心随之进入平静的状态。

准爸爸——确认怀孕事实之后，准爸爸应当尽快和准妈妈一起制定有关胎教和生育的整个计划。当然，在此之前准爸爸就已经经历了去医院接受检查的忙碌和考验。在这一时期里通过B超检查，所观察到的可能不是具有“人形”的胎儿，而是与蝌蚪的形态有着几分相似的受精卵。然而就是这次不完整的观察，不仅可以给准爸爸带来第一次看见自己骨肉的真实感受，还将使夫妻二人的内心在同一时刻平静下来。

特别提醒

与胎儿期同样重要的是胚芽期

就像我们所知道的一样，受精卵刚发生变化的时候并不能直接被称为胎儿。从医学的角度讲，精子和卵子相遇才发生受精，从那时开

始10周以后一直到婴儿出生时为止，腹中的孩子才可以被称为胎儿。因为在第10周里，胚芽期中形成的身体各个部分开始进行第二阶段的发育和生长。换句话说，胚芽时期所形成的心脏、肝、肺和脑部都处于原始的状态，一直要到胎儿时期，这些已经形成的器官才会逐渐发育成熟。

胚芽期与胎儿期

如果孕妇能够理解胚芽和胎儿的区别，将对自身保养和胎教大有帮助。在怀孕初期可能很多孕妇由于误服了药物而忐忑不安，事实上药物对怀孕的影响主要发生在胚芽期里，在胎儿期并不明显。得知这样的区别之后，孕妇就不用为自己在胎儿期服用过药物而深感忧虑了。要知道对于胎儿而言，没有什么比母体时刻处在压力之下更加糟糕的事了，如果能牢记这一点，胎教就会取得相当好的效果。

在胚芽期中，不仅要让孕妇情绪稳定，还要尽可能减轻她身体上的负担。此时期的胎教重点就是通过安定情绪和休息，让孕妇的疲劳程度减到最低，要想做到这一点，需要更多的是丈夫的鼎力协助。

沐浴时水温过高会造成缺氧

压力来临时，人会出现缺氧的症状。尽管这在孕期属于正常现象，但处于胚芽期时，保证氧气充足是一件非常重要的事情，因此孕妇

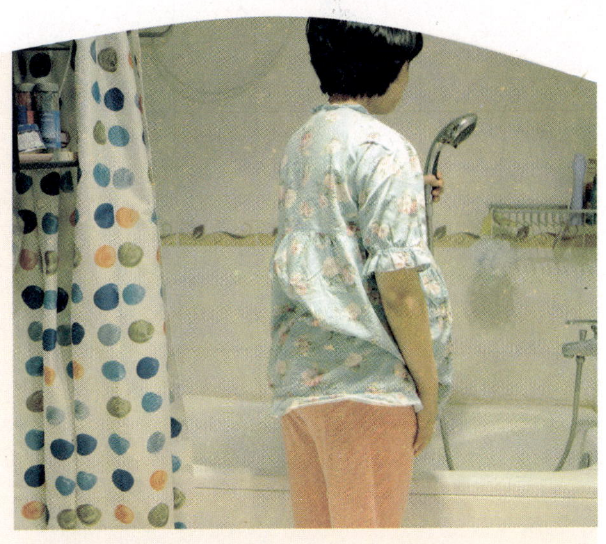

一定要尽量避免压力。

胚芽期是人体各个重要器官开始形成的时期，如果供氧不足就会在组织分化的过程中引起致命的缺陷，要知道只有在组织正常分化之后，身体各个部位才能够完整地形成，所以一定要防止因为压力等因素而造成的缺氧状况。

许多老人都会告诫孕妇不要长时间置身于热水当中，孕妇应远离高温环境。原因何在呢？事实上，这就是一个供氧的问题。在高温环境下，连成年人都可能感到呼吸困难，更何况是胎儿呢？那么沐浴时水温过高呢？可以想象，其所造成的缺氧会让子宫里的胎儿处于危险之中。

研究结果表明，那些在怀孕初期经常出入桑拿房的孕妇产下畸形儿的概率比一般女性高出2～3倍。

另外，女性在怀孕初期应尽量远离氧气稀薄的环境，并避免进行那些需要消耗大量氧气的运动。

饮食胎教法

怀孕第5～8周胚胎从“一个弹丸大小的肉珠”长成“一颗红色的桃花花蕾”。

第5周：脊椎长出来了。

第6周：身体器官开始逐步形成。在这一时期出现的两对芽体将会在以后变成胎儿的双臂与双腿。

第7周：胎儿身体的主要器官继续发育。头部开始经历巨大的变化，影响胎儿骨骼的整体发育。

第8周：大部分的主要内部器官都已形成，并发挥着各自的作用。其中胆囊和脾脏发育相对较慢。

开始喜好酸味的食品，出现孕吐

在第5～8周，胎儿的生长是与母体的足少阳经脉息息相关的，足少阳经脉所对应的器官是胆囊。

母体的肝脏和胆囊给胎儿提供血液和营养，因此孕妇会变得较为虚弱。在经历孕吐等各种不适症状的同时，孕妇往往会爱上酸味的食品。这一时期的饮食应当注意强化肝脏和胆囊机能，胎儿的骨骼生长及减轻孕吐。

摄取充足的水分

约60%的孕妇在怀孕5～8周经常发生孕吐症状。时常吃一点东西可以减轻孕吐症状，除此以外，尽可能吃清淡的食物。

在入睡之前可以准备一些果汁、牛奶等饮料，夜里醒来的时候就可以喝上两口。这样能及时补充孕吐所带来的水分缺失，防止便秘。

另外，最好不要同时吃固体和液体食物。应先吃固体食物，再喝下饮料。

警惕出现营养不良和脱水

如果用餐后孕吐变得严重起来，可以考虑减去一餐，但同时必须好好研究一下什么才是利于消化的食物和烹饪方法。呕吐非常严重的时候孕妇难以进食，这时就有可能出现营养不良或脱水，这无论对胎儿还是对孕妇都是有很大危害的。一旦出现了进食困难的情况，孕妇应当立刻咨询医生，通过输液等手段及时补充水分和营养。

含铁不足时孕吐症状会更加严重

孕妇血液中的铁元素含量不足时，孕吐症状往往会变得更加严重。为了改善这一情况并预防贫血，应该相应的调整自己的饮食结构。

避免吃像凉粉、柿子和绿茶等食物，多吃可以改善贫血状况的动物肝、肾以及生蚝、牡蛎和紫菜。鱼类中较为合适的有沙丁鱼、秋刀鱼等。其中秋刀鱼不仅蛋白质的含量比牛肉和猪肉高得多，还含有大量的维生素B_{12}等物质。

摄取可以预防贫血的高维生素食品

维生素B_{12}的学名叫做钴胺素，由于它对贫血症状有着特殊的改善效果而被人们称为“红色维生素”，它不仅直接参与造血，还是蛋白质与核酸合成的重要成分，并具有强化肝功能的作用。

另外，缺乏维生素B_6会使贫血状况更加严重。米糠、牛肝、酵母和荞麦中含有大量的维生素B_6。

孕期食谱这样做

风味秋刀鱼

原料：秋刀鱼2条

调料：料酒5毫升，盐8克，胡椒粉少许

做法：

1. 将秋刀鱼洗净，抹料酒、盐和胡椒粉腌制10分钟。
2. 将秋刀鱼放入烤架烤熟即可。
3. 食用时，可滴少许柠檬汁。

莴笋沙拉

原料：莴笋80克，圣女果30克，豌豆苗10克，黄甜椒15克

调料：沙拉酱10克，原味酸奶20克，盐适量

做法：

1. 莴笋洗净并切成滚刀块，再用加了适量的盐沸水汆烫后捞起放凉备用。
2. 将黄甜椒切丝，与豌豆苗一起用沸水汆烫，捞起用冷水激后备用。
3. 圣女果洗净去柄备用。
4. 将圣女果放入果汁机中打汁，倒出拌入沙拉酱、原味酸奶，调匀备用。
5. 将做法1、2中的原料摆盘，食用时拌上做法4中的调味酱即可。

运动胎教法

有许多女性在怀孕之后对自己的身体倍加呵护，连家务事都不曾碰过，时间一长这些孕妇就很容易缺乏运动。实际上，适当的运动可以为孕妇的生活增添活力，并且能对胎儿大脑的活性化过程有一定的帮助。只要寻找最适合自己身体情况的运动项目，并适量运动，孕妇一定会活力充沛地度过怀孕的每一天。

◎为生活增添活力的运动胎教

维持孕妇的健康并提高顺产的概率

适量的运动不仅能够维持孕妇的健康，还可以提高顺产的概率，因为分娩时起重要作用的腿部肌肉与腰部肌肉可以在运动中得到一定的锻炼。

此外，能够熟练地运用自然的呼吸方法将增加孕妇肺活量，能够使其更好地战胜阵痛。有关研究结果表明：在怀孕过程中保持规律运动的孕妇，持续阵痛的时间往往较为短暂。

促进胎儿的身体和大脑发育

运动可以通过母体给胎儿提供新鲜的氧气。氧气不仅使胎儿的脑部得以活性化，还起到维持身体各种机能正常运作的作用。

控制孕妇体重

有一部分女性在怀孕之后过度地补充营养，以致变得肥胖，并且会提高妊娠高血压综合征的发病率和巨大儿出生的概率。

除此以外，肥胖还会给分娩带来影响。所以对孕妇来说，睡了吃、吃了睡的行为是非常不可取的。适当的运动不仅能够预防肥胖，还有助于

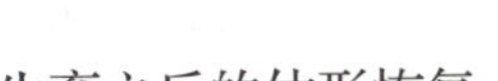

生育之后的体形恢复。

使人变得心情愉快、内心安稳

进行适当的运动，这对因体形变化或怀孕而感到不安的孕妇来说着实算得上是一副良药。

运动会使孕妇的体内开始分泌内腓肽。内腓肽作为一种激素，能使人变得心情愉快，内心安稳，孕妇腹部肌肉的自然活动会对胎儿起到按摩的效果，这样一来胎儿也就同样体验到了那种平安快乐的感觉。

出现异常症状时要停止运动

孕妇应当根据自己的身体状态寻找最为合适的运动项目，并维持适度的运动量。无论是否处在运动中，当感到疲劳时应立刻停止运动，并进行充分的休息。

特别要小心的是阴道出血，如出现清水一样的分泌物从阴道中流出，足关节或手、脸突然浮肿，血压明显上升，急剧的收缩或腹痛等异常症状时，要立即停止正在进行的运动。除此以外，妊娠期高血压综合征患者、怀双胞胎的孕妇、心脏病患者和胎盘前置的孕妇也最好不要运动。

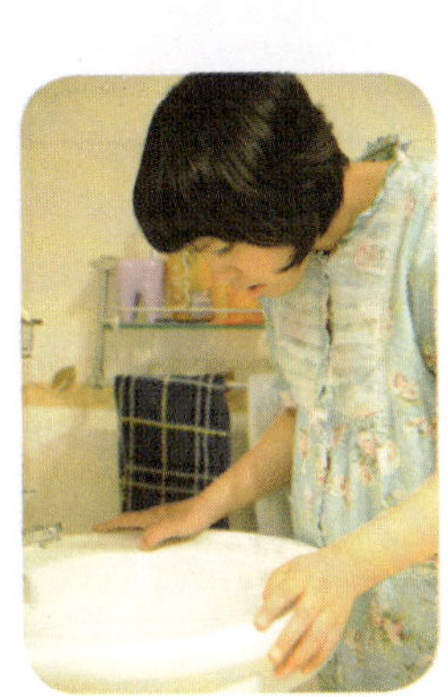

在孕期第5～8周，着床还没有彻底完成，要避免幅度较大或可能造成剧烈震动的运动，此外还不能长时间站立，在站立状态下进行各种活动也需要多加小心。

不久之后孕妇腹部即将隆起，应多做一些强化腰部和背部力量的运动。此时可以在俯卧状态下锻炼背部的肌肉。

尽管疲劳和恶心是孕期的正常现象，并且大多数孕妇3个月以后此类症状渐渐消失，但运动时孕妇仍要放弃因有身孕而减缓运动速度，并适当地降低运动量的想法。因为怀孕而无条件地放弃一切自己曾经喜爱的运动是没有必要的，但是在确认自己怀孕的事实之后，无论如何也不能增加运动量，这一点应当铭记在心。

有一些运动是在怀孕之后就应彻底禁止的，如高台跳水、滑翔、潜水和足球等。此外，平时没有运动习惯的女性在怀孕期间不应参加健美操活动，对她们来说像散步这样的轻度运动，才是最合适的选择。

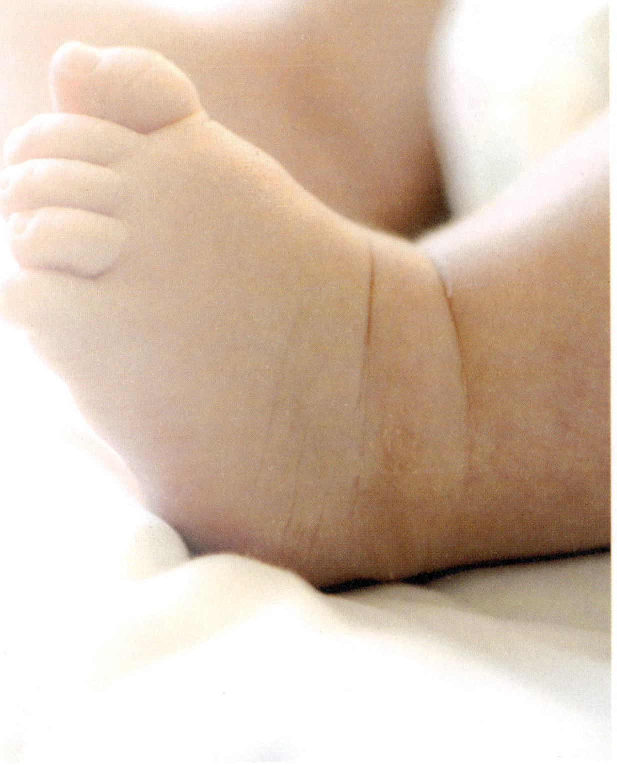

肩部放松

Step 1

◎以舒适的姿势盘腿而坐，将力量集中到肩部，同时略微提肩。

Step 2

◎全身放松下来，让两肩自然降下。

功效：缓解肩部肌肉的紧张状态。

提拉上身

◎平躺，将膝盖立起，双手朝屋顶方向推去，感觉就好像要接触到屋顶一样。

◎同时提拉上身再慢慢躺下，上身被提拉起来的时候吐气，躺下的时候再重新吸气。

Step 1

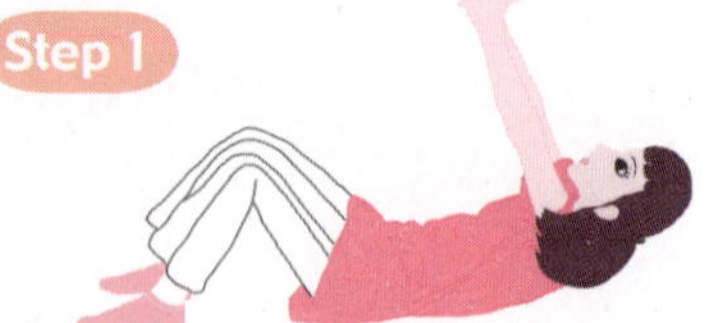

Step 2

功效：强化腹部的肌肉。

臀部运动

◎躺下以后将双腿高高举起，同时抬起臀部。

功效：锻炼下腹部肌肉。

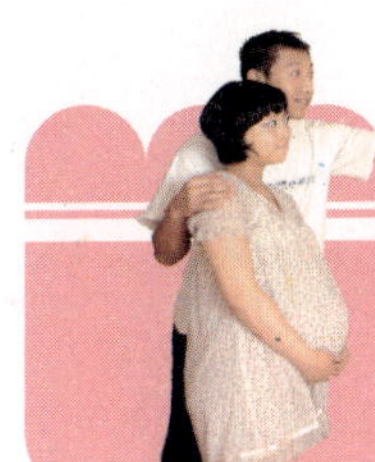

按摩胎教法

针对孕吐

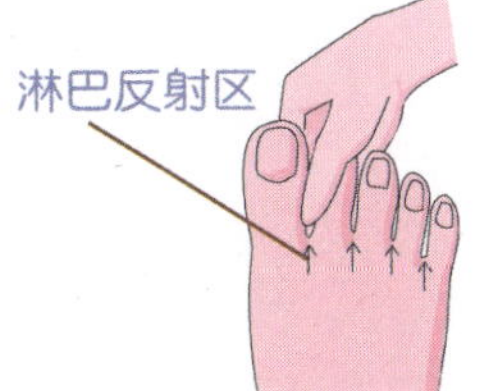

◎用大拇指在涌泉穴上轻按3次，每次持续4秒钟。

◎在输尿管反射区用大拇指滑动搓摩9次以上。

◎用大拇指在膀胱反射区上按下4～5次，每次持续4秒钟以上。

◎每两个脚趾之间的部位是淋巴系统反射区，在这一区域用大拇指和食指向外抽拔，每一个部位重复1～2次。

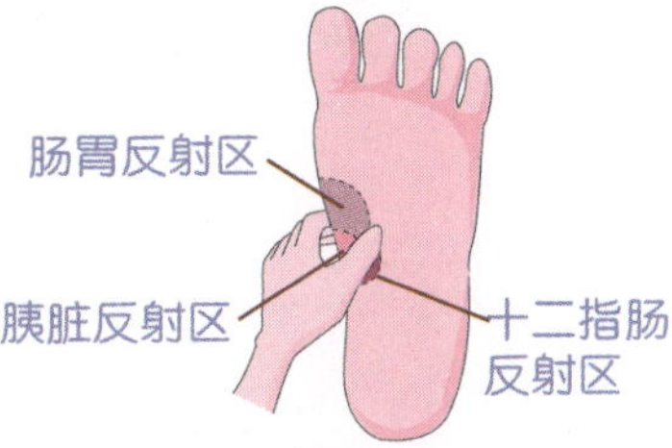

◎在肠胃反射区用大拇指进行挤压，一共3次，每次4秒钟。另外，在胰脏和十二指肠反射区内用大拇指按照逆时针方向进行旋涡式旋转。结束之后在这三个区域之间从上到下缓慢地搓摩，以达到最佳的按摩效果。

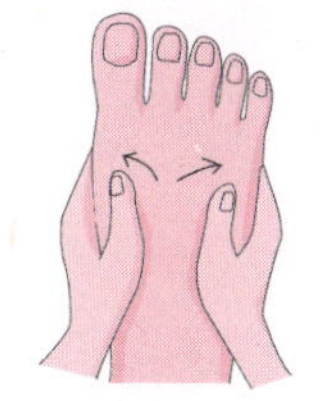

◎用双手握住整个脚背，模仿掰开一个苹果的动作来进行按摩，重复4～5次。

针对疲劳

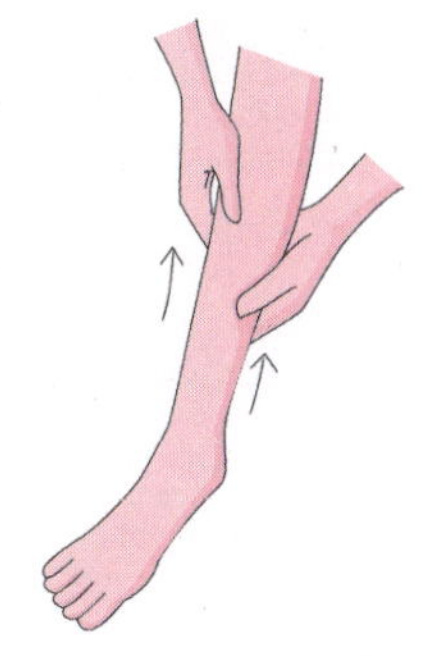

◎热水泡脚15分钟左右。

◎用大拇指在涌泉穴上轻按3次，每次持续4秒钟。

◎在输尿管反射区用大拇指滑动搓摩9次以上，再在膀胱反射区上按摩4～5次，每次持续4秒钟以上。

◎从脚腕开始朝膝盖方向按摩，争取做到让脚上的血液向上循环的效果。

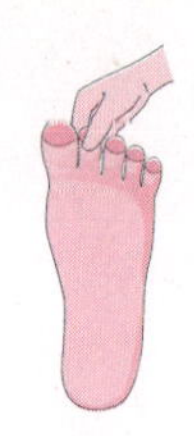

◎用大拇指在每一个脚趾靠近顶端的凹陷处按摩2～3次，每次持续4秒钟。

预防流产

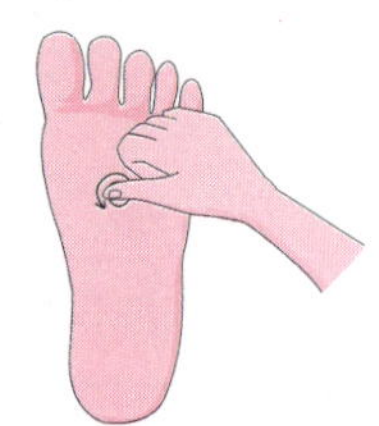

◎在涌泉穴上用大拇指从里到外画圆，每一次持续4秒钟。画的时候要按照逆时针方向，并重复4～5次。

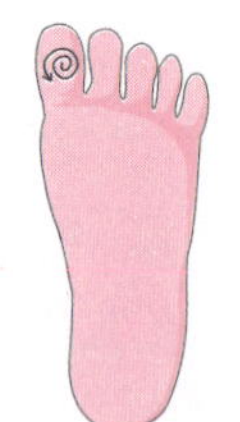

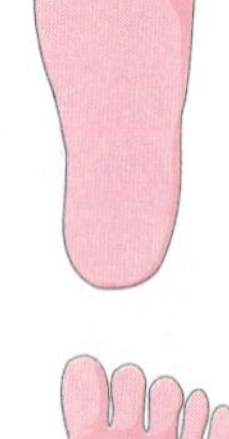

◎位于大脚趾中央的是脑垂体反射区，用大拇指在这一区域按逆时针方向画圆，并重复4～5次。

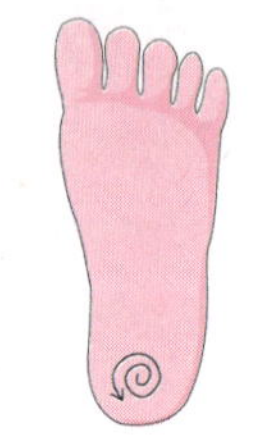

◎在脚后跟底部的生殖腺反射区上用大拇指按逆时针方向画圆，搓摩4～5次。

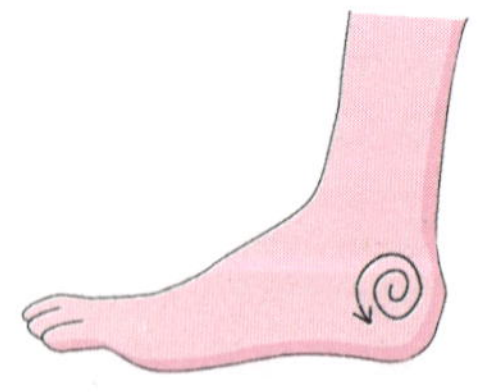

◎在脚踝的内外两侧用大拇指按逆时针方向画圆，搓摩4～5次。

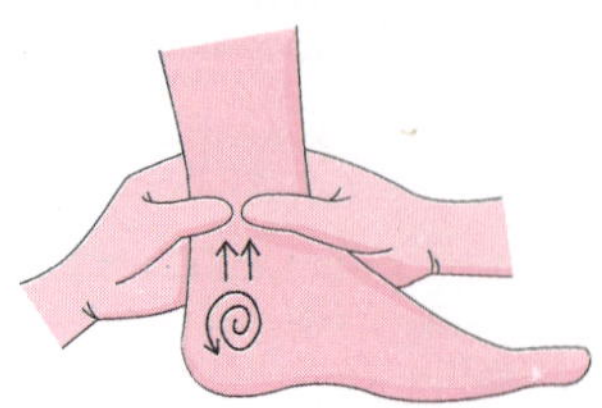

◎从内侧脚踝向上三指的部位是三阴交穴，用两只手一起从脚踝推摩三阴交穴。

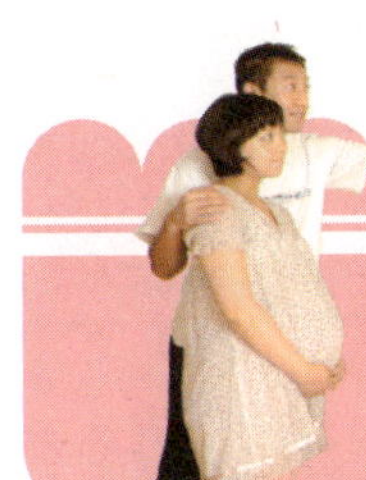

游泳胎教法

孕妇游泳的好处

让胎儿平静下来

当孕妇用双脚站立在地面上时，为了支撑身体，会对子宫产生附加的作用力。而在水里游泳时，可以极大减轻支撑子宫的肌肉的负担，而胎儿也像进入了游泳的状态，在子宫里漂了起来。

当孕妇游泳时，子宫会进入一种放松的状态，而宫内的胎儿也就跟着变换到较为舒适的姿势。进入水中以后，孕妇身体的自由度会明显增加，能够在泳池里随意地做出跳跃和奔跑的动作。

缓解双腿浮肿和腰部疼痛的症状

孕妇的体重在怀孕期间至少会增加10千克，有时甚至能达到20千克以上，这种变化无疑会给肌肉和关节带来更重的负担。在此情况下，孕妇即使仅仅走两步路都可能明显地感受到自己的脚腕或膝盖疼痛。

游泳对缓解这种疼痛比其他运动项目效果更好。当孕妇在水中活动时，浮力可以让她感到身体轻盈，从而减轻脚踝和膝盖等部位的肌肉与关节的负担，不仅如此，腿部浮肿及腰部疼痛等症状也可以得到明显的缓解。

提高顺产概率

游泳具有放松孕妇子宫、锻炼肌肉并强化其心肺机能的作用，这些都会提高顺产的概率。许多孕妇都在学习拉梅兹呼吸法，而游泳正好可以让她更加熟练地运用呼吸。

游泳之前的注意事项

听取医生的建议

应在咨询医生后确定何时开始游泳、何时结束游泳的时间安排。当医生诊断出孕妇和胎儿都没有异常情况时，孕妇就可以开始游泳了。

一般情况下，孕妇应该在第16周开始游泳，但是由于个体之间的差异，最好还是依照医生的建议做出决定。即使怀孕的时间已经超过了16周，如果医生觉得还不适合游泳，就应该向后推迟。

在决定游泳的结束日期时，孕妇也同样应该尊重医生的建议。大体上说应该在生产前1个月，即怀孕第9个月停止游泳，因为孕妇无法掌握发生阵痛的具体时间。

最佳时段是上午10点到下午2点

游泳的最佳时段是上午10点到下午2点，因为在这段时间里子宫偶尔才会收缩1次。孕妇每周最好游泳2～3次，在水中若是有腹部绷紧或身体疲惫的感觉，就要立刻进行充分的休息。

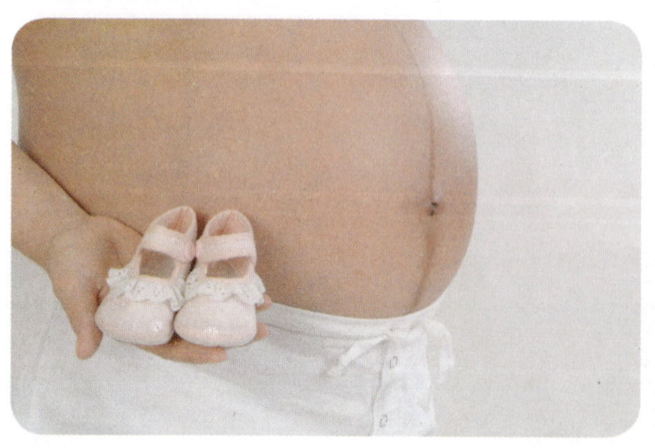

在游泳之前检查身体有无异常

在游泳之前孕妇应进行细致的检查，以确定身体是否有异常的状况。

孕妇可以自行检查身体，如是否出现阴道分泌物比平时明显增多，突然发生阴道流血，腹部和骨盆产生疼痛以及腹泻、瘙痒、贫血等症状，如果有这些异常状况就一定要咨询医生的建议后再游泳。

实战！孕妇应该这样游泳

将运动时间控制在1小时以内

对孕妇来说，游泳过程大致可分为准备活动、正式运动和整理运动这几个阶段。在1小时内按照顺序进行上述几项活动就不会给身体带来过重的负担，此外，以前不会游泳的人还可以酌情减少游泳的时间。

要记住，孕妇游泳并不是为了提高自己的游泳水平，它最大的好处在于水的浮力可以减轻隆起的腹部所带来的负担，这样，不管是谁都可以轻松地进行较为自由的活动与锻炼。

一定要做好准备活动

孕妇在下水之前一定要记得用温暖的水淋浴，这样可以使自己的身体放松下来，然后做5～10分钟的准备活动，最好再摆动起自己的手臂做一些基础体操动作。

若身体已经准备就绪，孕妇就可以下水进行缓慢的起身练习了。在此过程中应重复向两侧分腿和屈膝的动作。

此时孕妇还可以同时"呼、哈、呼、哈"地做一些能够帮助分娩的呼吸法练习。下水之后最好用自由行走或轻轻跳跃的方法使自己的脉搏渐渐地加快起来。

在水中进行正式运动

孕妇应当进行肌肉的锻炼以及伸展运动和保持平衡等可以缓解肌肉紧张状态的活动。即使会游泳的人，也可以抓住泳道线，在左右浮动的同时进行蹋腿练习。练习过程中感到呼吸急促时可以稍停片刻，等呼吸变得均匀一些再重新开始。

以伸展运动和深呼吸结束游泳活动

游泳的最后阶段是进行整理运动，这样可以使运动时加快的脉搏重新减缓下来。

在锻炼前后一定要进行准备运动和整理运动，这一点对孕妇尤为重要。做整理运动时应该伸展胳膊、肩膀和跟腱，从水中出来以后则可以做一套简单的体操为整个锻炼过程划上完整的句号。

音乐胎教法

对于胎儿的大脑来说，最好的精神食粮当属音乐了。音乐胎教是除胎谈以外被孕妇排在第2位的胎教方法。播放妈妈喜爱的音乐时，胎儿会津津有味地欣赏，心情也会变得愉快起来。音乐有的时候能够比话语更能直接地触及人的心灵并起到安抚的作用。应该听什么样的音乐？怎么样听音乐效果最好？让我们一起来了解吧。

◎胎儿也懂得倾听音乐

音乐在我们的生活中扮演着极其重要的角色。有时它使我们兴致高涨，有时它为我们解除忧愁。如同清凉饮料一般的音乐，无论对孕妇还是对胎儿都可以起到相同的积极作用。然而有的人会提出疑问：孕妇在家中欣赏音乐，胎儿果真可以听得见吗？

从结果来看，答案是肯定的。孕妇能够听见的音乐，胎儿基本上也都能听见。牛津大学出版社出版的《音乐的开端：音乐能力的起源与开发》一书对相关的最新研究结果进行了介绍，书里写道：尽管怀孕28周以后胎儿的耳朵才具备完整的外观，但从第3个月开始胎儿就可能听见声音。子宫里的胎儿可以听见孕妇消化食物的杂音，循环系统内体液的流动声，以及孕妇的说话声和外界传入的各种声响。

怀孕第20～24周，胎儿已经具有了相当发达的听觉能力，在听见外部传来的声音时，其心脏跳动会做出变快或变慢的反应。就是因为胎儿可能听见外部的声音，让胎儿倾听音乐的音乐胎教才会对其产生影响。有研究结果表明，接受过音乐胎教的孩子和没有接受过的孩子比较，前者注意力更为集中。

音乐胎教的效果

使胎儿的情绪安定，提高注意力

音乐胎教会对胎儿产生怎样的影响呢？总的来说，它会影响到胎儿的神经发育。在1998年的《纽约时报》上曾刊登过一篇文章，描述了音乐对神经所起到的作用，并且预测在未来音乐将在医学领域里产生巨大的影响。

听音乐可以适当地刺激感官，使肌肉得到放松并促进大脑活性激素的分泌。正因为如此，欣赏音乐才会使心理状态安定下来。

在倾听节奏柔和、旋律优美的音乐时，不仅孕妇自己的情绪变得安定，而且她还会将这种情绪传递给胎儿。当听到让自己愉快的声音时，人的大脑会产生强烈的α波，这种电波往往在大脑活性增强时才会大量散发出来。这一事实证明了音乐足以起到让大脑环境产生积极变化的作用。

促进脑部发育

人类的脑细胞在数量和形态上并不具有个体差异，但脑细胞之间联络路线的多少决定脑的发育程度。怀孕5个月以后胎儿的脑部就已相当发达，脑细胞数量接近成人的140亿，这时给予其一定刺激就可以使连接脑细胞的线路增多，从而对脑部发育产生明显的作用。

在帮助胎儿脑部发育这方面，听觉足足起到了90%以上的作用，这恰恰也是另一个可以证明音乐胎教重要性的理由。音乐可以刺激主管各种感觉的右脑半球，只要持续倾听音乐，人的想象力和创造力都会有所上升。胎儿时期就喜欢上音乐的孩子，在出生以后一定会在语言、集中注意力和感性上显示出一定的优势。

使其与父母的亲子关系变得深厚

通过采取欣赏音乐、唱歌、使用乐器等音乐胎教方法，不仅可以使胎儿在情绪上、心理上、精神上和身体上健康、完整地成长和发育，还可以更加有效地加深胎儿与父母之间的亲情。

只有在亲人之间才可能形成的亲情会让胎儿

感到自我的存在，并使其健康地成长。不仅是孕妇，胎儿的父亲参与到音乐胎教当中也显得格外重要，这是因为胎儿可以感受到父母之间依然存在的感情的缘故。

选择孕妇喜爱的音乐

一切胎教方法的基础都是在减轻孕妇压力的同时让其保持心态平稳，音乐胎教也不例外。抱着一定要进行音乐胎教的想法去听一些连自己都不感兴趣的音乐，会使孕妇心里感到难受，也可能对孕妇造成相当大的压力。母亲的各种心态都可能原封不动地传递给胎儿，所以在这种情况下进行音乐胎教有可能适得其反。

在进行音乐胎教的过程中，孕妇通过欣赏音乐获得情绪上的安定，与此同时这种安定的情绪还会传递给胎儿。所以与音乐直接对胎儿产生的影响相比，孕妇本人在鉴赏音乐时产生的情绪反应对胎儿的影响更为深远。正因为如此，我们一定要把以孕妇的喜好当做最重要的胎教音乐为基准。

为了能在怀孕期间顺利地进行音乐胎教，最好在平时养成欣赏音乐的习惯。胎儿只会对孕妇喜爱的音乐做出最敏感的反应，因此孕妇不仅要根据自己的喜好选择音乐，还要在欣赏的时候保持平和、愉悦的心态。

◎对胎儿有益的音乐胎教法

哼唱歌谣

音乐胎教最主要的方法就是唱歌、跳舞和欣赏。唱歌对胎儿的父母来说是很容易实施的胎教方法。母亲的声音对胎儿的耳朵来说是最重要的声音源泉，而唱歌又是最自然的展示自己声音的方式，所以母亲应该用歌声把自己的感情传递给胎儿。而准爸爸也要以唱歌的方式参与到一家三口之间亲情交流的过程中。

古典歌谣往往具有民间语言和文化的特征，所以容易被人们学习和接受，我们可以把这些歌谣当做最基本的胎教素材。

胎儿的父母可以自己填词、唱民歌和童谣，以增加胎儿与父母之间的感情。

自创作品的好处在于它可以加强胎儿与父母之间相互交流的感觉。准爸爸和准妈妈可以把对胎儿的爱称加入到创作的内容中，再唱给其听，这也是一种与胎儿进行心灵沟通的有效手段。

边听音乐边跳舞

跳舞可以使整个家庭的气氛活跃起来，并达到健身的效果。

孕妇可以使用舞巾和丝带，也可以在播放柔和音乐的同时踩着拍子跳舞。准妈妈和准爸爸在爱的氛围下共同起舞也是非常不错的选择。

鉴赏音乐

欣赏音乐是一种可以给予胎儿最为丰富的感官体验的音乐胎教法。在实行这种以欣赏为主方法时，可以选择比较容易吸引胎儿注意力、形式分明、内容淡雅的古典音乐。如巴赫的《G弦上的咏叹调》、亨德尔的《水上音乐》、莫扎特的《g小调交响乐第一乐章》以及帕海贝尔的《卡农》等都被广泛推荐为胎教音乐。

除此之外，乔治·温斯顿的轻音乐就好像现代的音乐剧作品一样，可以给人带来轻松。妇产科专家史沃茨博士曾说："我们发现分娩时播放音乐可以减少孕妇的紧张感觉，并使胎儿情绪稳定。"

◎对胎教有益的音乐

古典音乐

人们在听到某些声音的时候会有一种愉快平静的感觉，因为那些声音包含着生命的节奏。这种节奏的专业术语是"1/F波动"，这种波动可以消除人类的不安感。

古典音乐正是因为含有大量的这种波动才会在胎教音乐中占据不可动摇的地位。这也就是为什么我们每次提到胎教都会首先想到古典音乐。然而，这并不意味着只有古典音乐才适合当胎教音乐。

对于那些平时对古典音乐没有兴趣的孕妇来说，勉强去听不想听的东西只会适得其反。在这种情况下，古典音乐带给孕妇的不可能是平和的心态，反而有可能是一种相当巨大的压力，那样下去唯一的结果就是对胎儿造成危害。选择胎教音乐必须以孕妇的喜好为依据。只要能合乎自己的口味并带来平和、幸福的感觉，无论什么样的音乐都可以作为胎教音乐。

哼唱摇篮曲

最容易引起胎儿好感的声音就是母亲的声音。孕妇的说话声音可以通过骨骼和身体其他组织的振动传达到子宫里，对胎儿来说，它比其他任何的外部声音都更加动听。

如果孕妇平时能够在挺着肚子的同时哼唱儿

首摇篮曲，那么胎儿就可以将母亲的声音与节奏感联系在一起加以记忆，同时进一步加深母子(女)之间的感情。从母亲那里听到的歌曲、诗和故事都具有很好的胎教效果。此外在散步的时候还可以低声哼唱一些歌谣，或者进行自我创作，谱一些较为简单的曲子给胎儿听，作曲时还要注意保持旋律的柔和与拍子的轻快。

尽量选择明亮而平静的音乐

胎儿最熟悉的声音就是孕妇的心跳声，因此与这个节奏相似的音乐，即每分钟60～70拍的音乐，最适合当做胎教音乐。

与悲伤的曲子相比，明亮而平缓的音乐可以对情绪起到更大的积极作用。应该选听节奏规律、旋律平和、能创造温馨氛围的音乐。

◎最有效的胎教音乐鉴赏方法

在平静的状态下欣赏音乐

尽管没有必要为欣赏音乐做什么特别的准备，但在欣赏美妙乐曲时也要选择好舒适的姿势。孕妇应该坐在舒适的沙发里或躺在床上，并且欣赏音乐时全身要放松。此外音量要适中，这样才能带给胎儿柔美的感觉。

有许多孕妇很重视音乐胎教，从早到晚一刻不停地听音乐，同时却做着一些其他的事情，比如洗碗、读书或者扫地，然而一心一意地进行音乐胎教往往可以带来更好的胎教效果。在舒适的姿势下尽情品味音乐的柔美，并对胎儿讲述与音乐有关的话题就是一种非常合适的方法。此外，比起从早到晚不停地播放音乐，每天只听1～2个小时才是较为恰当的选择。

感到厌倦时要果断地停止

从早到晚背负着一定要进行音乐胎教的义务感，或者强迫自己去听不感兴趣的音乐，都只会对胎教产生负面影响。因为进行音乐胎教的根本目的在于让孕妇和胎儿的情绪安定。当孕妇感到厌倦或产生反感时，应果断地停止。

听音乐时要考虑到胎儿的生活节奏

胎儿总是睡2～3个小时后再活动约30分钟。为了避免过响的声音把睡梦中的胎儿吵醒，可以在感受到胎动时听一些轻快的音乐，在其沉睡时则欣赏比较平静柔美的曲调。除了正式的音乐以外，孕妇可以自己哼唱一些摇篮曲或读一读童话故事使胎儿的情绪更加稳定，并借此达到音乐胎教的效果。

链接：不同时间段的不同音乐

早晨起床后

柴可夫斯基的《睡美人》中的《波兰舞

曲》、《如歌的行板》、《小进行曲》。

莫扎特的圣乐曲《春的序曲》；舒伯特的《音乐瞬间》的第三首。

贝多芬的第六交响曲《田园》；小约翰·施特劳斯的《蓝色多瑙河》。

格里格《培尔·金特》中的《早晨》、《索尔维格之歌》、《阿拉伯舞曲》、《安妮特拉之舞》。

休息的时候

柴可夫斯基的芭蕾舞曲《天鹅湖》；维瓦尔第的《金翅雀协奏曲》。

克莱斯勒的《伦敦德里小调》、《天使小夜曲》、《罗曼史》、《爱的悲伤》、《十四行诗》、《幻想曲》。

莫扎特的《小夜曲》；托斯蒂的《小夜曲》；古诺的《小夜曲》。

威尔第的《弄臣》中的《女人善变》、《美女如云》。

海顿的《小夜曲》。

史特拉汶斯基的《普钦奈拉》中的《小夜曲》。

亨利·曼西尼的电影《蒂凡尼的早餐》中的插曲《月亮河》。

贝多芬的《悲怆奏鸣曲》第二乐章《如歌的行板》。

胎动明显时

德沃夏克的《诙谐曲》；勃拉姆斯的《第五号匈牙利舞曲》、《圆舞曲(作品39之15)》。

肖邦的《第七号圆舞曲》；约翰·施特劳斯的《春之声圆舞曲》。

贝多芬的第一交响曲中的《小步舞曲》；莫扎特的《小步舞曲》。

阿尔贝尼斯的《探戈》。

用餐时

柴可夫斯基的《胡桃夹子》中的《花的圆舞曲》。

亨德尔的《弥赛亚》中的《哈里路亚》。

巴赫的《d小调管风琴托卡他与赋格曲》、《法国组曲》的第六首《波兰舞曲》、《管弦乐组曲》。

德沃夏克的《斯拉夫舞曲(作品e小调46之1、2)》。

肖邦的《军队波兰舞曲》、《离别曲》、《雨点前奏曲》、《即兴幻想曲》。

莫扎特的《一首小夜曲》中的第四乐章回旋曲。

睡觉时

舒伯特的《摇篮曲》、《圣母颂》、《野玫瑰》。

勃拉姆斯的《摇篮曲》；贝多芬的《致爱丽丝》、《月光奏鸣曲》。

戈达尔的《约瑟兰的摇篮曲》；克莱斯勒的《摇篮曲》；德彪西的《月光》。

夏农的《爱尔兰摇篮曲》；格什温的《夏日时光》。

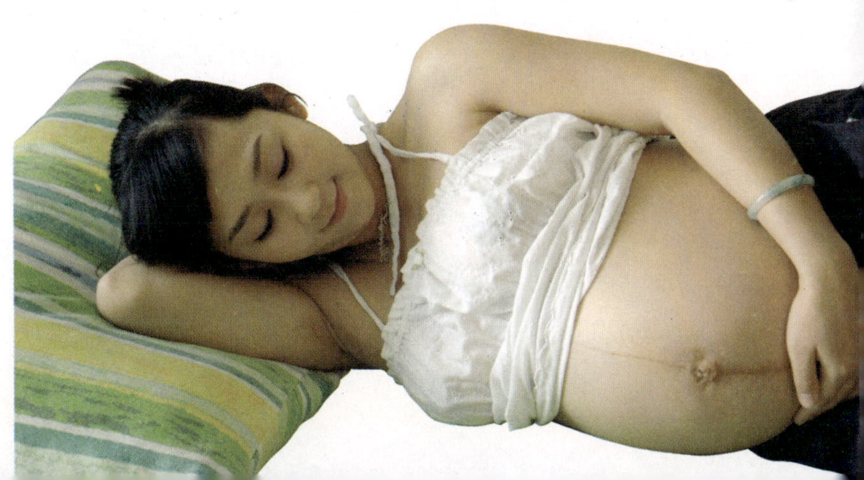

音量适中

美国佛罗里达医科大学的研究人员曾得出这样一个结果：如果母亲说话的声音在身体之外被测定为72分贝，子宫内部就将达到77.2分贝。很吵的噪音和突然发出的响声都会给胎儿带来压力。根据观察，在这种情况下胎儿的呼吸会不规律，可能还会做出吞咽羊水的动作。胎儿最熟悉的声音就是母亲的心脏搏动和器官运作的声音，所以我们应该尽可能地把音乐音量的大小调整到与其接近的程度。

让胎儿听见自然的声音

胎儿也热爱自然之声。在听到鸟儿的鸣叫、溪水的潺潺流动声以及风吹树叶的声音时，孕妇的内心会感到一阵清爽，随着胎儿在情绪上的变化，胎儿的情感将变得越来越丰富。

与此正好相反的是，关门时发出的巨响、瓷碗打碎的声音、夫妻之间的争吵声和刺耳的电话铃声都会使胎儿受到惊吓并做出强烈的反应。时常听到这类声音，胎儿的情绪很容易变得烦躁，所以孕妇一定要多加注意。

每次敲打木琴的时候我都感受到明显的胎动

人们说怀孕早期比较容易流产，那会儿我总是一个人待在家里，并且尽可能地减少活动，一段时间后觉得有些烦闷，这时其他怀孕的朋友向我提出了尝试音乐胎教的建议。我当时觉得那几乎是无稽之谈。我觉得很奇怪，音乐胎教就是在家里放音乐听，胎儿能从中学到些什么呢?

后来我还去专门教授音乐胎教的地方报了名，接着就开始了相关的学习。我渐渐了解到音乐胎教并不是单纯地听听音乐，还包含了做韵律体操和乐器演奏等各种各样的方法。听一听柔和的音乐并跟着摇动身躯可以起到非同寻常的运动效果，使人的身心变得轻松、愉快、舒适。平躺下来把木琴放在肚子上进行演奏，胎儿就会显得心情愉快并做出表示新奇感觉的胎动反应。

在家里丈夫也会不时地自弹自唱一番，每到这时胎儿的动作就会变得活泼起来。尽管在提到音乐胎教时人们首先想到的是听古典音乐，但我认为在选择歌曲上应该根据自己的喜好。

如今，我和漂亮的女儿一起听音乐了。在播放胎教时听过的音乐时，就好像唤起了她的记忆一般，微笑出现在她的小脸上。音乐把我的爱心完完整整地传达给了孩子，对此我感到非常满足。

胎教备忘卡 5～8周

	胎儿的生长发育	孕妇的身体变化	这一周要注意的事项	最适合5～8周进行的胎教
5周	◎胎儿出现心跳，脐带开始起到供给营养的作用； ◎脑部和脊椎开始形成，可以区分头部和尾部。	◎开始出现恶心、呕吐，疲劳感出现得更加频繁； ◎胸部明显变大，排尿频率越来越高。	◎避免过于激烈的运动、节食或长途旅行； ◎慎用药物，检查是否有宫外孕。	饮食胎教： ◎选择预防孕吐的食物，摄取充足的水分和维生素丰富的食品，警惕出现营养不良和脱水。 运动胎教： ◎可以做强化腰部和背部筋骨的运动，避免可能造成剧烈震动的运动。 按摩胎教： ◎进行缓解孕吐、疲劳和预防流产的按摩。
6周	◎眼部长出眼睑和水晶体，出现四肢的芽体，可以区分出臀部； ◎肝、肺和心脏开始形成，血液循环开始运作。	◎孕吐、疲劳和尿频更加明显； ◎心率增加，新陈代谢也加快了。	◎注意休息，预防便秘。	
7周	◎心脏变得饱满，大脑半球逐渐成形； ◎眼珠开始发育并长出一个黑点。	◎有些孕妇眩晕和恶心等孕吐症状严重； ◎乳头颜色加深，乳腺发达。	◎服用药物须遵医嘱，性生活时要格外注意体位的选择。	
8周	◎胎儿有了嗅觉，眼球里色素含量增高； ◎颈部开始发育，上下肢的芽体开始分化。	◎子宫体积渐渐扩大，体重有所增加，胸部更加丰满。	◎摄取必需的营养以补充钙质； ◎出现不适症状尽快去医院检查。	

胎教周历

怀孕9～12周

怀孕9周

胎儿发生了怎样的变化

胎儿视网膜的神经细胞开始生成，面部肌肉和上嘴唇也进入了发育阶段，在耳朵的内部出现了半球形的导管。手指和脚趾也全部长了出来，连接头和身躯的颈部变得清晰可见，尿道和直肠完全地分离开来，能区分腹腔和胸腔。有时在B超检查中甚至能观测到胎动。

孕妇发生了怎样的变化

孕妇的腰部开始变粗，子宫几乎已经超过葡萄柚的大小，乳房下部的表面可能出现静脉曲张，这是身体内的血液流动量大量增加的缘故。而红细胞和血浆的变化也易导致孕妇贫血。与此同时，激素的增加使便秘和尿路感染的发生概率大大上升。

本周备忘

摄取营养——应充分摄取各种水果和蔬菜，注意多吃含铁元素、纤维素和叶酸的食物。

远离电磁波——胎儿对电磁波相当敏感，所以在条件许可的情况下最好不要使用电热毯、电炉和其他的电器制品，避免过多地与电磁波接触。此外，还应当尽量避免洗热水浴或蒸桑拿等。

孕期检查——可以在家中显眼处贴上纸条，提醒自己下一次孕检的日期。

怀孕10周

胎儿发生了怎样的变化

第10周的最后几天是胚芽期的末尾，同时也是胎儿期的开端。此时胎儿的脏器和身体的发育已经进入相当活跃的阶段，其外表也开始逐渐向人的形态靠近。

胎儿的双眼渐渐地从头部的侧面朝脸部中央移动，身体上长出了肌肉，横膈膜将肺和肠胃分离到两边，后者则慢慢地到其最终的位置。味觉的重要器官——味蕾在这个时候出现了。女胎长出了阴蒂，同时其体内的卵巢也正在不停地成长着。

孕妇发生了怎样的变化

腹部的变化终于开始体现出来了！尽管因人而异，但绝大多数孕妇都可以感觉到自己的腰部变粗。此外，孕妇的乳房重量也有一定程度的增加，还有些人可能已经通过胎儿心脏跳动的声音切实感受到小生命的存在。

本周备忘

畸形检查——可以通过绒毛膜取样检查、B超检查，判断胎儿是否畸形，在某些情况下也可以通过胎儿镜检查来观察胎盘的生长情况。

摄取蛋白质——可以吃一些低脂肪肉类、鱼肉、鸡蛋和坚果来提高蛋白质的摄取量，每天保持适量的运动和均衡的饮食。胆碱和DHA也促进胎儿的脑细胞发育。此外，在怀孕过程中，某些感染症状和疾病会影响到胎儿的脏器及全身的正常发育，所以一定注意不要染上疾病，尽量避免接种疫苗和节食等不安全行为。

怀孕11周

胎儿发生了怎样的变化

胎儿头部仍占据着身体的一半，颌部逐渐成形的同时，颈部的长度也不断增加，外部生殖器也变得十分明显，还形成了皮肤毛囊。

孕妇发生了怎样的变化

胎儿正在以极快的速度生长着。随着胎儿的生长而逐渐变大的子宫几乎占据了整个骨盆。头发、手指和脚趾也都发生了明显的改变，随着血液供给量的上升，乳房附近的静脉清晰可见。尽管腹部还没有明显隆起，但孕妇已经发现自己的腰身变粗，这时，再穿牛仔裤会觉得很不舒服。

本周备忘

摄取碳水化合物——碳水化合物是胎儿主要的营养物质，其作用还在于为提高蛋白质的作用提供帮助。因此每天至少吃半碗米饭和面条，另加1块面包和30克左右的谷类食物。

怀孕12周

胎儿发生了怎样的变化

胎儿整个身体的大小在过去的3周内几乎又翻了整整1倍。其软骨组织进一步成形，肝脏具有了造血的功能并开始分泌胆汁，肺部完全形成，甲状腺和胰脏也已接近成熟。此外在胎儿的脑垂体里，开始有激素产生，消化器官获得了收缩的能力，随着内部生殖器的生长，能区分出男胎和女胎。

孕妇发生了怎样的变化

在第12周末的时候，子宫进一步膨大，耻骨附近的异样感觉变得更加明显。在整个孕期，子宫会胀大到占据整个骨盆和腹部，但分娩后不久就又会恢复到原来的大小。产生羊水以后身体开始变重，腹部、臀部和腿部都变得丰满，除此以外激素的增多还导致血液循环加速，头发长得比以前更快，皮肤也发生了一定的改变。乳房继续增大，可能有长时间的疼痛感，其重量增加的同时偶尔也会变得柔软起来。

本周备忘

注意控制体重——应当小心不要跌倒或受伤，还需控制体重增加的速度，同时保证动物蛋白、必需脂肪酸以及铁和钙质的摄入量。

孕妇定期接受检查是非常必要的。要反复确认你有没有错过任何一个重要的检查。在这个时期里，有关流产的问题往往格外地引人关注。胎儿每时每刻都在不断地生长着，而孕妇则被激素分泌过多所造成的各种不适所困扰，要说此刻她最需要的，莫过于丈夫才能给予的、无微不至的关怀与照顾。

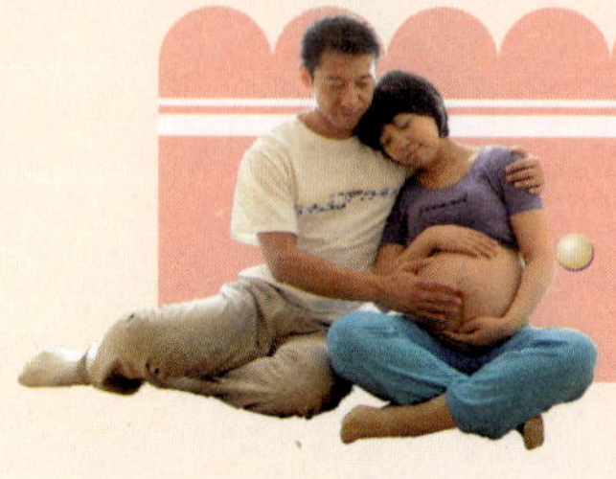

一家三口胎教法

胎儿开始活动，孕妇应注意避免压力

胎儿——进入了快速发育的阶段，脑部和脊髓的细胞开始不停地分裂，此时是胎教的重要时期。

孕妇——孕吐开始了。除此以外身体出现了非常明显的变化。由于子宫渐渐变大，抚摸腹部会有轻微隆起和变结实的感觉。乳头的颜色变深。阴道分泌物增多，还可能出现贫血或眩晕等现象。在此时期应充分做好进行胎教的思想准备。

准爸爸——至此，妻子怀孕的事情终于给两人带来了生活上的实质变化。不仅妻子在身体上的变化被看在眼里，由孕吐而造成的痛苦也会在准爸爸的心里留下深刻的印象。这时，准爸爸千万不能有责怪妻子过于娇气的想法，而应该下定决心与她并肩度过10个月孕期，给妻子提供最好的照顾。孕吐期间很容易没有胃口，应该尽量满足妻子提出的饮食需求，做一些合乎其口味的菜肴。

特别提醒

顺利胎教有利于胎盘的调节和保护

孕妇和胎儿之间所有的交流都是通过胎盘进行的。对于在母亲腹中的胎儿来说，胎盘就是他或她的生命之源。血液自然不用说，胎儿必需的氧气、营养成分以及免疫物质的供给，都必须依靠胎盘才得以完成。

制造没有压力的环境

我们应该为胎宝宝做些什么呢？第一条要做到的就是当心会损伤胎盘功能的低氧环境，防止出现胎盘血管急剧收缩的情况，即减少孕妇所受的压力。当孕妇受到一定压力时容易引起胎盘的血管收缩，从而降低通过胎盘输送到胎儿体内的血液量。

孕妇们应该采取各种办法来减少自己的压力。最好能把那些令人生气的、不愉快的事情连同其他烦恼一起全部忘掉，尽最大的努力来使自己的心态平和。这正与传统胎教中欣赏优美的音乐并接触自然的声音相对应。此外，要想减轻压力给孕妇带来的影响，周围的人所起的作用也十分重要。其中丈夫的作用是最突出的，所以我们一直在强调准爸爸在胎教中的重要性。

坦然面对孕吐

孕吐是怀孕时经常出现的现象。这种现象是极为正常的，一般认为其主要诱因是胎盘内分泌出的孕激素。

然而许多人在经历孕吐之前就已经对其产生了恐惧心理。研究结果表明，能够坦然面对孕吐的女性更容易克服孕期不适。所以过分紧张并给自己造成心理负担，是完全没有必要的。

那些从小听自己的母亲和祖母说“你妈怀你的那会儿不知道受了多少罪”的孕妇，也会因为对孕吐的误解和偏见而反应较为严重。

所以，调整好心态是一种应对孕吐的有效方法。“孕吐孕吐，你尽管过来吧，谢谢你让我的丈夫变得更体贴了”，持有这种愉悦的心态一定能够使孕吐的症状减轻到最低，保证自己轻松地度过孕期里的每一天。这也算得上是胎教的最高境界吧。

饮食胎教法

进入9～12周，胎儿终于有了人的雏形。所以事实上这一时期的胚胎才可以真正称得上是“胎儿”，透过其皮肤可以看到皮肤下的血管，甚至还可以看见内脏。

第12周结束之后，胎儿的心跳更加有力，利用B超检查可以观察到胎动。

吃叶酸含量丰富的菠菜与生菜

在9～12周里控制胎儿生长的是母体的手厥阴经脉，手厥阴经脉分布在心脏周围，并起到给心脏供给营养的作用。这一时期在饮食上要注意强化手厥阴经脉，并帮助胎儿的脑部和心脏发育，最好还能兼有安胎的功效，因为此时还是有可能流产的。

为了帮助胚胎细胞的分裂，吃含有丰富叶酸的菠菜、生菜、茼蒿、动物肝脏、大豆和红豆，是大有益处的。还可以通过食用植物油来摄取不饱和脂肪酸，以此促使胎儿内分泌系统的发育，并促进其细胞的生成。

摄入高蛋白和铁元素含量充足的食物，对胎儿的脑部发育至关重要

为了胎儿的脑部发育，还应当摄入一些富含高蛋白和铁元素的食物，包括动物肝脏、海螺、鲣鱼、牡蛎、蛤蜊、荞麦、茼蒿、芹菜、菠菜、牛奶、核桃、松子和扁桃等。

为了防止流产，补充大量的维生素C是相当必要的。

链接：孕早期每日营养结构参考

第一类	乳类	牛乳	250～300毫升
	蛋类	鸡蛋	1个
第二类	荤食	瘦肉	50克
		鱼	100克
	豆类	豆腐	1/2块
第三类	蔬菜	深色	50～100克
		浅色	200克
	薯类	土豆	50克
	水果	苹果/柑橘	200克
第四类	谷类	米饭	100～150克
		面包（馒头）	100克
	糖类	砂糖	20克
	脂类	脂类	40～50克

注：为叙述方便，将食品分成四类，第一类是牛乳、乳制品、蛋类，第二类是肉、鱼和豆制品，二者均是蛋白质的来源。第三类是水果、薯类和蔬菜，是维生素、矿物质与纤维素的来源。第四类是谷类、油脂和砂糖，是能量的来源，是主食和调味品。

芦笋蛤蜊肉

原料：蛤蜊500克，芦笋150克，辣椒50克

调料：盐，味精适量

做法：

1. 将辣椒切片，氽烫蛤蜊和切段芦笋。
2. 取出蛤蜊肉，将芦笋晾凉。
3. 先炒芦笋，再放入蛤蜊肉同炒，最后放入盐及辣椒片、味精炒匀即可食用。

蛤蜊荞麦面片汤

原料：荞麦面粉300克，普通面粉150克，蛤蜊300克，海带汤800毫升，小南瓜100克，萝卜20克，白菜80克

调料：小葱20克，淀粉15克，盐5克，酱油、盐、胡椒粉各少许

做法：

1. 将乔麦面粉和普通面粉按比例混合揉成面团做成面片。
2. 将南瓜和萝卜切成半圆形的片状，将小葱切成6厘米长的段，把剖成两半的白菜切成4厘米长。
3. 将洗干净的蛤蜊放在海带汤中煮沸，在蛤蜊张开外壳之后将其捞出，然后把汤汁倒入锅中。
4. 在锅里加入萝卜后烧煮，当其发出“噗噗”的沸腾声时，小心地把面片倒入锅中。
5. 最后把南瓜、小葱和白菜放进锅内煮沸，接着加入盐和胡椒粉等调料进行调味。

紫菜牡蛎汤

原料：牡蛎250克，紫菜15克

调料：油、盐、葱各少许

做法：

1. 把水烧开，放入紫菜、油、盐及葱，煮开锅。
2. 加入牡蛎，烧开即可起锅。

运动胎教法

进入孕期第12周末，可以说是已经到了较为安全的时期，不过仍需小心，应尽量避免容易引起强烈震动或幅度较大的运动。此时已经能够看出孕妇逐渐隆起的腹部，为了减轻以后胎儿体积继续变大带来的腰部疼痛，应该主要锻炼腹、背肌肉，同时学会保持平衡的能力。

这段时间里孕妇往往会感觉到因脊柱受压迫而产生的阵痛，同时骨盆和臀部也会有疼痛的感觉。经常活动骨盆周围的肌肉可以缓解这些症状。在整个怀孕过程中，有多种诱因可能引起臀部疼痛，受到胎儿压迫则是较为常见的原因。

长久地保持坐姿、运动量过大都有可能导致疼痛，如果发生这些情况，或在做运动时，一旦遇到让你极为不适的动作或者姿势时应立刻停止。

转动颈部

◎以放松的姿势盘腿而坐，两肩先从后向前、再从前向后进行转动。

功效：使肩部的关节变得柔软，并能缓解紧张的感觉。

腰部运动

◎采取仰卧的姿势，曲起膝盖然后上举，双手交叉在一起并放在头部后方。

◎抬起上身，尽量让左肘接触到右膝，之后再次躺下。抬起上身的同时呼气，躺下的同时再次吸气。

功效：锻炼腰部的肌肉。

推动盆骨

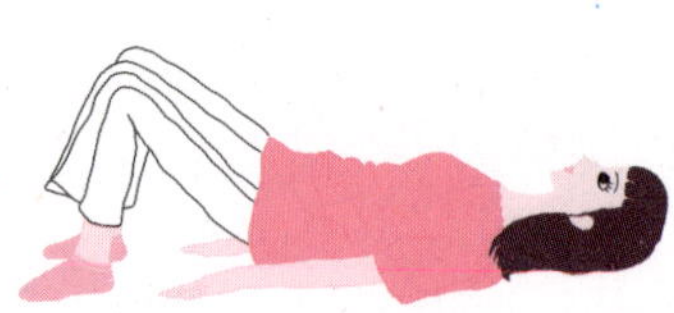

◎仰卧，立起膝盖。向上推抬臀部，用大腿和臀部的力量上推再下降。

功效：强化大腿和骨盆下部的肌肉。

盆骨运动

◎两脚分开，膝盖稍稍弯曲。

功效：锻炼骨盆处的肌肉。

◎慢慢地转动臀部。尽量保持腰部不跟着转动，而让其起到带动臀部的作用。在重复数次之后，要记得更换转动的方向。

保持平衡

◎两手抓住椅背或将双臂张开以保持平衡。

◎抬起脚后跟再轻轻放下。

功效：能更好地支撑日渐增重的身体，提高孕妇掌握身体重心的能力。

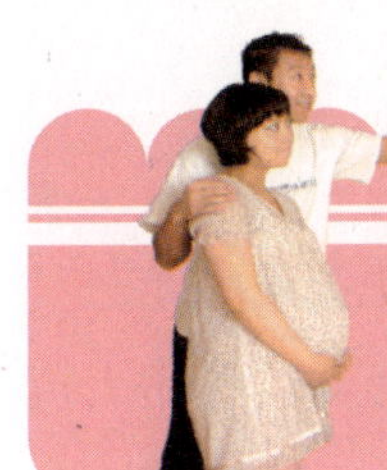

按摩胎教法

针对贫血

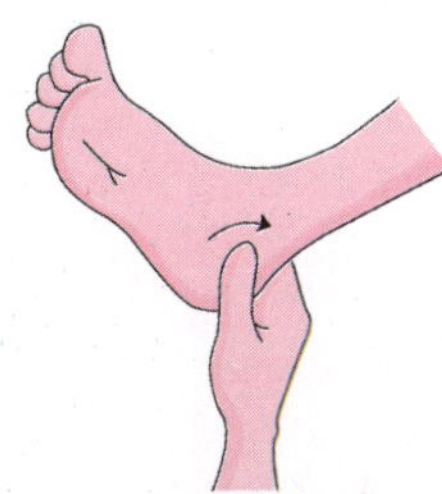

◎用大拇指在足底中央的肾脏反射区涌泉穴上按3次，每次持续4秒钟。

◎以对角线方向向下滑动并按压输尿管反射区，重复9次。

◎在脚踝内侧的膀胱反射区按压3次，每次4秒钟。

◎用大拇指和食指一起按大脚趾上的大脑反射区，每次4秒钟，重复4~5次。

◎在膀胱反射区范围内靠近脚跟部位的尿道反射区上按摩，方法是用大拇指按照椭圆形的路线不断搓摩。

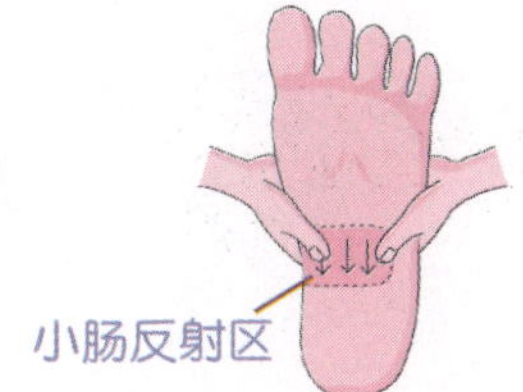

◎用大拇指在足底的小肠反射区上按箭头方向滑动搓摩，重复4~5次。

针对消化不良

◎在位于足底的涌泉穴上用大拇指按3次，每次持续4秒钟。

◎在输尿管反射区用大拇指轻按4~5次，每次持续4秒钟。

◎在脚踝内侧的膀胱反射区按压3次，每次4秒钟。

◎用大拇指在尿道反射区按摩9次以上。

◎从涌泉穴开始向下推至小肠反射区，反复按摩。

◎在脚踝到膝盖以上10厘米的区域内按摩，通过挤按内侧、外侧和底侧而让足部的血液向上循环。

◎在足底中央的基本反射区涌泉穴上用大拇指轻按3～4次。

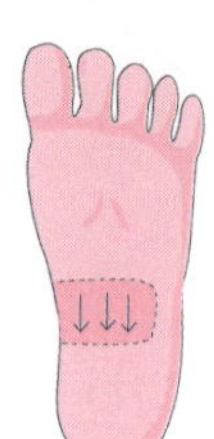

◎在位于涌泉穴对角线方向的输尿管反射区用大拇指轻轻按压4～5次，每次4秒钟。

◎在膀胱反射区用大拇指轻轻按压4秒钟。

◎在足底中央的小肠反射区按照箭头所示方向向下轻捋，重复4～5次。

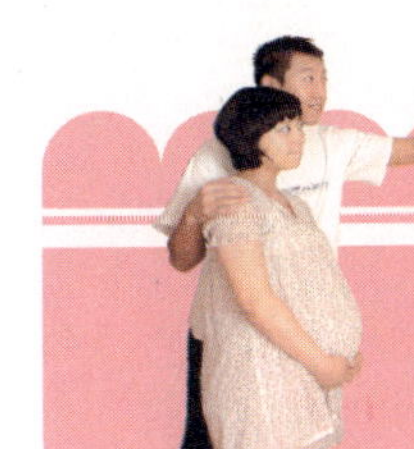

音乐胎教法

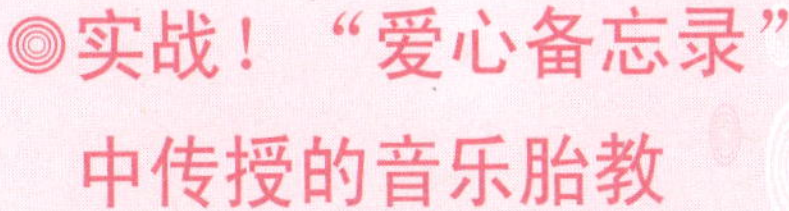

实战！“爱心备忘录”中传授的音乐胎教

美国银湖学院罗纳·泽姆克博士根据4～6个月的胎儿开始对外部的声音做出反应的科学研究结果，于1986年创立了系列胎教音乐节目“爱心备忘录”。

泽姆克博士的“爱心备忘录”节目致力于让孩子得到安全感，并感受到父母对他们的期望与爱意，他们的最终目标是：从心理上、情绪上、身体上和精神上帮助孩子健康地出生，并且使其与整个家庭形成情绪上的纽带感，以促进家庭的和睦。

这些曲目最为合适

柴可夫斯基的《胡桃夹子》
圣桑的《天鹅》

让人放松的音乐

在欣赏古典音乐的同时，孕妇可以做一些较为轻松的动作给自己和孩子带来安定平和的感觉。活动之后应该轻抚自己的腹部并让身体得到充分的休息。

正确的做法

1. 播放古典音乐或其他喜爱的音乐，然后随着节拍动起来。

2. 在移动身体和举起双臂的同时调整自己的吸气和吐气时间。

3. 让身体向左右移动的同时重心也跟着移动。

4. 双臂举过头顶之后依照顺时针或逆时针方向画圆。

5. 将一只手臂平举，与肩同高，然后将腰部移动到重心轴上，再向左右移动手臂。

6. 双臂在身体前方画圆，然后在向左右方向移动身体和臂膀的同时重心也跟着转移。

除了上述方法以外，孕妇还可以在不会给身体造成负担的前提下做一些其他活动。

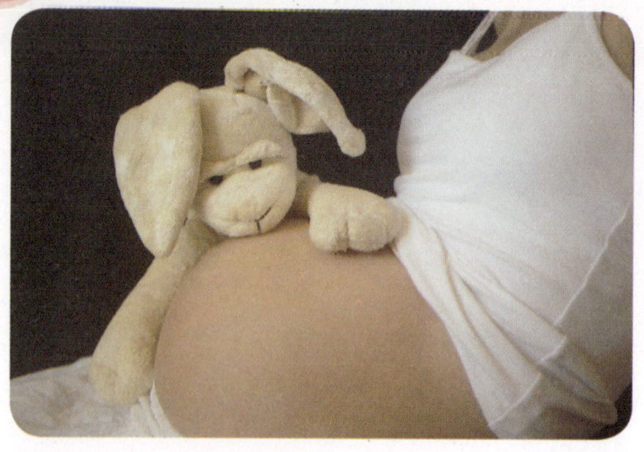

增加触觉感受的音乐

孕妇可以在说出某一个单词的时候做出与此单词相对应的动作，这样就可以让胎儿将自己的耳朵听到的和身体感觉到的东西联系起来。

举例而言，孕妇可以在轻轻拍打腹部的同时说道“拍拍肚子”，这样胎儿就可以在听到这个单词的同时加深其触觉上所留下的印象。孕妇可以在哼唱熟悉的童谣或民歌的同时，配合其节奏进行一些能够使胎儿产生触觉感受的活动。

这些曲目最为合适

马斯奈的《泰绮丝冥想曲》
巴赫的《G弦上的咏叹调》
莫扎特的《小夜曲》中的《浪漫曲》
威廉姆斯的《绿袖幻想曲》
柴可夫斯基的《睡美人圆舞曲》
巴赫的《耶稣，人们仰望喜悦》

正确的做法

1. 搓一搓（用手掌在整个腹部表面上转圈揉搓）。

2. 敲一敲（手指尖立直，然后在整个腹部表面上敲打）。

3. 擦一擦（展开手掌并从上向下擦拭）。

4. 挤一挤（用手指将整个腹部自然地挤聚在一起）。

5. 按一按（用手掌在整个腹部上均匀地按）。

欣赏与冥想活动

音乐欣赏是音乐胎教中最基本的。无论是对胎教多么不感兴趣的孕妇，在怀孕期间都会有意无意地欣赏古典音乐。

“爱心备忘录”节目倡导孕妇在欣赏名曲的同时，冥想自己对孩子的爱。在这一过程中，孕妇会很快进入平静舒适的状态，而胎儿也将感受到母亲对自己的深深爱意。

此外，孕妇和丈夫还可以和着拍子尝试慢慢地跳舞，这样可以使整个家庭的气氛变得更加温馨。

这些曲目最为合适

《妈妈我爱你》、《炒栗打令》、《鸟儿啊鸟儿》、《自行车》、《我爱你》、《在花园里》、《故乡之春》、《细雨》、《在铁路边上》、《蝴蝶啊》、《桔梗谣》、《鸟儿的早晨》、《阿里郎》、《少儿音乐团》、《少儿圆舞曲》

乐器

“爱心备忘录”节目告诉人们，尽管母亲的歌声对胎儿的刺激最佳，但是和弦齐特琴、卡祖笛、哗啷棒等乐器在音乐胎教中的作用也同样是不可忽视的。

这些音乐元素会对胎儿的脑部产生刺激并对其智力发育起到很大的帮助，胎儿会对旋律中的音程和节奏等基础概念留下印象，这会使胎儿在保持安定情绪的同时健康地成长。

正确的做法

木琴：将木琴放在孕妇的腹部上，然后一边唱歌一边轻轻地演奏。这时丈夫可以承担演奏的任务。木琴是一种可以发出清脆声音的乐器，演奏时如果琴身碰到孕妇的衣服就有可能影响音色，因此要多加注意。在调整好位置后，丈夫可以用合适的音量演奏《我爱你》、《自行车》、《蝴蝶啊》等乐曲。

和弦齐特琴：丈夫应该把和弦齐特琴放在孕妇身边进行演奏，在演奏之前要记得先针对曲目进行调琴。演奏过程中，孕妇和丈夫都可以把琴声当做伴奏来进行跟唱。

卡祖笛：用塑料制成的卡祖笛是一种孕妇可以直接吹奏的乐器。它会发出一种空明的声音。演奏时孕妇会感受到卡祖笛的振动，这种振动只有吹奏方法正确时才会出现，并且会顺着孕妇的嘴唇和下巴传递到颈部以下，最后通过羊水的振动对胎儿产生一定的刺激作用。如此一来就可以起到增强胎儿听力的效果。

哗啷棒：哗啷棒的顶端是用绒线做成的，内部的小球会发出哗啷哗啷的声音。可以在唱歌的同时按照节拍摇动哗啷棒，对整个腹部进行良性的刺激。适合在此时哼唱的歌曲有《请别离开》、《阿里郎》、《少儿圆舞曲》、《故乡之春》、《宝宝真听话》等。

这些曲目最为合适

维瓦尔第的《四季》中的《春》
小约翰·施特劳斯的《蓝色多瑙河》
比才的《阿莱城姑娘》中的第一组曲《小步舞曲》
巴赫的《g小调赋格曲》
柯莱利的《弦乐套曲》中的《撒拉本舞曲》
勃拉姆斯的《海顿主题变奏曲》

运动

怀孕之后孕妇的身体变得越来越重，许多人因此而渐渐疏忽了肢体运动方面的锻炼。

怀孕初期时，孕妇因为怕给胎儿造成伤害而不敢锻炼，体重增加之后往往又懒得运动。然而，摄取充足的氧气无论对胎儿还是对孕妇本身来说都是非常必要的，所以孕妇应当养成进行适当锻炼筋骨的习惯。

孕妇可以在听音乐的同时踩着拍子移动脚步。在母亲进行肢体活动时，腹里的胎儿也有可能感受到其中的节奏。此外，借助丝带、舞巾和毛线小球等用具来活动身体可以帮助孕妇和胎儿获得更多的氧气，并使两人之间的亲情逐渐变得深厚起来。

正确的做法

1. 随着音乐摇动手中的丝带。可以采用在空中画圈，朝侧边晃动或向上转动等不同的方法。

2. 夫妻两人一起随着音乐的节拍互相投接手中的舞巾，注意长拍和短拍的变化。

3. 在播放音乐的同时夫妻二人依照拍子向对方投掷毛线小球。这一动作可以使夫妻之间得到情绪上的交流，两人的深厚感情也会全部传递给胎儿，并产生很好的影响。

胎教备忘卡　9～12周

	胎儿的生长发育	孕妇的身体变化	这一周要注意的事项	最适合9～12周进行的胎教
9周	◎ 视网膜开始生成，面部肌肉和上嘴唇进入发育阶段； ◎ 长出手指和脚趾，颈部清晰可见。	◎ 腰部变粗； ◎ 乳房变得敏感。	◎ 少食多餐，多吃含铁、纤维素和叶酸的食物，远离电磁波。	饮食胎教： ◎ 选择促进心脏和脑部发育的食物，食用含有丰富叶酸的菠菜和生菜。 运动胎教： ◎ 主要锻炼腹、背肌肉和保持平衡的能力，活动骨盆周围肌肉可缓解疼痛。 按摩胎教： ◎ 进行预防贫血、消化不良和便秘等症状的按摩。
10周	◎ 双眼移动到脸部中央，肠胃到达最终位置； ◎ 女胎长出阴蒂，体内卵巢开始成长。	◎ 腹部出现变化，乳房开始为哺乳做准备。	◎ 提高蛋白质摄取量，保持适量的运动和均衡的饮食； ◎ 注意不要染上疾病，避免接种疫苗。	
11周	◎ 颌部逐渐成形，颈部长度增加，外部生殖器明显； ◎ 可辨认面部器官。	◎ 子宫几乎占据整个骨盆，乳房附近的静脉呈青色。	◎ 重视碳水化合物的摄取。	
12周	◎ 软骨组织进一步成形，肝脏具有造血功能； ◎ 男胎和女胎的区别开始出现。	◎ 子宫进一步胀大，产生羊水，腹部、臀部和腿部变得丰满； ◎ 乳房继续增大，可能有长时间的疼痛感，偶尔会变得柔软； ◎ 腹部出现深色条纹，在分娩后逐渐消失。	◎ 进行第一次产检； ◎ 小心不要跌倒或者受伤； ◎ 控制体重的同时保证铁和钙质的摄入量。	

胎教周历

怀孕13～16周

怀孕13周

胎儿发生了怎样的变化

急速生长的胎儿在此时耳朵逐渐移动到正常的部位，肺、胃、肝、胰等身体器官也到达了各自应在的位置，并向着能够完全发挥其机能的形态发育。指纹、指甲、声带和乳牙的根也一个个长出来。

孕妇发生了怎样的变化

肚脐下方10厘米左右，耻骨上方的下腹部，是子宫的位置。怀孕第12～13周时，子宫已经占据了整个骨盆并开始进入腹部区域。孕妇脸上和颈部出现了褐色的斑点，乳房开始变大并产生了刺痛的感觉。乳晕的颜色发生变化，乳腺更加发达，静脉曲张也变得十分明显。到了孕中期，会有少量的乳汁分泌。

本周备忘

注意姿势——以同样的姿势长久站立会增加早产儿与低体重儿出生的概率，所以应避免久站。

注意阵痛或出血症状——出现早期阵痛或出血等症状应立即请专科医生进行诊治，并一切按照医生的嘱咐行事。

特别关注

孕妇的腰身变粗，裤子一下子紧了许多，胸部增大的同时乳晕开始变黑。牙龈出现炎症，有时不得不去医院，免疫机能的降低还会让孕妇经常感到疲惫。有些孕妇能第1次感觉到胎动，如果觉得必要，可以做羊水检查。

怀孕14周

胎儿发生了怎样的变化

胎儿整个身体达到了普通人的拳头大小，眼睛逐步从头部的两侧向脸部正前端进行位移，耳朵则从颈部移动到了头的两侧，颈部的长度继续增加。声带生长完成，生殖器持续发育，消化腺体也已经趋于完整。

孕妇发生了怎样的变化

孕吐开始消失，怀孕进入了较为安定的阶段。穿较为宽松的衣服会让孕妇感觉舒适。然而，出现了消化不良的症状常常导致孕妇胀气。

痔疮和牙龈炎也是这一时期容易出现的病症，因此应当选择富含纤维素和水分的食物，并摄取足量的维生素C。由于胸部变得丰满，应适当改换胸罩的尺寸，以免给乳房带来不适感。

本周备忘

预防肥胖——如果把孕吐当做借口而无度进食，则很有可能造成肥胖的后果。肥胖会引起高血压和糖尿病。此外，不要吃过咸、过甜、加过多调味料或热量过高的食品，用餐的时候应尽量放慢进食速度。有规律地、适度地进行晨练、散步和游泳等运动对孕妇大有帮助。

牙科诊疗——怀孕8～15周不得照射X光片，牙科诊疗也要等到12周以后再进行才比较安全。接受诊疗时一定要告诉医生自己怀孕的事情，千万不可让其在为自己治疗过程中采用全身麻醉的方法。

怀孕15周

胎儿发生了怎样的变化

胎儿骨骼开始变得坚硬，透过薄薄的皮肤可以看见血管，刚长出的汗毛覆盖了整个身躯。有时还能看到胎儿吸吮大拇指的可爱模样。腿部的长度超过了手臂。

孕妇发生了怎样的变化

下腹部隆起，可以让任何人很快判断出其怀孕了。在肚脐下方8～10厘米的地方可以摸到子宫。子宫变大会给腹部和胯部带来刺痛的感觉。此外毛细血管扩张和静脉曲张等现象会使皮肤呈现出红色，粉红色的乳晕不断加深，并逐渐变成褐色或赤褐色。

本周备忘

运动——直到怀孕后期为止，相对而言较为安全的运动项目是游泳、散步、慢跑。危险项目是骑自行车、骑马和滑雪等。

睡眠习惯——就寝时尽量保证侧卧入睡，并最好养成每天在同一时间入睡的习惯。睡觉时要注意腹部保暖，并尽量不要突然站起或坐下。从这时开始，每天应当在原有基础上再多摄入300千卡（1千卡=4184焦）的热量。具体说，100克猪肉加1个萝卜，或者1杯酸奶加1个中等大小苹果的热量差不多达300千卡。

怀孕16周

胎儿发生了怎样的变化

胎儿开始握住自己的拳头并张开了小嘴，嘴唇开始活动，并有时会做出吞咽的动作。还会吸吮自己的大拇指，头上会长出一些毳毛，肠胃开始制造出消化液，尿液也在肾脏里产生。接着手指长出了指甲，脐带附着在下腹部上，手臂开始移动。

孕妇发生了怎样的变化

胎儿长大的同时，孕妇体内的子宫和胎盘也在不断地生长。第6周之前子宫的重量只有140克，而现在已经增加到了250克左右。环绕在胎儿周围的羊水的体积也增加到了250毫升。

本周备忘

羊水检查——通过羊水检查了解胎儿是否存在各种感染症、唐氏综合征、血液疾患和神经系统疾病等先天性缺陷。但是，做羊水检查也有导致流产或早产的危险。

加餐——孕妇可以每天吃3～4次加餐。加餐应以新鲜的蔬菜沙拉和煮熟的鸡蛋、玉米花、低脂奶酪等营养价值较高的食物为主，但要严格控制摄入量。

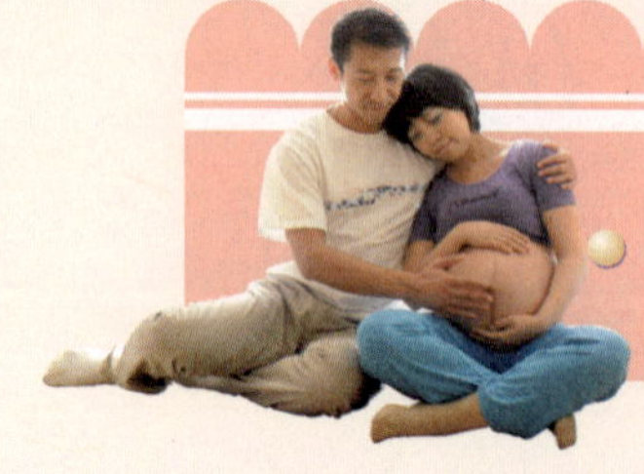

一家三口胎教法

让孕妇保持平和的心态

胎儿——第13～16周是胎儿大脑发育速度最快的时期。在16周结束的时候，其脑部已经占据了头盖骨里的整个空间，而这时头部只有乒乓球大小。胎儿已经能对外界的强光和噪声做出反应，并且开始出现愉快、不安和愤怒等情绪。

孕妇——孕妇进入了安全时期，孕吐状况逐渐减轻，食欲变好，妊娠纹出现。根据胎儿的需要，孕妇要继续补充优质蛋白等营养成分。同时，因为胎儿还拥有了各种感情，所以孕妇保持愉快的心情就显得格外重要。除此之外，胎儿对温度的变化较为敏感，不宜待在寒冷的环境中，也不要沾凉水。

准爸爸——要把工作重心放在怎样让妻子保持一个平静的心态上。胎儿为了造血，必须不断地通过胎盘来吸收母体的铁元素，在怀孕中晚期仍有一些孕妇患贫血。所以，及时给孕妇补充富含铁的食品才是准爸爸必须做的。不过，补充过多的铁能引起便秘，所以，还要记得每天早上递给刚起床的妻子一杯温开水。由于已经进入了怀孕的安全时期，可以适当地进行性生活。

宫内环境对身心发展起重要作用

在市场上销售的众多育儿书中，指导怎样提高孩子智商(IQ)的内容备受青睐。尽管人们最近关心孩子的EQ(情商)和MQ(德商)等领域，但是，大多数父母还是觉得孩子聪明比什么都重要。

也难怪父母们会有这样的想法。一般认

为，孩子聪明就能进入好的学校，以后可以找到好的工作并能享受不错的待遇，然后才能过上幸福的生活。我们暂且不论这种想法正确与否，那么，智商与胎教有什么样的联系呢？

在20世纪初，学者们普遍认为智商80%来自于遗传。IQ在当时被认为是先天性的，靠人力作用是无法影响到的，然而学者们通过各种研究与实验得出了“就决定人类智商的因素而言，宫内环境比基因占据了更加重要的地位”这样的结论。

因此，创造出良好的宫内环境，通过努力就可以实现生出聪明孩子的愿望。

压力对胎儿大脑影响是致命的

即使是对一般人，压力也会给身体带来各种各样的变化。比如在受到刺激或碰见伤心的事情时，许多人都曾有过颈背发酸、头痛或心悸的经历。

事实上，以上这些大多是由于身体各部位血管收缩，导致血压上升，呼吸次数增加且体温升高而引起的。

假如在较长时间内持续承受压力，人的体液会逐渐变成酸性。这会使所有接受血液供给的组织受到影响，也会使胎儿受到致命的影响。

我们都知道接触烟酒会给孕妇带来极为不良的影响，但在事实上，压力会比烟酒造成的危害更大。

在压力下，人体细胞的分化发生障碍，并进而严重影响胎儿的脑部发育。压力不但会阻碍胎儿大脑组织的发育，还有可能导致孩子日后出现一定的精神障碍。

所以我们应该让孕妇身处在一个没有压力的环境当中。如果在你身边有孕妇，就一定要记得给予她更多的谅解与照顾，使她时时刻刻都保持愉快的心情。这才能算作是最好的胎教方法。

饮食胎教法

在此时期孕妇应摄取大量的优质蛋白，这样有利于胎儿的肌肉、血液和骨骼的发育。除此之外还应多吃些肉类、鱼类和豆制品，特别是要多吃富含铁的肝脏和促进胎儿脑细胞发育的青花鱼。补充矿物质、维生素A、维生素C以及富含纤维素的绿叶蔬菜、水果和薯类也是十分必要的。以上这些食物对消除便秘及维持身体的酸碱平衡都非常有好处。

为胎盘、脐带和羊水供给充足的养分

维生素B_{15}可以维持母体内氧气的利用率，使脏腑的功能变得更加完善。枇杷叶中含有大量的维生素B_{17}，具有提高抗病能力、强化脏腑机能的功效。将枇杷叶煮熟后放凉，冲入糖汁后再服用是一种不错的清凉饮品。

均衡摄取包括优质蛋白在内的各种营养成分

这一时期要多吃高蛋白食品，特别是牛奶、乳制品和蛋类，因为这可以促进胎儿肌肉、血液和骨骼的形成。还要多吃肉类、鱼类和豆制品。特别是要多吃富含维生素B_1的猪肉，以及含有大量DHA并对胎儿脑细胞的发育有所帮助的青花鱼。

除此之外，补充矿物质、维生素A、维生素C以及纤维质含量丰富的绿叶蔬菜、水果和薯类也是十分必要的，这对缓解便秘及维持身体的酸碱平衡非常有好处。糙米、胚芽、糖分和油脂能有效地补充能量。同时搭配鳗鱼、韭菜、香菇、芝麻和番茄等食物，可以促进消化。

食用艾蒿、生地和葱可以预防流产

这一时期某些孕妇可能会出现有少量出血的现象，人们称之为“胎漏”。此时可在医生的指导下食用一些艾蒿，或者生地。

葱是我们离不开的配料，用糯米熬成粥，加入3～5个葱根，煮熟后食用。或取葱根煮成较浓的汤汁服下也可起到安胎之效。

孕期食谱这样做

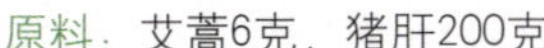

猪肝炖艾蒿

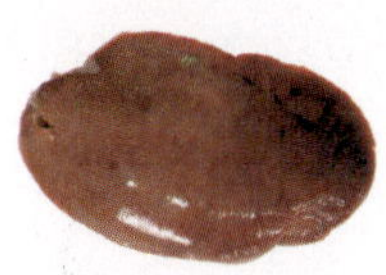

原料：艾蒿6克，猪肝200克

调料：米酒15毫升，姜丝20克，盐、糖、淀粉各适量

做法：

1．将猪肝除筋膜，洗净切片，加入米酒、淀粉腌3分钟，放入开水中汆烫后捞起备用。

2．取一汤锅，大火将水烧开，放入姜丝后以中火煮约3分钟，再放入艾蒿、盐、糖。

3．最后倒入准备好的猪肝，煮开即可。

煮　藕　片

原料：藕500克，芝麻15克

调料：食用油10克，酱油20克，糖汁10克，砂糖10克，香油5克，盐少许

做法：

1．将藕削皮之后切成0.5厘米的薄片，放在水中烧煮10分钟后捞出。

2．在锅里放入食用油和酱油、水、糖汁和砂糖，倒入藕之后用大火烧煮。

3．待锅里的汤汁减少一半时改用文火，待藕变成酱油色后，倒入香油和盐，即可出锅。

4．等藕变凉之后，撒上芝麻即可食用。

糯　米　鸡

原料：鸡肉300克，糯米150克

调料：当归、黄芪和大枣各10克，枸杞子和桂皮各5克，盐适量，姜少许

做法：

1．先将鸡肉、当归、黄芪、大枣、枸杞子、桂皮、盐、姜一起放入锅中炖至半熟。

2．将鸡汤去渣，糯米洗净后与炖好的半熟鸡肉一同放在加入适量水的锅内，盖紧锅盖。

3．先用大火后改文火，蒸至鸡肉烂熟，即可食用。

运动胎教法

随着胎儿的快速成长，孕妇的腹部渐渐隆起，但还不笨重，所以做一些运动还是很有好处的。

孕妇在此时常常会感到支撑子宫的腹部韧带疼痛，许多孕妇在翻身或移动整个身体时常常会感到疼痛。这种疼痛有时就像被锥子刺中一样。

由于孕妇骨盆中间的软骨发生软化，其耻骨的结合部位往往会出现问题并产生不适的感觉。这种情况还会因为在运动中突然改变方向或强度而变得更加严重，所以一定要尽量少做那些要经常转向或改变速度的运动项目。

拉伸背部

◎将两腿向前完全伸直，脚腕向上弯曲。

◎做出拉自己脚尖的姿势。注意膝盖不能弯曲，背部不得弓成圆形，尽量向前伸展自己的手臂。

功效：松弛背部的肌肉，消除紧张的感觉。

伸展背部

◎双手扶住墙壁，努力让手臂和身体形成直角。

◎用这种姿势按压自己的肩和背。

功效：强化背部肌肉并松弛肩部。

转动脊椎

◎坐姿，两腿向前，完全伸直并分开，脚踝向上弯曲，背部挺直。

◎转动身躯向后看，左右两个方向轮换。

功效：松弛腰部肌肉。

左右推动盆骨

◎两腿分开与肩同宽，保持站姿并稍稍弯曲膝盖。

◎用力向右推骨盆，之后再用力向左推骨盆腔。

功效：强化骨盆肌肉。

前后推动盆骨

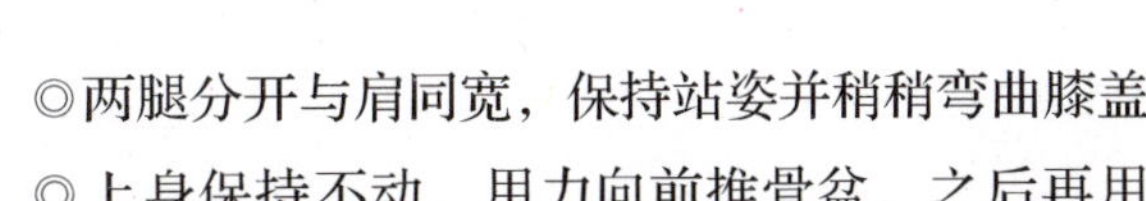

◎两腿分开与肩同宽，保持站姿并稍稍弯曲膝盖。

◎上身保持不动，用力向前推骨盆，之后再用力向后推。

功效：强化骨盆底部的肌肉。

瑜伽胎教法

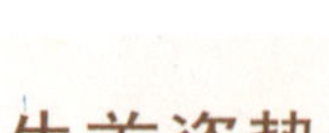

牛首姿势

◎跪起膝盖坐下。

◎举起右臂，曲起右肘，越过肩部之后在背后拉住左手。

◎在呼气的同时双手相互对拉，然后保持均匀的呼吸休息15～20秒钟。

◎慢慢地松开双手，左右手互换之后继续互拉。

功效： 提高胸部肌肉的弹性，有利于日后的哺乳，通过扩张胸廓和提升肺活量，增进肺部功能。通过提肩和沉肩来放松身体，同时保持均匀的呼吸。如果两手互拉很困难，可以抓住手绢或丝带来完成此动作。

向侧面俯身

◎双腿向两侧伸展后坐下。

◎双臂举过头顶，吸气。

◎在呼气的同时向前俯下上半身，用手绢或丝带挂住脚底向身体方向拉。

◎让膝盖窝尽量贴近地面，在均匀呼吸的同时保持不动。在不压迫下腹的情况下伸展背部，注意用力不要过于勉强。

◎缓缓抬起上身并让呼吸变得匀称，彻底地将身体放松。

功效： 缓解消化不良、食欲不振及便秘等不适，并去除下腹部的多余脂肪。

小幅的倾斜

◎跪姿。

◎两手交叉，举过头顶，仅让上半身往左边转动。

◎两手在头顶后方保持交叉的姿势然后向右倾斜。

◎向头部上方拉伸交叉的双手并向后倾斜身体。

功效： 增强股关节的柔韧性，减轻腰部和臀部的疼痛症状。并能以腰部为中心，缓解整个背部紧张与疲劳的状态。

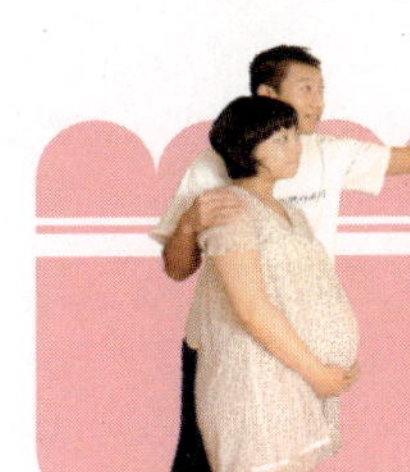

孕妇普拉提

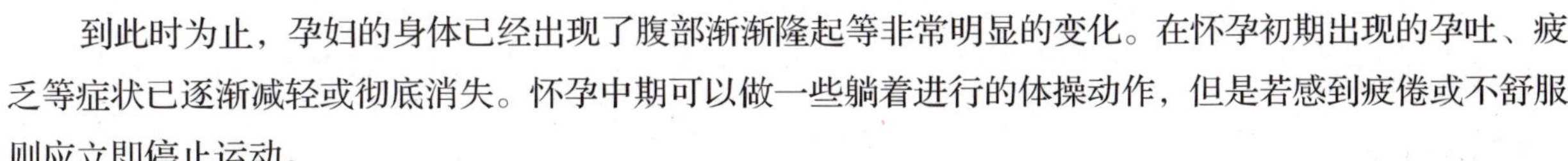

到此时为止，孕妇的身体已经出现了腹部渐渐隆起等非常明显的变化。在怀孕初期出现的孕吐、疲乏等症状已逐渐减轻或彻底消失。怀孕中期可以做一些躺着进行的体操动作，但是若感到疲倦或不舒服则应立即停止运动。

伸展四肢

◎平躺，左腿伸直，右腿屈膝。右臂向上伸出，左臂自然地放在身体左侧。

◎开始进行腹式呼吸。长长地吸入一口气，在呼出的时候双臂和双腿的姿势分别互换。重复5～10次。

功效：使四肢肌肉得到伸展。

蹲坐

◎把一个体积较大的垫子靠墙放在地面上。两腿分开与臀部同宽，并靠墙站立。

◎在吸气和呼气的过程中屈起膝盖，顺着墙壁慢慢地坐到垫子上面，在臀部碰到垫子的那一刻把双手放在两膝上，用这样的姿势进行休息。

◎保持以上的姿势1～2分钟，将身体的重量集中在下部，完全放松腰部，深深地吸一口气再呼出，在保持背部靠墙的姿势下缓缓起身。但要注意，在胎位为臀位时不能采用这样的姿势。

功效：使全身得到放松。

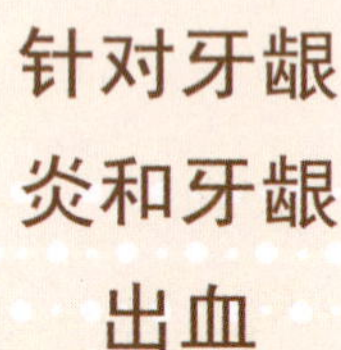

按摩胎教法

针对牙龈炎和牙龈出血

◎在肾脏反射区涌泉穴上用大拇指轻按3～4次。

◎在输尿管反射区用大拇指轻按4～5次，每次4秒钟。

◎在膀胱反射区用大拇指轻轻按压4秒钟。

◎保持自己的脚背可见，按照箭头所示方向按摩。

针对痔疮

◎用大拇指在位于脚底中央的基本反射区涌泉穴上按3～4次，每次4秒钟。

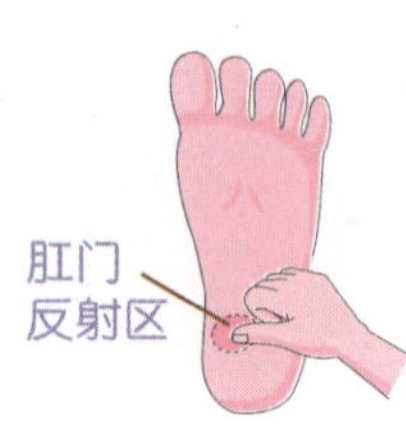

◎在脚后跟底部边缘位置的肛门反射区，用大拇指反复按4～5次。

针对乳房疼痛

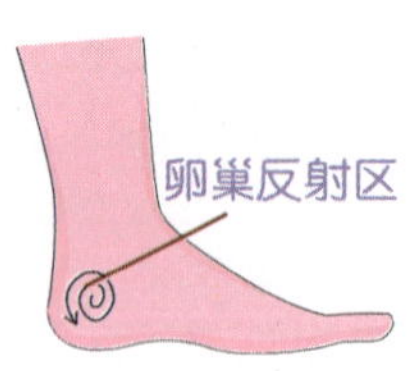

◎用大拇指按涌泉穴3次，每次持续4秒钟。

◎按脑垂体反射区3次，每次持续4秒钟。

◎在内分泌系统反射区用大拇指按逆时针方向画圆，需做到从内向外揉搓并重复2～3次。

◎用大拇指在足部的内外侧脚踝上按照逆时针方向画圆，重复2～3次。

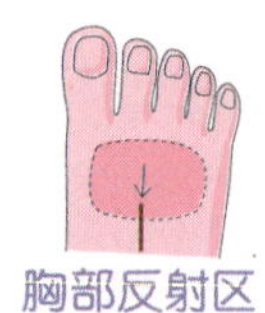

◎从内向外数第二和第三个脚趾之间的脚背部分是胸部反射区，在此位置按照箭头所示方向搓摩，重复4～5次。

童话胎教法

和准爸爸一起给胎儿读一读童话书吧，通过阅读那些动听的故事不仅胎儿的感性能力得以培养，而且父母与孩子之间的亲子关系会得到加深，丈夫和妻子之间的感情也会变得更加浓厚。每天坚持花30分钟时间读童话书，让整个家庭一起度过这充满幸福感的胎教时刻吧。

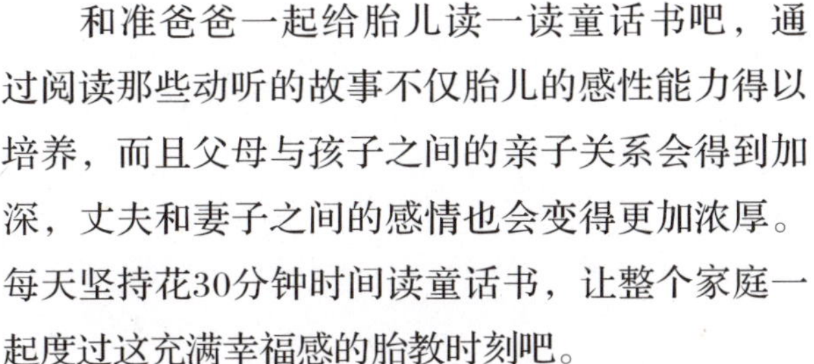

培养胎儿潜力的童话胎教

读童话书会给胎儿带来好的刺激

头脑中印象的形成离不开脑细胞和脑细胞之间形成连接的有机过程。这种连接称为神经网络。

胎教就是将良性信息刺激，读童话书是刺激胎儿神经发育的方法之一。母亲读出的每一个美丽童话都将给胎儿带来好的影响。

童话胎教的优点

可以轻松地与胎儿进行交流

与胎儿进行交流并不是一件容易的事情。我们都知道胎谈的重要性，但具体操作起来却往往会遇到困难。这时童话胎教就可以帮上我们的大忙，因此在这一点上，童话胎教和胎谈胎教具有密不可分的重要联系。

培养胎儿的潜力

胎儿的听觉在孕中期就即将发育完毕，此时对外部的刺激胎儿会做出反应。这时，如果准爸爸和准妈妈能够用温柔的声音为其读一读童话故事就可以刺激其脑部的发育，从而达到提升胎儿潜在能力的效果。

孕妇睡觉之前，即使只有30分钟的空余时间，也应该将其利用起来给胎儿讲一讲童话故事。这种做法对于胎儿潜在能力的培养的确具有非常大的帮助。

培养胎儿的想象力和好奇心

通过不同的童话故事，不仅可以将勇气和友情等概念传授给胎儿，还可以培养胎儿的想象力和好奇心。此外，如果孕妇能用自己丰富的想象力将童话书中梦一般的世界转述给胎儿，则意味着胎儿将在这一过程中获得健康而安定的情绪。

对胎儿的感性方面产生刺激

胎儿倾听声音的过程并不是单纯地通过耳朵来进行的，他往往要运用自己的整个身躯来接受外部的信息。所以孕妇如果能够带着丰富的感情朗读，就可以促进胎儿感性能力的发育。

孩子出生之后继续使用读过的童话书

为胎教而买的童话书最好能一直保存到孩子出生之后继续使用，到那时说不定孩子会对自己在胎儿时期就听过的故事有一种亲切的感觉，而孩子的父母也省去了再次购买童话书的奔波之苦。

◎怎样才能将童话故事读得更加有趣

注意发音的准确性

无论读书的对象是谁，在朗读时都应该注意发音的准确性，因为只有这样才能完整地表达出书中的意思。这一点在给胎儿朗读时也不例外，如果孕妇的发音不够准确，朗读的效果也一定会大打折扣。在朗读之前可以先做一些针对舌头、嘴唇和口型的训练，这样会对朗读有很大的帮助。

把对书中情景的想象讲给胎儿听

首先留意一下书名、作者和插画作者，其次按照顺序欣赏书中的插图并将自己的想象具体化，然后再将自己的具体想象描述给胎儿听，注意不是说明，而是描述。要把整个画面勾画出来，把眼睛看到的和心里感受到的客观地表述出来，用饱含深情的声音朗读书中的童话故事，在白纸上按照自己的印象把书中的插画再画出来。

用孩子的小名讲述故事

给孩子起了小名以后，你可以把童话书里主人公的名字通通改成孩子的小名，并运用口语来讲述这个故事。这样在读故事的时候孕妇就会觉得自己的孩子和故事里的主人公合二为一，从而使自己对胎儿的感觉变得更加亲切。另一方面，如果孕妇把故事讲得声情并茂，也可以更多地吸引胎儿的注意力；反之，若是读成了流水账，恐怕不会起到任何的效果。

像胎谈一样和胎儿讲故事吧，因为无论是对孕妇还是对胎儿这都将是一种愉快的体验。

用温柔而多情的嗓音朗读

胎谈时，对孕妇来说最重要的就是注意自己的嗓音，平和而温柔的嗓音将使胎儿情绪稳定。

事实上，胎儿几乎在任何时候都期待听到母亲柔和的声音，所以孕妇应精神饱满地用清亮的嗓音为胎儿朗读。在读的时候最好能够像平时说话一样，保持着那种随和、温暖而又富有感情的语调和状态。

在抚摸腹部的同时朗读

像胎谈一样，也可以在抚摸腹部的同时朗读童话。这样可以给胎儿带来一种温暖的感觉，使童话胎教的效果倍增。

每天坚持进行

童话胎教也必须每天坚持才有成效。此外即使只能抽出很短的时间，也应该选择一天中心情最愉快的时段朗读童话。晚上8点往往最为合适，胎儿的睡眠时间很长，其听觉神经最为敏感的时段就是晚上8点左右，准爸爸只要在这个时间为其朗读就能取得最佳效果。

讲解书里出现的事物

胎儿对整个世界可谓是一无所知，会很自然地对书中出现的事物产生好奇心。针对这种情况，我们可以对童话故事中出现的各种事物进行亲切而生动的讲解。

边走边读

如果读书时姿势很不舒适，胎儿也一定会感到难受。孕妇应该在最舒适的状态下慢慢地读给胎儿听，偶尔一边走一边读也是个不错的方法。这样既可以让孕妇得到锻炼，又可以使胎儿接受有益的振动刺激，可谓是一举两得。

偶尔根据图画的内容改编故事

每次都读相同内容的故事，任何人都会感到厌烦，更何况孕妇。其实在读童话书之前，孕妇可以根据图画的内容对故事的细节进行改编，这会为孕妇和胎儿带来很多乐趣。

改编故事时，孕妇可以从那些之前没有留意到的小幅插画开始。在改编故事的过程中，孕妇

的注意力和想象力会得到很大程度的提升，而胎儿的想象力也同时得到增强。

朗读以后和胎儿交流自己的感想

朗读时，孕妇会将注意力集中在故事情节里，因此也会很自然地产生一定的感想。在读到故事的结尾处时，孕妇可以以这些感想为话题与胎儿进行亲切的交流。

童话书中的幸福

我在26岁时怀上了孩子，因为年轻，对怀孕有些不知所措。后来我渐渐地平静下来，但是在高兴之余，更多的是一种担心。由于不知道自己最应该做些什么，我决定去书店读一读与怀孕有关的书籍。就这样，我了解到对胎儿来说宫内环境是多么的重要，只有宫内环境良好才能对胎儿的智力和性格产生好的影响。在平时读书的时候我能感到自己的心情变得平和，所以我选择了读书作为主要的胎教方法。我不仅请下班回家的丈夫给我读书，还特别注意在自己睡觉和发生胎动的时候用平和的声音朗读童话故事。我对那些可以充分发挥想象力的书特别感兴趣，那时候读的最多的故事是《不会叫的蟋蟀》、《饿肚子的小虫》、《咕咚的故事》、《小狗》。这些故事内容丰富，图画鲜艳，我自己在读的时候都充满了幸福的感觉。

有时我还让丈夫扮演当中的角色和自己一起把故事表演出来。接受了童话胎教以后出生的宝宝，性格温和，而且特别喜欢看书。看着他一个人专心致志翻书的样子，我真的会对童话胎教所起的巨大作用感叹不已。

氧气胎教法

对孕妇来说，氧气是必不可少的宝贵资源。呼吸新鲜的空气可以提高胎儿氧气的供给，有利于胎儿脑部的发育。

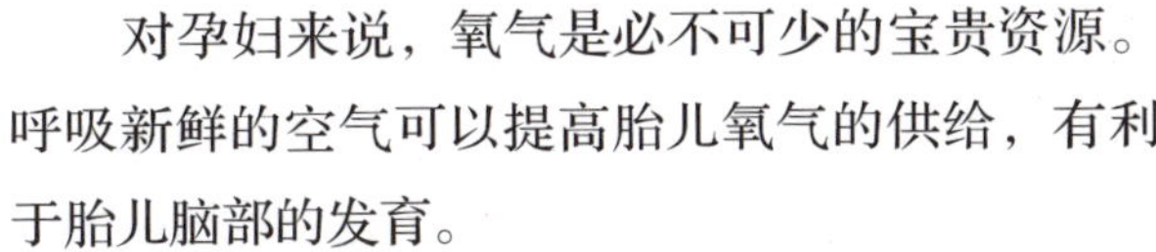

◎氧气可以促进胎儿脑部发育

氧气在人类脑部活动中扮演着非常重要的角色。若脑部的氧气供给中断短短的10秒钟，就会给大脑带来非常致命的影响。正因为如此，孕妇更应该为腹中的胎儿考虑，时刻保证充足的氧气供给。

胎儿的脑部在怀孕4～6个月时发育得最为迅速，这时只有为其提供充足的氧分子，才能生下头脑发达的孩子。

美国彼兹堡大学的研究小组发现：在较为安静且营养和氧气供给充足的子宫环境中生长的孩子智商明显偏高。

在各种氧气胎教法中，最简单的要属散步和森林浴了。散步和森林浴不仅可以促进胎儿脑部的发育，还能够对很容易感到忧郁的孕妇起到调节心情的作用。

在寒冷的冬天或是其他不适宜外出的时节，最好打开家里的窗户通风换气，并借助简单的体操运动增加氧气的吸入量。

◎散步胎教

让身体吸入充足的氧气

散步对人体最明显的好处就是增加氧气的供给量。散步时吸入的氧气比静坐时高出2～3倍。它甚至可以使人们烦闷或者忧郁的心情变得舒畅起来。孕妇在散步时吸入的氧气会随着脐带转移到胎儿身上。这些氧气进入胎儿体内之后会起到促使脑细胞活性化的作用。

使浮肿和腰痛的症状逐渐消失

可以想象，在泥土小路上散步并接触清新的空气，对人的健康来说绝对是件再好不过的事情。

散步还可以促进血液循环。许多孕妇的腰痛或腿痛就是由于血液循环不畅而引起的。因此散步可以明显减轻浮肿或腰痛的症状。除此之外，还可以增强人体的心肺功能，并使人自然养成腹式呼吸的习惯，也可以减轻孕妇生产时的阵痛。

使胎儿的皮肤受到适当的刺激

散步可以增强胎儿的运动机能，并可刺激胎儿的皮肤。有人把皮肤称为胎儿的第二大脑，由此可以看出，皮肤刺激与脑部的发育是息息相关的。刺激胎儿皮肤的同时可以使胎儿的脑部也受到刺激，从而促进胎儿脑神经发育。

那么，到底应该用什么样的方法刺激胎儿的皮肤呢？胎儿所感受到的皮肤刺激主要是通过胎儿在子宫内的运动来实现的，从而使胎儿的皮肤得到规律的挤按和放松。孕妇以平和的心情散步时就可以使子宫发生收缩，这不仅是胎儿进入愉快状态的征兆，还是让胎儿接受良性刺激的必经之路。但是需要注意的是，散步时遭遇强烈的震动或不规则的刺激反而会给胎儿带来很大的压力。

散步的最佳时段是上午10点到下午2点

在这段时间里孕妇的状态较为稳定。

其实，散步也用不着过于在乎时间，只要避开强烈的紫外线和饱腹的状态就行了。每天散步30分钟就可以起到孕妇和胎儿共同锻炼的效果。一般来说每周最好散步3～5次，孕妇也可以根据自己的身体状况进行适当调节。

腹部抽痛的时候要立即停止散步

孕妇在身体疲倦时很容易产生腹部抽痛的感觉，这时要立即停止散步。散步时觉得累了可以停下来休息片刻再继续走，若出现冒冷汗或眩晕的情况，则应立刻前往医院接受诊断和治疗。

散步时一定要检查身体的状态

确认身体处于良好的状态——在开始散步之前要确认自己的身体不存在任何问题。

穿上较为舒适的鞋——孕妇最好穿较为舒适的鞋，开口宽敞、低面、舒适的鞋子是最佳的选择。另外，孕妇还应该穿上袜子，这样就能更好地保护脚了。

摄取水分和食物——应事先准备好大麦茶和矿物质饮料以备散步时饮用。给身体供给充足的水分可以预防脱水。空腹散步会加速身体的疲劳，所以最好在散步前1小时适量吃一些食物。

注意休息——在精神不济时坚持散步反而会造成很大的伤害。最好能根据自己的身体状态来调节走路的速度并保持愉快的心情，这样才能在散步中获得最佳的效果。

此外，若感到疲倦或情绪低落，最好坐下来休息片刻。

散步的地点——孕妇很容易出现关节松弛、肌肉抽筋等现象，并可能因此而受伤，所以最好在一些地面平坦的场所散步。特别注意不要选上坡路，这样会给腹部造成很大的压力。相比之下，在平坦的道路或草地上散步是最佳的选择。

放松呼吸——为了吸入更多清新的空气，掌握一种好的呼吸方法格外重要，在用鼻子吸入长长的一口气之后稍作停顿，然后随着“呼”的一声把气息从口中呼出。发生阵痛时也需要使用与此类似的呼吸方法，所以从此时开始注意就可以达到提前练习的目的。

正确的姿势——走路的姿势也非常重要。低头走会给颈部和肩膀带来很大的负担。孕妇在散步中应该保持挺起胸部、注视前方的姿势。步伐没有必要迈得太大，要给双脚留出一定的自由活动空间。

散步之后的脚底按摩

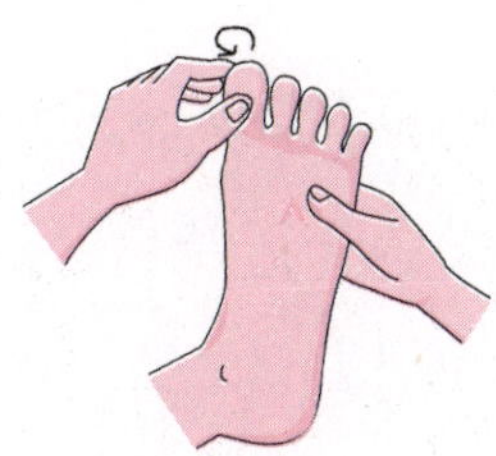

◎先后捏住每一个脚趾中央的凸起部分,并轮流进行按摩和缓慢地旋转。

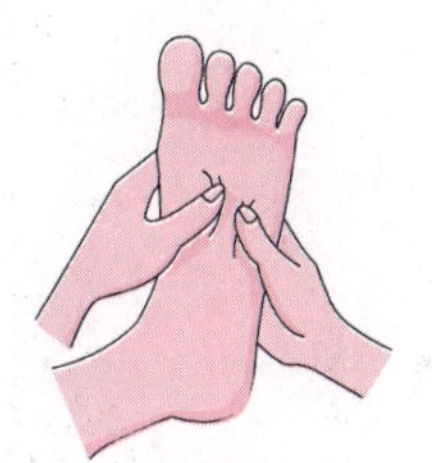

◎用两手大拇指挤按整个脚底。

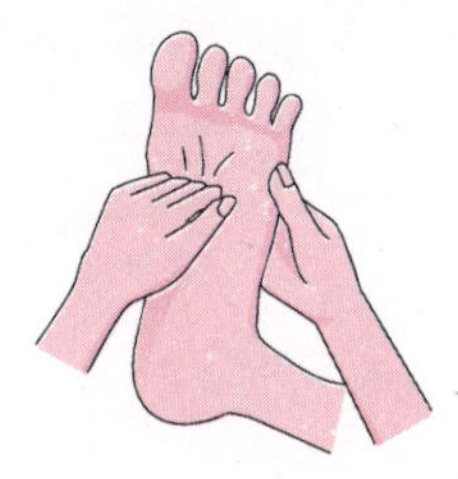

◎握紧拳头，用第2个手指关节在脚底轻轻地抚按。不可过于用力，起到刺激的作用就可以达到最佳效果。最后在脚踝周围进行大范围的抚摸和刺激。然后再用以上的方法按摩另一只脚。

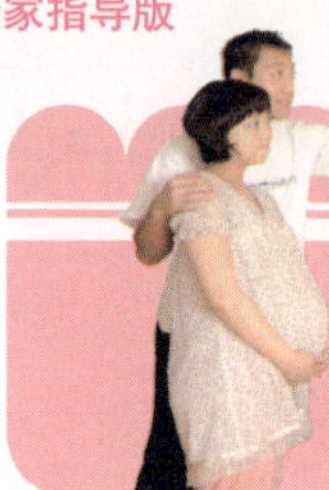

其他胎教法

◎胎谈胎教法

在怀孕中期，就胎儿的成长来展开适宜的话题，并表达出自己对胎儿健康成长的无限期望。

尝试一下胎动游戏吧

怀孕第4个月之后，孕妇就开始逐渐感觉到胎动了。在感觉到胎动时，可以尝试进行胎动游戏作为对胎儿的称赞和奖励。

胎动游戏第一步，保持舒服的姿势并等待胎儿做出踢腹壁的动作。如果有了“呀，宝宝开始踢我了”的感觉，要立刻轻拍被踢的部位。只要重复几次这一动作，胎儿就会再次踢那个位置。

如果胎儿做出了反应就可以进入第二步了，找到与胎儿踢中的部位，然后轻轻地拍打那里。这样胎儿就会踢那个部位，孕妇则可以说一些表扬胎儿的话。在实际过程中，想达到这一步并不容易，所以即使胎儿没有做出任何反应也不要失望，只要坚持不懈地做下去就一定可以收到效果。

若第二步也获得成功就可以进行第三步了。在拍打腹部的同时开始数数。一边念“啪啪”一边拍打腹部两次，这时，你就可以觉察到胎儿相应的传来两次回应。

每天最好做2～3次胎动游戏，并且最好选在休息的时间，以闲暇的心态进行。也许一开始不会有明显的反应，但只要坚持不懈地尝试，就能最终达到在胎动中与胎儿进行交流的目的。

胎教备忘卡　13～16周

	胎儿的生长发育	孕妇的身体变化	这一周要注意的事项	最适合13～16周进行的胎教
13周	◎内脏器官到达各自应在的位置； ◎指纹、指甲、声带和乳牙的牙根开始生长出来。	◎脸上和颈部出现斑点，在产后会自动消失； ◎面部皮肤颜色可能变暗,乳头和乳晕颜色可能变深。	◎避免久站，开始穿宽松的衣服。	饮食胎教： ◎摄取大量优质蛋白有利于胎儿肌肉、血液和骨骼的发育，多吃肉类、鱼类和豆制品。 运动胎教： ◎要避免经常转向和改变速度的运动项目。 按摩胎教： ◎进行防止牙龈炎、牙龈出血和痔疮，缓解乳房疼痛和下腹不适的按摩。
14周	◎胎儿的耳朵从颈部向头上移动，颈部长度持续增加； ◎声带生长完成，生殖器持续发育，消化腺体趋于完整。	◎孕吐开始消失，需要更多供血给子宫促进胎儿的发育。	◎预防体重增加过快，有规律地适度运动； ◎有牙科疾患的孕妇现在可以治疗了。	
15周	◎骨骼开始坚硬，可以看见血管； ◎腿部长度超过手臂，汗毛覆盖了整个身躯。	◎腹部隆起； ◎饭量开始增加； ◎需要买一些宽松的衣服了。	◎较为安全的运动是游泳、散步和瑜伽； ◎尽量保证侧卧入睡和规律的作息习惯。	
16周	◎嘴唇开始活动，并且可以吞咽和吸吮自己的大拇指； ◎产生尿液和消化液，手臂开始移动。	◎子宫和胎盘不断生长，羊水体积增加到250毫升。	◎进行第2次产检； ◎羊水检查可能导致流产或早产的危险； ◎加餐应以营养价值较高的食物为主，但要严格控制摄入量。	

胎教周历

怀孕17～20周

怀孕17周

胎儿发生了怎样的变化

从这一时期起胎儿的生长速度逐渐变慢，身上出现了褐色的皮下脂肪，脊椎的神经纤维也逐渐被白色的脂肪所包围。听觉器官也在此时逐渐进入发育状态。

孕妇发生了怎样的变化

孕妇的下腹部开始迅速隆起，此时穿孕妇装会很舒适，体重增加2.5～4.5千克也是很正常的。尽管怀孕期间会出现色素沉着，但大多数色素会在产后自动消失，所以没有必要为此过于担心。

本周备忘

控制体重，保证营养——充分摄入新鲜蔬菜、水果、粗粮和干豆等食物。感到疲劳时就应该进行充分的休息。

检查分泌物——记住只穿纯棉内衣，以防止阴道感染，如果出现黄色或淡青色分泌物时，一定要去医院检查。

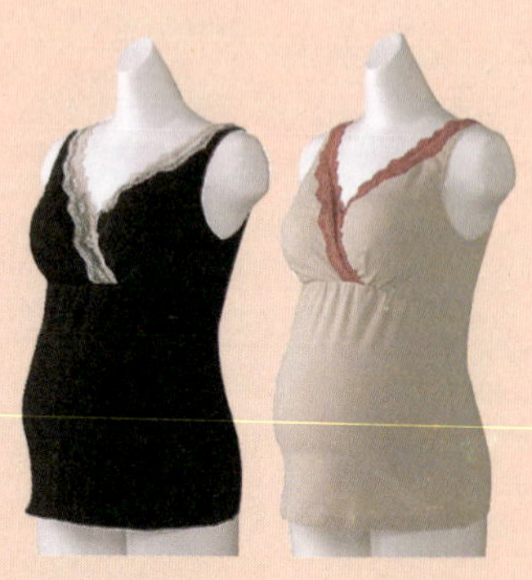

怀孕18周

胎儿发生了怎样的变化

胎儿的骨骼轮廓已经可以在X光片上清晰地体现出来。其心脏开始收缩，循环系统也进入了发育的状态，并最终与母体的循环系统完全分离。此外，通过B超检查可以发现胎儿的心脏是否存在异常。

孕妇发生了怎样的变化

如果体重增加过多或过快时，则要引起注意。有些孕妇的皮肤和发质会有明显的改变，会出现腰痛，激素的变化还可能导致肩部疼痛。子宫继续变大给骨盆附近的关节造成影响。

本周备忘

预防膀胱炎——怀孕期间患膀胱炎则有可能导致早产或生出低体重儿，所以孕妇一定要改掉憋尿的不良习惯。

补充铁——孕妇每天都要保证摄取30毫克左右的铁，可以通过食用橙汁、肉类、鸡蛋和蔬菜来实现这一目标。其中鸡肉、牛肉、动物内脏、菠菜和甘蓝中铁含量最为丰富。如果搭配含丰富维生素C的食物一起食用，可以最大程度提高铁的吸收率。

怀孕19周

胎儿发生了怎样的变化

胎儿从此时起到出生为止，体重还会再增加约1.5倍。此时期内胎儿做出了蹬踢的动作，不仅手臂开始移动，手指和脚趾也开始运动，脑部与脊髓继续生长。此外，与身体的其他部位相比，腿部的发育幅度最为明显，胎儿的骨骼此刻则暂时停留在由软骨组织构成的初始阶段上。

孕妇发生了怎样的变化

抚摸肚脐下方1.3厘米的地方可以感觉到子宫的存在。这一时期里孕妇的臀部和腰部变得丰满，乳房的重量达到了180克。最好每隔4～5周就到医院检查乳房是否存在异常情况。

本周备忘

补充水分——孕妇身上原有的各种过敏反应可能更加严重，此时摄取大量的水分将有效地缓解过敏症状。

注意健康——随时观察自己的身体是否出现浮肿、阴道出血、头痛、高烧或畏寒等症状，此外还应特别注意避免受伤或出现交通事故等情况。

怀孕20周

胎儿发生了怎样的变化

胎儿的手心和脚底上出现了纹路，眼皮上还长出了细细的睫毛。胎脂开始生成，并时刻起着保护胎儿皮肤的作用。通过B超检查可以确定是否怀有双胞胎。

孕妇发生了怎样的变化

到了第20周，整个怀孕过程可以算作是进行完一半了。子宫继续变大，并且几乎到达了肚脐的位置。色素沉着可能变得更加明显，但这种现象会在产后自然消退。

在进入怀孕中期的时候，乳房开始分泌乳汁。

本周备忘

性生活——在保证夫妻之间进行充分交流的前提下可以继续进行性生活，也就是说没有必要因为担心会对胎儿产生影响就无条件地采取回避的态度。但是，在性生活之后假如孕妇出现了子宫收缩或出血等不良反应，应立即前往医院。

流产——尽管进入了孕中期，但仍可能发生流产。看到粉红色或褐色的分泌物时应立刻意识到这是一种危险的信号，马上前往医院。

由于分泌物增多、激素含量与子宫大小的变化，部分孕妇还可能出现肩部疼痛及腰背疼痛等症状。对那些被疼痛困扰的孕妇而言，如果丈夫能够每天抽出30分钟给她搓一搓肩部和腿，这些症状就一定会得到明显的改善。此外，每个周末夫妻二人一起出门，做一些轻微的运动。可以想象，这一时期里孕妇腹部的巨大变化，一定会让所有人都大吃一惊。

胎教进行时

一家三口胎教法

准爸爸从现在开始与胎儿交谈吧

胎儿——第5个月时，孕妇很可能感觉到胎动，而胎动的前提是胎儿的骨骼和肌肉都已经发育到了一定的程度。在胎儿的各种感官当中，听觉和视觉器官已经具备了进一步完善的功能，所以孕妇应当尽量避免与此相关的各种有害的刺激。此外，胎儿的心脏机能逐渐发育完全，使用听诊器就可以听见其心脏跳动的声音。进行B超检查时，可以看见胎儿吸吮自己拇指的模样，这也可以被看作是为了以后吸吮母亲乳汁而做的一种练习准备。

孕妇——由于感觉到胎动，孕妇身体的变化也明显增快。包括体重增加、下腹隆起、乳房变得丰满、乳头的颜色逐渐加深，总而言之，在外形上越来越像孕妇了。由于孕吐症状完全消失，食欲大振，所以一定要注意自己的体重，每个月的增长幅度应控制在2千克以内。总而言之，这时孕妇的身体和心理都逐渐进入安定的状态。

准爸爸——这时应该这样做。出现胎动，表示胎儿已经进入了一个相当活跃的状态，所以抛开一切顾虑，立刻开始进行胎教！“怎么样跟胎儿交谈比较好呢？”有的人可能这么问。我们的答案是，从简单的打招呼开始做起吧！常常抚摩孕妇的腹部也会对胎儿产生积极的影响。这些行动都可以算作是准爸爸对孩子的正式问候。可千万不要当那种一直等孩子出生才送去关心的爸爸哦。

给予胎儿良性的刺激

人类都具有五感，即视觉、听觉、嗅觉、味觉和触觉。而胎儿也同样具有这五种感觉，只是它们形成的时期略有不同。首先进行的是大脑细胞组织化，到了怀孕6个月之后随着感觉器官的不断发育，胎儿才终于完整地获得这五种感知能力。

但是这五种感知能力在性质上是有差异的，胎儿的视觉、听觉、嗅觉和味觉是直接的，而通过母体发挥作用的触觉则是比较间接的。

让我们先来研究一下胎儿的听觉吧。到目前为止，已经有多项研究结果表明，胎儿在母亲腹内可以听见爸爸妈妈的说话声。实际上在整个孕期，这种说话声是对胎儿具有最大引导作用的声音。准爸爸、准妈妈在轻声阅读书籍或温柔交谈时，一定要记住这些声音时时刻刻都会被胎儿听到。

为什么非要听莫扎特的音乐

对于胎儿来说最美妙的声音就是母亲的嗓音。所以在孕期间里应该多创造一些让胎儿听见母亲温柔话语的机会。如果还有什么声音足以和母亲嗓音相媲美，就属音乐了。正因为如此，许多孕妇都把积极学习和欣赏各种音乐当作头等大事来做。

那么，什么样的音乐才是最合适的呢？

面对这个问题，有许多人都会一口说出“莫扎特”。

研究结果表明，莫扎特的音乐会对人的情绪产生积极的影响。莫扎特的音乐与孕妇心脏跳动声的频率惊人得相似，在节奏上都是3/4拍的。在此基础上还有一种说法认为胎儿会配合莫扎特的音乐做出点头的反应，但这还没有得到广泛的认可。总之，怀着喜悦和期待的心情去欣赏莫扎特大师创作的美妙旋律绝对是一件有益无害的事情。无论是出于自己本身的爱好还是特意为了进行胎教，就让古典音乐一直陪伴你度过孕期吧。

嘈杂的环境会减缓胎儿呼吸功能的发育

胎儿宫内环境也不是完全安静的，胎儿还是时刻处在孕妇体内自然产生的各种杂音中，这些杂音包括孕妇的心跳声，肠道蠕动的声音。只要想想在饥肠辘辘时肚子发出的那些奇怪响声，我们就能够体会到胎儿得经受多么大的噪声困扰了。所以说，要想将准妈妈或是准爸爸的说话声完整地传达给胎儿，就一定要选择绝对安静的环境。

据另一项成果表明，嘈杂的环境会减缓胎儿呼吸功能的发育。对胎儿来说连呼吸都感到困难，那该是一种多么恶劣的环境呀！

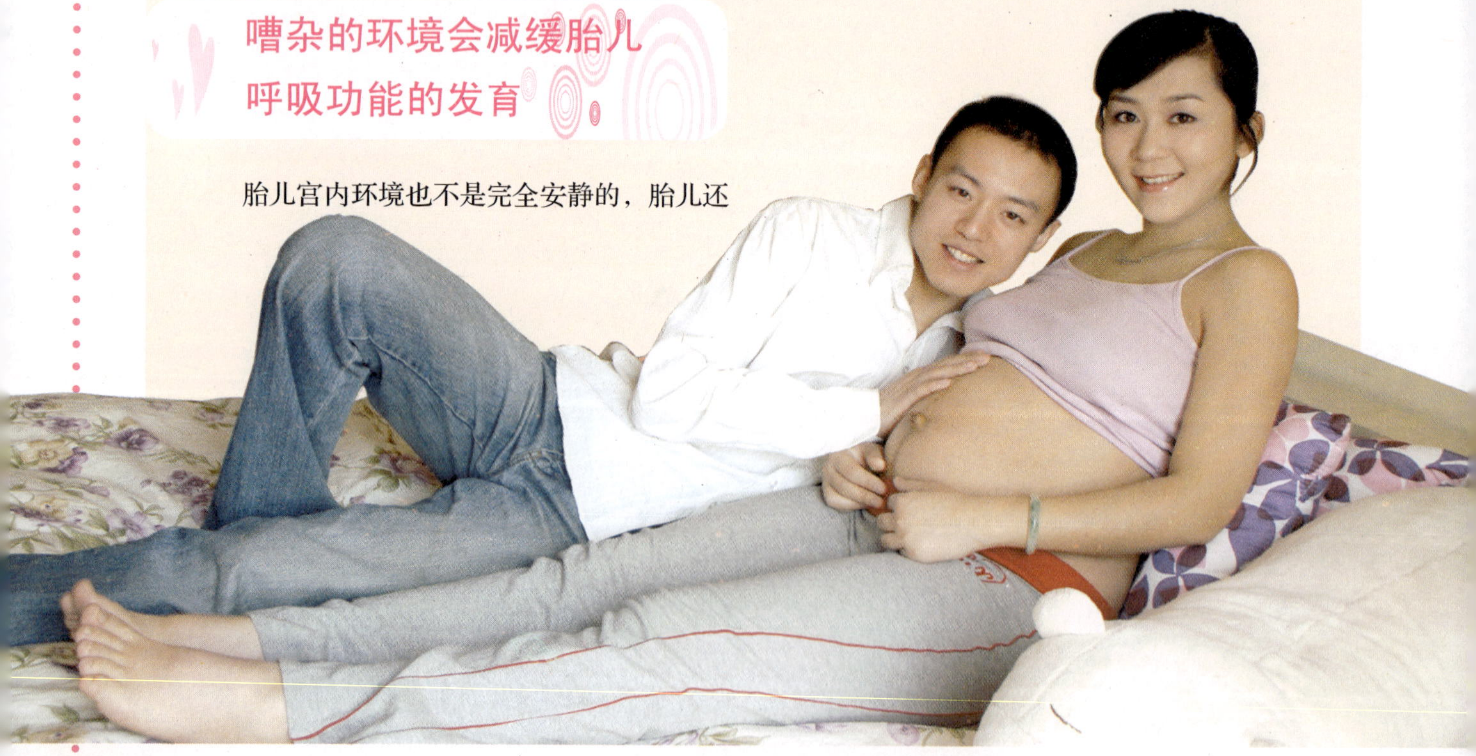

饮食胎教法

第17～20周时，胎儿的四肢逐渐活跃起来，孕妇可感受到胎动了。感受到这种胎动的时间对于有过生育经历的女性来说大约是第17周，对于第一次生育的女性大概是在第19周。此外，身体比较丰满的孕妇感觉到胎动的时间可能也会推迟1周左右。

大枣和柿干有利于肌腱与骨骼的发育

怀孕17～20周时母体的“足太阴脾经”掌控着胎儿的生长。因此，只要加强孕妇脾脏的机能就会对胎儿的肌腱、骨骼、四肢和头发的生长有所帮助。

柳橙的外皮与大枣对脾脏有很好的补养作用，大枣不仅可以泡茶饮用，还可以煮熟以后吃枣肉。柿干具有强化脾脏的机能。可以将柿干泡在牛奶中浇上蜂蜜再煎熬服用。除此之外，汤、小米、糯米、扁豆、牛肉、鲫鱼和冬苋菜也同样有此功效。

有益胎儿成长的六类食品

由于胎儿的大脑在这一时期快速发育，所以选择对其脑部发育起到帮助作用的食物尤为重要。

第一，以海带为代表的含碘等海藻类食品，以牡蛎为代表的各种贝类食品。

第二，硒元素也非常重要，黄油、鱼、大蒜、贝类、小麦胚芽和苹果当中都含有大量硒。与维生素E一起吃还可以提高硒吸收率，所以在享用以上食物时还可以适量吃芝麻、葵花子和扁桃等食品。

第三，摄取大量的维生素B_1，酵母、小麦胚芽、海藻类及大豆中含有丰富的给生素B_1。

第四，铁元素也格外重要，海苔、鹿尾菜等海藻类食品，以及木耳、绿茶、竹笋、芝麻中都含有大量的铁。

第五，钙也是必需成分之一，它可以使骨骼变得更加结实。螃蟹、干虾、沙丁鱼与奶酪中都含有大量钙。

第六，钾元素也值得重视，食用晒干的海带可以补充大量的钾元素。鹿尾菜、干萝卜片以及干香菇中也含有大量的钾元素。

孕期食谱这样做

丝瓜桂鱼煮干虾

原料：桂鱼肉150克，干虾12只，丝瓜300克

调料：姜4片，清鸡汤800毫升，盐、胡椒粉、淀粉、蛋白、香油、食用油适量

做法：

1. 将桂鱼肉切片后，用盐、胡椒粉和香油腌制10分钟。
2. 将干虾放入蒸锅，加入1～2片姜，加热5分钟；丝瓜去皮切成小块。
3. 在炒锅中倒入食用油，将鱼片炒至变色后取出。
4. 剩下的油用姜片炝锅后，放入丝瓜，炒软后，再加入清鸡汤与水。
5. 水开后，将蒸好的干虾及鱼片倒入锅中炒匀，即可食用。

甜炸牛里脊

原料：牛里脊500克

调料：水200毫升，酱油50毫升，色拉油80毫升，黑胡椒粉、番茄酱、辣酱油各8克，白糖适量，淀粉少许

做法：

1. 将牛肉切片，用水50毫升、酱油、色拉油各20毫升、黑胡椒粉8克腌50分钟。
2. 将60毫升色拉油高火烧4分钟后，放入腌好的牛肉，正反两面各用高火炸2分钟。
3. 将水150毫升、番茄酱、白糖拌匀，高火煮2分钟后用少许淀粉加水后勾芡，再用高火加热1分钟，然后淋在牛排上即可。

黑芝麻牛奶羹

原料：大米100克，黑芝麻50克，牛奶300毫升

调料：香油、盐少许

做法：

1. 将大米泡开，倒入搅拌机中打碎。
2. 然后将黑芝麻也倒进搅拌机里打碎。
3. 把打碎的大米放入碗中，滴香油翻炒，然后倒水，文火煮沸，6分熟时加入打碎的黑芝麻。
4. 倒入牛奶，轻轻搅动并一直煮到米粒涨开，根据喜好加盐或蜂蜜调味。

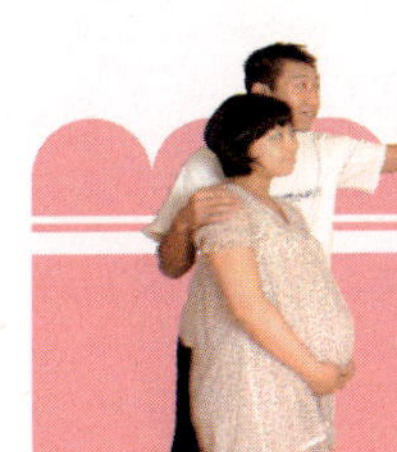

运动胎教法

这一时期孕妇开始感觉到胎动，有时感觉就像蝶翅轻拂或小虫爬动一般。这时可以发现孕妇的腹部产生了变化。除此之外，由于胎儿已经在自己的位置上完全固定了下来，所以进行适当的运动一般不会带来任何的问题。

胎儿已经具有了一定的重量，所以平躺状态下所做的运动最好不要持续很长时间，平躺会影响血液的正常流动，给静脉造成压力，从而有可能导致低血压，这样还可能引起眩晕症或排尿量增加等后果。所以从现在开始要尽量避免采用平躺姿势进行任何活动。

扭动背部

◎俯卧，用双手撑住地面，然后尽量提起上半身。

◎扭动上身的同时回头去看自己的脚后跟。

功效：放松背部两侧的肌肉。

抬起双脚面画圆

Step 1

◎两手向后扶住地面，双腿并在一起尽量上举。

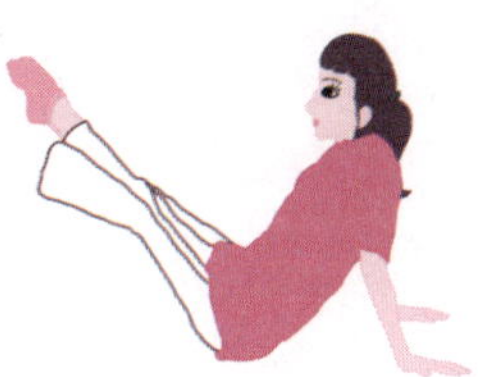

Step 2

◎两腿同时在空中画圆。

功效：强化腹部肌肉。

转动脚后跟

◎伸展双臂，抬头挺胸。

◎尽力抬起脚后跟，持续一会儿以后再放下。

功效：增加腿部力量，并有助于掌握身体的重心。

胸部运动

◎两臂各弯曲成直角并在身体两侧分开，上臂与地面保持垂直。

Step 2

◎吸气后再呼气，同时两臂向前并拢，接着再继续做分开、并拢的动作。

功效：锻炼胸部和背部的肌肉。

转动手臂

◎身体放松，站立，两臂抬至与肩同高，手掌向上，在手臂上注入全身的力量。

◎随后用手臂带动肩部从前向后转动，然后再改至从后向前。

功效：强化肩部和臂部肌肉。

前后分腿半跪

◎直立，一只脚迈向前方，同时抓住椅子或桌子保持站立的姿势。

◎渐渐将两膝的部位弯成直角，身体半跪下来。然后改换另一只脚迈向前方再重复半跪的动作。

功效：增加腿部肌肉的力量。

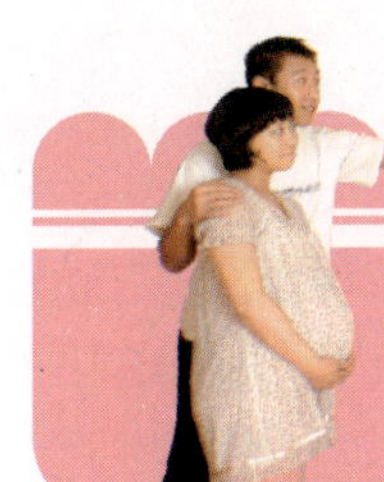

按摩胎教法

针对肩背疼痛

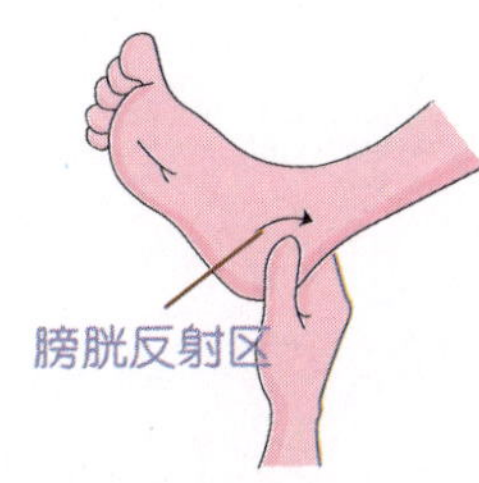

◎先在涌泉穴上按3次，每次4秒钟，然后向下滑动，按压输尿管反射区，重复9次。

◎按压脚踝内侧的膀胱反射区3次，每次4秒钟。

◎在膀胱反射区和靠近跟腱方向的尿道反射区之间，照椭圆形的弧线扫过，达到按摩的作用

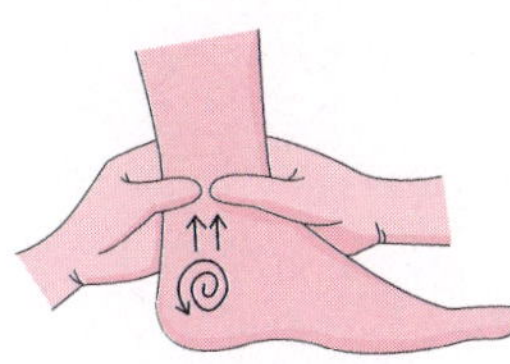

◎从脚腕开始一直到膝盖上10厘米，按摩相应部位的内侧、外侧和后侧。

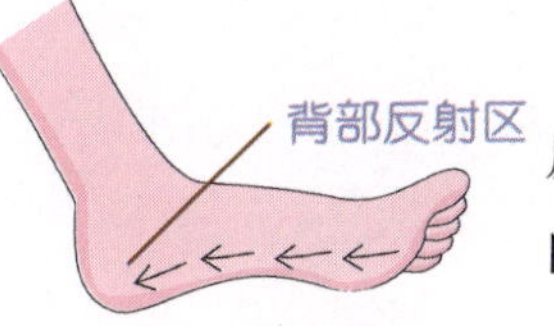

◎在脚底内侧再稍微靠上一点的部位是能够对背部起到反射作用的中足骨。在这一反射区按照从脚趾到脚后跟的方向滑动并按压，重复9次。

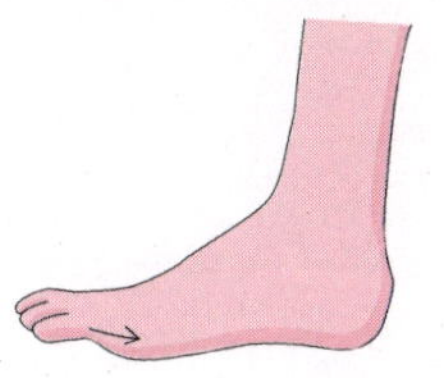

◎脚上与肩部相对应的反射区是小脚趾的侧面部位。在这一部位按照从脚趾到脚跟的方向滑动进行按摩并重复9次。

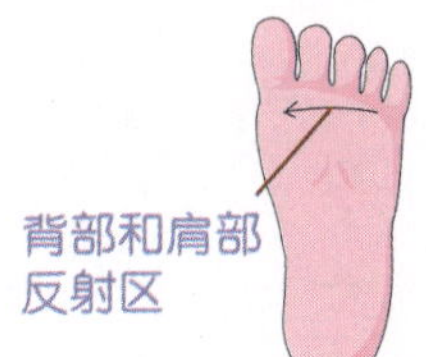

◎小脚趾和大脚趾下端之间的脚底部位是对应背部和肩部的反射区域。在此部位按照从小脚趾到大脚趾的方向进行9次以上的按摩。

针对腰部疼痛

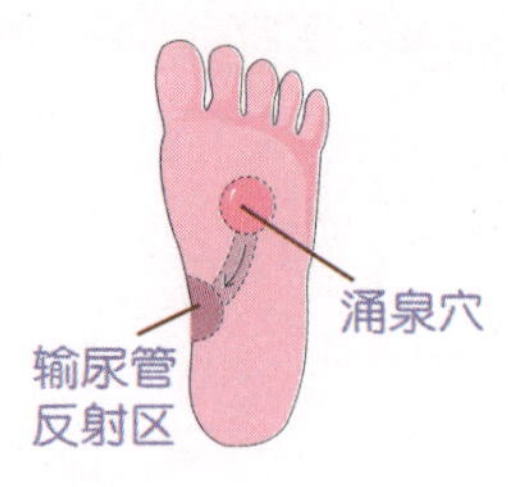

◎在肾脏反射区涌泉穴上用大拇指轻按3～4次。

◎接着在输尿管反射区上用大拇指轻按4～5次，每次4秒钟。

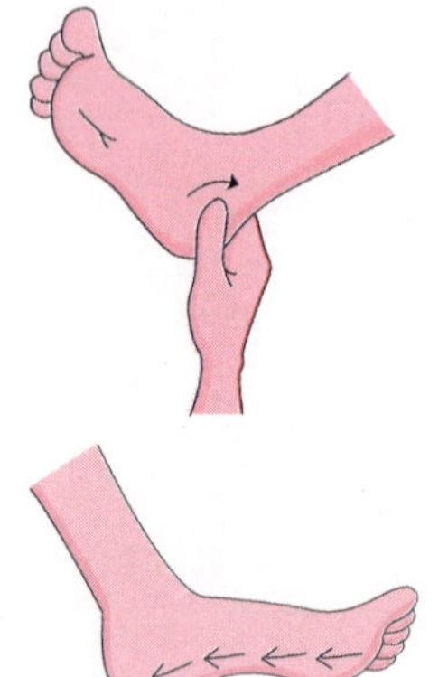

◎用大拇指在尿道反射区上滑动揉搓9次以上。

◎在脚的内侧面从大脚趾往下依次是颈椎、胸椎、腰椎和尾骨这几个脊椎部位的反射区，用大拇指在这一区域滑动按摩4～5次即可。

针对头痛

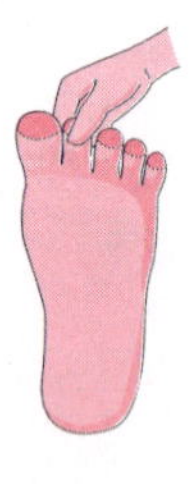

◎在位于脚底中央的肾脏反射区涌泉穴上按3次，每次4秒钟。

◎在每一个脚趾靠近顶端的凹陷处用大拇指来回移动按摩2～3次，每次持续4秒钟。

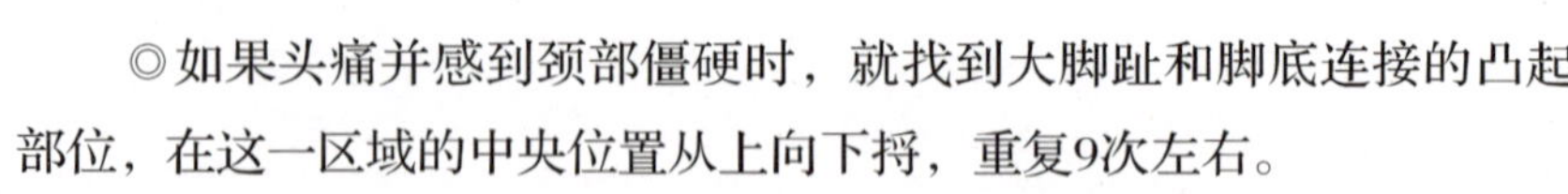

◎如果头痛并感到颈部僵硬时，就找到大脚趾和脚底连接的凸起部位，在这一区域的中央位置从上向下捋，重复9次左右。

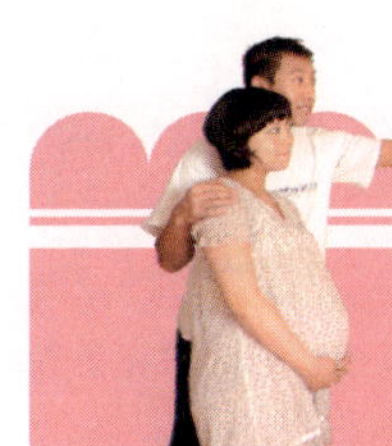

旅行胎教法

让自己暂时从原来的生活环境中解放出来，外出去旅行，会为你的生活增添许多活力。对孕妇来说，旅行同样是一个与胎教无法分割的话题。怀孕早期和末期都不适合外出旅行，而孕中期则是出门旅行的绝佳机会。去什么样的地方对胎儿和孕妇最有好处呢？让我们看一看胎教旅行的适宜场所和需要做的各种准备吧！

◎为你的生活带来活力和放松的旅行胎教

怀孕中期最适合旅行

出门旅行可以让孕妇在陌生的环境里体验过去不曾接触过的生活、文化、风景和饮食。这一过程也给胎儿带来了间接的体验。因此对孕妇来说，旅行是一种极具胎教意义的有益活动。

尽管此时孕妇的身体和精神并不处于最佳状态，但在多加注意并做好充足准备的前提下，没有必要对旅行产生任何恐惧的心理。

第16～27周，无论是孕妇还是胎儿都处于一个相对比较稳定的状态，因此趁这个机会出门旅行一般不会给身体造成不良影响。相比之下孕早期和孕晚期则存在比较大的风险，孕妇应尽量避免参加远距离的出游活动。

清新的空气可以使心情变得清爽起来

胎儿是通过母体的血液来获取氧气的，带给胎儿充足氧气的方法之一是去空气质量较好的地方旅行，绿色的大自然可以让孕妇感到轻松，而清新的空气也无疑会把心中的烦闷一扫而光。

给胎儿说一说自然的风景和声音

为了参观博物馆或参与某一项活动而旅行也是一种不错的选择。孕妇可以将自己感兴趣的东西及其感受详细地描述给胎儿。这样孕妇与胎儿之间的话题就会自然而然地多了起来。平时在城市里听不见的鸟叫声、风声、水声以及稀奇的文

物都可以成为向胎儿描述的对象。

旅行其实可以算作是胎教当中的一种野外学习活动。在接近自然时，人的身体和心灵都会进入到一种舒适的状态；正因为如此，越来越多的孕妇选择外出旅行。

◎孕期旅行注意事项

咨询过医生的建议后再出发

怀孕期间，孕妇完全可以不厌其烦地“打扰”妇产科医生，并借此来减少自己心中的不安。所谓“打扰”，就是毫不犹豫地询问自己想知道的东西。出门旅行之前最好先听取一下医生的建议。一般情况下如果孕妇身体正常，即使出国旅行也不会有什么问题。这就是说，在不给自己身体带来过大负担的前提下，孕妇没有必要刻意限制旅行的次数。

旅行前后所有事项应该由丈夫包办

旅行的目的是为了减轻孕妇的压力，培养胎儿的情操。但筹备一次旅行并不是件容易的事情，稍有疏漏就会导致整个旅行计划在出发前一刻彻底泡汤，对此一定要多加注意。

打算旅行时需要考虑的问题肯定不只一两条：比如要乘坐巴士或者汽车就得预先订车票；接着还要备齐所有的旅行用品；此外，必须事先计划好去哪些地方以及具体的日程安排。

怀孕时参加旅行就必须做比平时更多的准备。这个时候丈夫应该承担起做好准备工作的任务。看着准爸爸积极地进行旅行准备工作，准妈妈在感激之余也一定会觉得自己的负担减轻了许多吧。

不宜旅行的情形

孕妇有过流产、早产史，或者严重的并发症（如心脏病、高血压、糖尿病等）不宜旅行；孕期如果出现腹痛或阴道出血的症状也不宜旅行，同时，早孕反应如果依然比较严重，也不应旅行。总之，应多听医生的建议，并密切关注自己的身体状况。

链接：旅行必备物品大盘点

医疗保险手册和病历

因为不知道在旅行途中会发生什么事，所以携带医疗保险手册和病历是相当必要的。孕妇可以将这两样东西放在手提包里，在需要的时候可以很快地找到。

零食

为了应对孕妇在旅行途中突然出现呕吐症

状，可以随身携带一些平时用来减轻孕吐症状的零食，如花生、核桃等坚果类食品和果干、煎豆。

防晒霜

阳光照射与皮肤上黑痣、雀斑的形成具有密切的关系，因此外出时一定要携带可以阻挡紫外线的防晒用品。除了脸部，臂部、颈部等暴露的部位都要涂上防晒霜，以起到保护皮肤的作用。

帽子和遮阳伞

在阳光强烈的季节外出旅行，帽子和遮阳伞是不可缺少的用具。戴上宽檐帽就可以有效地防止阳光强烈的刺激。

薄毯子

孕妇应该把薄毯子放在自己行李箱里，即使是夏天也不例外，因为近年来人们习惯把车里的冷气调到很低的温度。在凉爽的日子里孕妇更要多加注意，以免受凉。

不要参加危险的活动

从枯燥的日常生活中解脱出来，到一个陌生的地方旅行，这会让任何人放飞心情。但孕妇不能参加具有危险性的活动，如：雪橇、滑雪、水上滑行和具有一定的危险性的室内运动。

看到洗手间的时候一定不要错过

孕妇会比平时更为频繁地出入洗手间。在怀孕期间很容易出现尿频的现象，而且这种现象还会随着分娩的临近变得越来越严重。在旅行时，寻找洗手间对孕妇来说着实是一件不方便的事情。

因此，孕妇每次在旅行的途中看到洗手间时，即使没有尿意也不应该放过这个机会，而且绝对不能因为怕去洗手间而减少水分的摄入量。

孕妇必须让自己的体内时刻存有充足的水分以保证胎儿的健康。如果想减少排尿次数，可以在每次小便时让身体向前倾，这样做就可以达到排空膀胱的效果。

享受观光地的特色美食

旅行中的一大乐趣就是品尝各地的特色美食。一个地方的传统食品或是特色的美食对旅行者来说的确是不可抗拒的诱惑。在农作物的原产地品尝新鲜而美味的食品，不仅能够为自己摄取营养，还可以起到改变心情的奇妙作用，在这样的气氛下，无论是孕妇还是胎儿都会有一种幸福的感觉。

自驾车旅行

将车内打扫干净

因为孕妇要在车里的狭小空间内度过很长一段时间，所以最好把车内环境打扫干净以后再出发。特别要注意清洗车里的空调设施，并除去各个死角的灰尘。当然，旅行的过程中绝对不要在车内吸烟，最好还要养成经常开车窗换气的习惯。

让孕妇坐在靠后的位置

让孕妇坐在前排位置是非常危险的。因为，哪怕是一次轻微的追尾事故所带来的冲撞也会给孕妇隆起的腹部造成伤害。因此，最好将车里靠后的座位留给孕妇。

对阳光说NO

白天的强烈阳光会对孕妇造成刺激和伤害，因此一定要在车窗上装上遮光用的设施。

预先做好防晕车准备

旅行中一件让人头疼的事情就是晕车。即使是平时从不晕车的人，怀孕后，身体发生的各种变化，也可能会晕车。用读书或看报纸等方法预防晕车是不会起到任何作用的。孕妇晕车时，最好停下来，下车吹吹风。此外，在感到难受时把切成薄片的生姜含在嘴里，也是减轻晕车症状的有效方法。

留出让孕妇抬腿的地方

孕妇在怀孕期间经常出现浮肿症状，在狭窄的车里坐了很长一段时间之后，腿部更容易发生这样的症状。针对这种情况应该在孕妇的身前放上垫子或旅行包，让其在感到疲倦的时候可以把腿放在上面。

乘坐飞机

选择靠过道的座位

一般情况下飞机内部都会保持较为舒适的气压环境，不会给人体造成过大的负担，但长时间飞行往往会造成腿部和脚腕的浮肿，所以在此之前最好预定靠过道的座位，在飞行过程中每隔1个小时在过道上来回走一圈或做一做伸展运动，可以减轻浮肿症状。除此之外，穿弹性较强的袜子也能有效预防浮肿。怀孕后期不宜乘坐飞机。

摄取充足的水分

在飞机提升飞行高度或机内温度升高时，孕妇可能有脱水或恶心的反应。因此一定要摄取充足的水分。

准备易穿易脱的鞋子

也许在飞机航行的时候，你贪图舒服而脱了鞋，但是在下飞机的时候却发现双脚浮肿而很难再将鞋子穿上，另外隆起的腹部也让你穿起鞋来很费劲。因此，在出门之前，一定要记得穿一双轻便而舒适的鞋。

每到周末我都和丈夫出去旅游

我和丈夫本来就很喜欢旅行，平时经常一起出去游玩，怀孕后我们决定以去近郊旅行的方式进行胎教。正好那个时候家里新买了一辆车，可以让我随意地坐着或躺在后排座位上。怀孕初期出于安胎考虑，我一直待在家里安静地读书，从怀孕中期直到第8个月为止，我都积极地接触大自然。尽管有时会出现很明显的晕车症状，但我仍然享受着旅行带来的乐趣和幸福。在旅行过程中，我们每接触一个地区的风土人情都会有很多的感受，而这些通过感官接受到的信息都可以传达给胎儿。为了预防晕车，丈夫会每隔一段时间就把车停下来，让我吹一吹凉爽的清风并观赏周围的景色。为了不让身体感到疲倦，我特地准备了垫子在车里用来把脚垫高，还放了几个橙子和柠檬，它们能产生自然的香气。不知道是不是因为这个原因，我的女儿性格开朗而豁达，并具有相当敏锐的感性能力。幼儿园的老师也夸奖她表现力强。我们相信这一切都要归功于怀孕期里的多次旅行，以及我在旅行过程中对她进行的胎教。

胎教备忘卡　17～20周

	胎儿的生长发育	孕妇的身体变化	这一周要注意的事项	最适合17～20周进行的胎教
17周	◎出现褐色的皮下脂肪，脊柱里的神经纤维开始被白色脂肪所包裹； ◎听觉器官开始发育。	◎下腹部开始迅速隆起，可能出现喘不上来气的现象。	◎控制体重，保证充足的营养和休息； ◎检查分泌物。	饮食胎教： ◎可以选择大枣和柿饼促进胎儿骨骼生长，摄取纤维以预防便秘。 运动胎教： ◎可以进行适当的运动，但平躺姿势不要持续太长时间。 按摩胎教： ◎可以进行缓解肩背、腰部和头部疼痛的按摩。
18周	◎胎儿的骨骼轮廓清晰可见； ◎心脏开始收缩活动，循环系统进入发育状态。	◎皮肤和发质有明显改善； ◎腰部和肩部出现痛感； ◎心情好起来。	◎预防膀胱炎，持续补铁； ◎饮食多样化。	
19周	◎腿部生长幅度明显，可以做出蹬踢的动作； ◎脑部和脊髓继续生长。	◎臀部和腰部变得丰满，乳房重量可达180克。	◎注意摄取充足的水分缓解过敏； ◎并密切关注是否出现浮肿、阴道出血、头痛、高烧、畏寒等症状。	
20周	◎眼皮上长出睫毛，手心和脚底出现纹路； ◎舌头上的味蕾已经发育，可以分辨甜味和苦味。	◎子宫继续长大，几乎到达肚脐； ◎色素沉淀明显，一部分孕妇乳房开始分泌初乳。	◎进行第3次产检； ◎仍需预防流产，在保证夫妻进行充分交流的情况下可以进行性生活。	

胎教周历

怀孕21～24周

怀孕21周

胎儿发生了怎样的变化

消化系统逐渐发挥作用，小肠开始发挥作用。此时胎儿开始做出吞咽羊水的举动，从某种角度讲，这也是一种补充营养的过程。

孕妇发生了怎样的变化

在肚脐上方1厘米的地方可以摸到子宫。腰明显变粗。乳腺开始分泌乳汁，这时最好不要用面巾纸擦拭和挤压乳头，以免造成不良的刺激。

怀孕6个月左右时，某些孕妇会出现忧郁症，这种症状有可能一直持续到分娩之后，所以应积极进行早期的预防和治疗。

本周备忘

静脉瘤——对于高龄孕妇和从事站立工作的孕妇来说，静脉瘤症状可能会比较严重。穿低跟或平底的鞋，做抬腿的动作或者接受按摩都可以解除腿部的疲劳感觉。

食欲——由于消化器官受到激素的影响，孕妇对食物的喜好与平时相比可能会有较大的变化。此时无论食量增加还是减少都很正常，所以没有必要为此感到忧虑。

怀孕22周

胎儿发生了怎样的变化

在胎儿不断成长，体积继续增大的同时，其眼皮和睫毛开始发育，手指甲也长了出来。

孕妇发生了怎样的变化

已经进入了较为平稳的状态。孕吐症状几乎完全消失，孕妇的胃口也逐渐恢复。有时身上会突然长出痣来，或者原来的痣体积增大或颜色加深。此外乳房继续变大，腹部会出现很明显的妊娠纹。

本周备忘

贫血——铁的缺乏会导致贫血，因此孕妇要积极地摄取含铁量丰富的食物，每天还应喝6～8杯水。充足的水分可以帮助营养吸收并促进新细胞的生成，还可以有效地缓解头痛、子宫痉挛和膀胱炎等症状。饮用牛奶、蔬菜汁、果汁也是保证水分供给的有效办法。

乳房按摩——从此刻开始养成按摩乳房的习惯，可以在孕中期每天1次，孕晚期每天多次。而在洗澡之后、上床以前进行按摩可以取得最佳效果。

怀孕23周

胎儿发生了怎样的变化

胎儿的体重差不多是455克，从头顶到臀部的长度约为20厘米。听觉不断发育，嘴唇也变得更加分明并逐渐丰满圆润起来，面部越来越接近新生儿出生时的模样。皮肤上有许多皱纹，覆盖全身的汗毛颜色变得更深了。

孕妇发生了怎样的变化

尽管这种变化较为缓慢，但此时还是可以看出孕妇腹部明显变圆。臀部、面部和手臂变得圆润，胸部也渐渐丰满，需要戴专为孕妇设计的胸罩。

本周备忘

限制盐的摄取——过多摄取盐分会使身体发生浮肿，所以应当将每日盐分的摄取量控制在5克以下。腌制食品、膨化食品和快餐食品中都含有大量的盐，孕妇最好少吃。

避免过度疲劳——工作过量、长途旅行或是剧烈运动都会给身体带来无法承受的负担，对此一定要多加小心。

胎儿各个器官开始成熟。进入孕中期后，孕妇的食欲开始恢复，体重也有所增加，易出现静脉瘤。此时还应该养成按摩乳房的习惯，孕中期一天一次，孕晚期一天多次。除此之外，宫颈口松弛可能导致早产，因此要多加注意。

怀孕24周

胎儿发生了怎样的变化

此时羊水开始增多，胎儿的肺部血管开始发育并出现了吞咽羊水的动作。除此之外，与其全身相比，头部显得体积较大是另一个较为明显的特点。

孕妇发生了怎样的变化

子宫底的高度到达了肚脐上方3.5～5厘米的位置，由于身体里含水较多，所以面部看起来有些浮肿。乳晕显得更加突出。激素变化导致鼻部阻塞和流鼻血等状况时常发生。如果出现这些症状，在室内放置加湿器并服用适量的维生素，可起到预防的作用。

本周备忘

运动——有规律的运动可以锻炼孕妇的力量，从而为应对整个分娩过程以及产前阵痛做好准备。在外用餐时尽量从稳妥的角度出发，点一些平时在家里常吃的东西。要避免吃太咸的菜肴，选择低脂肪类的食物，并最大限度地减少吃快餐食品的次数。

保持均衡的饮食——充分地摄取叶酸以预防贫血的发生。食用充足的水果、豆类、绿叶蔬菜和粗粮以达到均衡饮食的目的。曾做过人工流产手术的孕妇很容易出现宫颈松弛，这有可能成为流产的诱因，因此一定要多加注意。

胎教进行时

一家三口胎教法

把注意力放在自然柔和的事物上

胎儿——除了胎动更加明显之外，胎儿还渐渐获得了保持身体平衡的能力。听力明显变得更加发达了，几乎能够敏锐地感觉到从母体以外传来的声音。胎儿的视网膜也发育到了一定的程度，时而还会发现胎儿做出皱眉或哭泣等表情。

孕妇——体重的增加让孕妇感到吃力。腿部的负担增加，腰部和背部也常常感觉不适。每天睡觉以前做一做按摩，让紧绷的肌肉松弛下来。孕妇乳房变大，还有可能分泌乳汁，已经为哺乳做好了准备。体温还可能上升，可以多喝一些饮品，但是不要喝碳酸饮料，因为后者当中的糖分和香料会影响钙的吸收。孕妇要从现在开始逐渐养成良好的习惯。

准爸爸——随着准妈妈身体的变化，准爸爸变得忙碌起来，他需要做的就是给妻子提供最好的照顾。准爸爸参与胎教的实质就是与准妈妈一起为迎接健康的孩子做好准备。每天晚上丈夫都应该给妻子肿得厉害的腿做一会儿按

摩，而且为进行母乳喂养做准备，最好顺便也给乳房做一做按摩。此外，轻轻抚摸孕妇隆起的腹部可以给她带来心理上的安全感，并保持夫妻两人亲密的交流。同时，为了让妻子远离方便食品，丈夫也一定要养成良好、健康的饮食习惯。

胎儿有着可以感觉光线的视觉神经

根据一项在美国得出的实验结果，当光照射孕妇的腹部时，胎儿会不停地做出蠕动的反应。大部分6～7个月的胎儿都会有这种反应，它直接证明了胎儿可以感知到母亲体外的光线这一事实。

当然，事实上胎儿此时还无法区分事物的形态或者颜色。我们可以通过闭上双眼之后所感受到的那种光感来了解胎儿看东西的感觉。

孕妇应当避免出入会对腹部造成强烈光线刺激的地方，并远离容易使人兴奋的娱乐场所，因为孕妇感受到的各种刺激都会对胎儿产生影响。

胎儿最喜欢母亲在阳光下悠闲地散步

应该让在子宫当中具有光感的胎儿接触什么样的光线呢？答案自然是：“暗光胜过亮光，自然光胜过人造光”。

近年来，怀孕以后还要坚持上班的女性越来越多，她们需要注意长时间接触电脑所带来的不良影响。抽空去野外散散步，享受一下自然光线，对孕妇和胎儿来说都是一件再好不过的事情。挺着肚子在柔和的阳光下散步并与胎儿进行交流，就从现在开始做起吧！

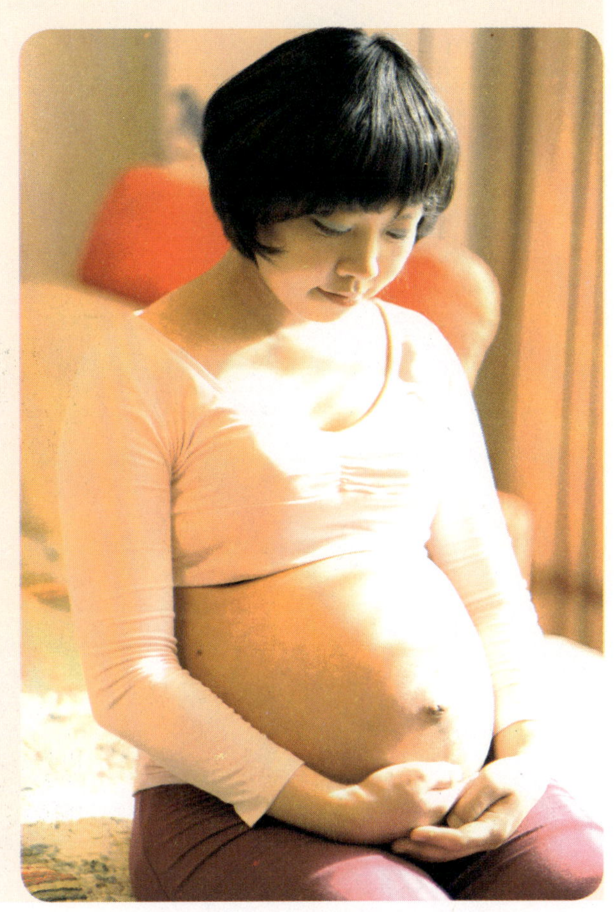

胎谈是胎教的基本环节之一

作为胎教的基本环节之一，与胎儿交谈无疑起着非常重要的作用，那么具体应该怎么做呢？让我们一起来了解几种合适的、自然的与胎儿进行交谈的方法吧。

给胎儿读一读童话——如果准爸爸面对妻子隆起的肚子很想说点什么，又不知从何说起，不如试一试这个最简单的方法。可以选择自己小时候曾经读过的故事，也可以选择最近书店里人气最旺的童话书。不用太在意读的是什么，读才是最重要的，比较合适的频率是每天一次。近年来有许多成年人开始对童话产生了兴趣，就让我们以培养自己性情并与胎儿进行交流为目的轻松地开始吧！

想出孩子的小名之后开始与其进行对话——妻子怀孕只有6个月，现在就要决定孩子的名字无疑有些勉强。但可以先想出孩子的小名，比如“宝宝”、“豆豆”等不分性别的爱称，准爸爸要和妻子一起决定孩子的小名。从此以后与胎儿交谈时，只要先亲切地呼唤孩子的名字就能迅速传递爱意，接下去的胎谈也会变得轻松许多。

把日常生活当作交谈的基本话题——就像和妻子聊天一样把一天里发生的事情说给胎儿听。当然日常生活当中所发生的不可能都是好的事情，但既然交谈的对象是还未出世的胎儿，那何不按自己的意思选择一些积极的、正面的话题呢？

也可以谈一谈作为父亲的决心——每个准爸爸一定都曾暗自下过决心要成为什么样的父亲，现在把这一切告诉自己未出世的孩子吧，这将成为最有意义的交谈内容。

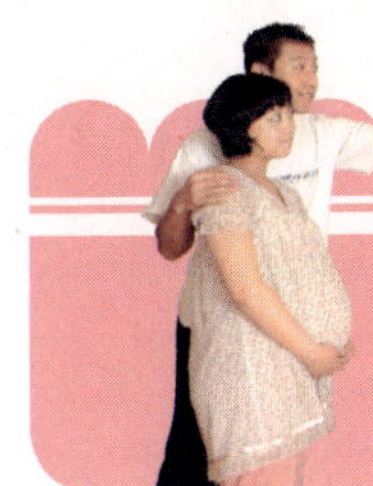

饮食胎教法

葛根和鸡肉对筋骨的形成很有帮助

在怀孕的第21～24周(第6个月)里，母体的“足阳明经脉”控制着胎儿的生长，这条经脉所对应的器官是胃。因此，如果能够强化母体的肠胃功能，就可以促进胎儿的筋骨形成和骨髓造血。

能够起到强化肠胃功能作用的食物有：葛根、生姜、糯米、黏玉米、牛百叶、羊肉、母鸡、鲫鱼、梭鱼、黄花鱼、橘子、大枣、柿饼和韭菜等。

为了保证优质蛋白的供应，孕妇应坚持摄取牛奶、乳制品、肉类、鱼类、豆类。此外还要选择含有丰富铁质和维生素B_1、维生素B_2的食物，并同时注重补充维生素A、矿物质和纤维质等其他营养成分，应摄入足量的糖分和脂类以不断地获取必需的能量。

海藻类食物不仅可以缓解便秘，还对胎儿的成长有一定的促进作用

海带等海藻类食品不仅在缓解便秘方面有着极好的效果，还含有可以促进胎儿生长发育的特殊成分。

有运动习惯的孕妇若食用海藻类食物就可以使自己的运动能力得到很大的提升，从而为生下健康的孩子打下良好的基础。

减少盐分的摄取量

对于经常吃咸菜和虾酱等腌制品的人而言，注意避免因摄取过多盐而带来的不良影响，是一件非常重要的事情。过量食用盐之后，人体会出现以高血压为主的各种不良症状，会给心脏带来沉重的负担。另外，大量饮水会使孕妇浮肿加重。即使是普通人，食用过咸的食品也是有害的。因此，孕妇就更应该做到保持饮食清淡这一条健康准则。

孕妇每天必需的盐大约是5克。

预防缺铁，摄取高蛋白食品

进入怀孕中期后，促进胎儿大脑发育最有帮助的做法就是，维持高蛋白的摄入量并预防缺铁。成年人脑部的重量仅仅是全身的2.5%，血液量是全身的15%。因此为了给胎儿的大脑供应充足、新鲜的氧气，孕妇一定要避免缺铁情况发生。

贝类含铁量最为丰富，芹菜和菠菜里也同样含有大量的铁。巧克力也是含铁的食物，但最好不要和牛奶同时食用。

链接：各种含有铁质的食品及相应的摄入量

食品名称	每100克的含铁量(毫克)	每一餐的摄入量		
		食用克数	食用量	含铁量(毫克)
猪肝	16	50	1块	8
牛肝	10	50	1块	5
蛤蜊/牡蛎	9	50	5只	4.5
干荞麦	5	100	1/3把	1
牛腿肉	3.6	100	1大片	3.6
茼蒿	3.5	100	1/3把	3.5
菠菜	3.5	100	1/3把	3.3
芹菜	7.5	3	1根	0.2

孕期食谱这样做

葛根茶

原料：葛根20克，大枣4个

调料：水600毫升，蜂蜜少许

做法：

1．将晒干的葛根切成同样的粗细，备用；大枣切成瓣。
2．在水中放入大枣和葛根，文火煮30分钟。
3．将滚热的葛根茶倒入茶碗，并根据口味加适量蜂蜜。

糯米团

原料：糯米粉150克，橘子3个

调料：蜂蜜15克，砂糖10克，柠檬汁、盐少许

做法：

1．在糯米粉中放入少量的盐，然后向糯米粉中加入沸水，使其成为能揉搓的面团，再放到保鲜袋中备用。
2．把橘子分成圆形的小瓣，裹上准备好的糯米粉，薄厚可以按照喜好调整。
3．然后将上一步得到的半成品放在沸水中轻焯，再投入冷水中。
4．将蜂蜜和砂糖与两杯水混合在一起煮沸并加入柠檬汁，放置至自然冷却。
5．在裹好糯米的橘瓣上轻轻地浇上拌好的汤汁，即可食用。

猪蹄通乳汤

原料：猪蹄1个，当归30克，麦冬8克，木通5克，桔梗5克

调料：盐少许

做法：

1．猪蹄去毛、洗净、切块放沙锅中煮至烂熟，取其汤。
2．将其余食材放入猪蹄汤中煎30分钟左右，加适量盐即可食用。

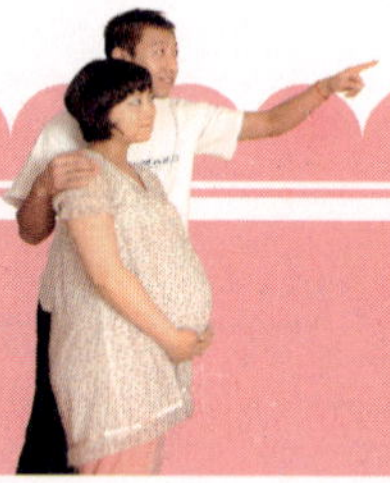

运动胎教法

腹部已经明显地凸起来。膨胀的子宫给肠部尤其结肠带来了不良的影响，因而可能导致便秘，此时孕妇最好通过少量的运动来使肠部的活动变得更加顺畅。进入怀孕中期以后，身体的各个部位都已经能够有效地进行配合，初期时出现的那些不适症状也都逐渐消失。孕妇可乘此机会进行一些身体锻炼运动。

此外，身体采取正确的姿势这一点是我们反复强调的。要知道人的姿势对身体的均衡、呼吸、外形和动作都有影响。随着胎儿的体积增大，许多孕妇常常会出现腰痛的现象，这多半是由不正确的姿势引起的。因此，要养成保持身体正确姿势的习惯，并经常进行强化腰、背部肌肉的运动。

向前俯下轻摇腹部

◎双手和膝盖撑起整个身体，让腹部完全放松下来。

◎将身躯向两侧轻轻晃动。

功效： 舒展腹内的空间，疏通肠道。

两腿分开半站

◎站姿，将两腿向左右方向大幅度分开，平伸双臂至肩部的高度。

◎保持双臂左右平举，让双腿的夹角接近90°，然后下坐2次，将力量集中到臀部再向上提升2次。

功效： 锻炼大腿内侧和臀部肌肉。

半坐式

◎两腿分立，与肩同宽，双臂向前平伸，与肩同高。

◎慢慢将双腿分开进行坐下再站起，尽可能不让臀部往后陷，让双腿集中力量坐下再站起。

功效： 强化大腿内侧的肌肉。如果觉得保持平衡较为困难，可以抓住椅子或书桌的边缘来完成这个动作。

转动手腕

◎捏紧拳头并将手腕轮流向上和向下弯曲。

◎再进行从里向外和从外向里的转动。

功效：使手腕得到运动。

转动脚踝

◎将双腿向前平伸，背部挺直，双手撑住地面。脚踝尽力向上弯曲再改向前伸出。

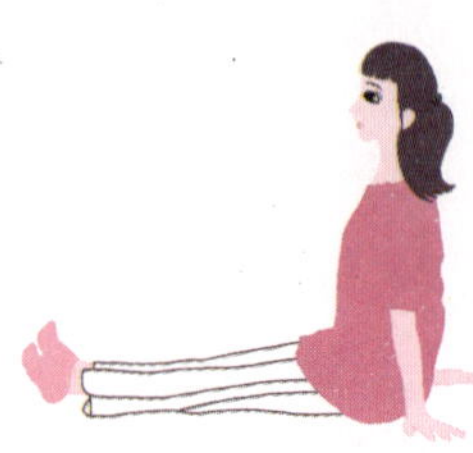

◎双脚从里向外再从外向里地转动。

功效：使脚踝得到锻炼。

TIPS

同时，孕妇如果在选鞋时能注意以下几个原则，可以有效提高胎教效果：

鞋类尺码依脚长而定，必须注意坐姿、站姿及走姿的延伸量，约比脚长多出10毫米。

选择圆头且肥度较宽，鞋面材质较软的鞋子。

鞋型选择上开式，即系鞋带式或魔术黏贴带式较佳，其次可以选择有松紧带或可调整宽度的鞋类款式。

选购孕妇鞋要注意鞋跟高度，理想的鞋跟高度为：15～30毫米，平跟的鞋子虽然可以接受，但是随着孕妇“体重的增加”及“步能重后移”的影响，在产后往往会带来足底筋膜等脚跟部位的不适。

最后，鞋底要选择耐磨度好且止滑性较佳（如双密度PU材质）的大底。

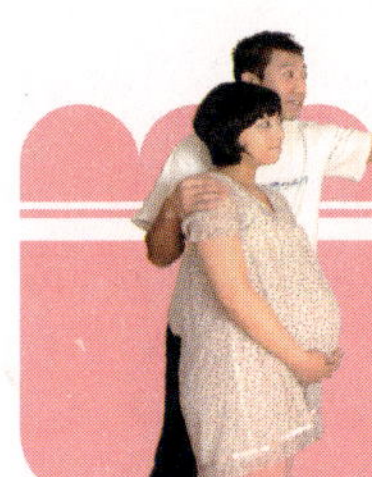

按摩胎教法

针对皮肤瘙痒

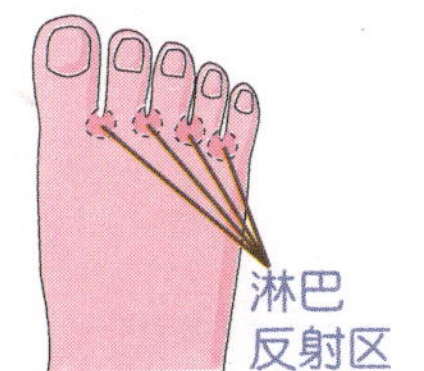

◎在涌泉穴上按3次，每次4秒钟。

◎向着对角线方向的输尿管反射区滑动按摩，重复9次左右。

◎在脚踝内侧的膀胱反射区上按压3次，每次持续4秒钟。

◎在5个脚趾各自之间的淋巴反射区上用大拇指和食指一起按压，每次4秒钟，重复4～5次。

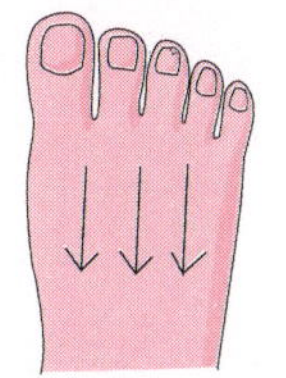

◎在脚背上朝着箭头所示意的脚踝方向进行整体的滑动按摩。

针对忧郁症

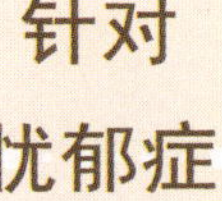

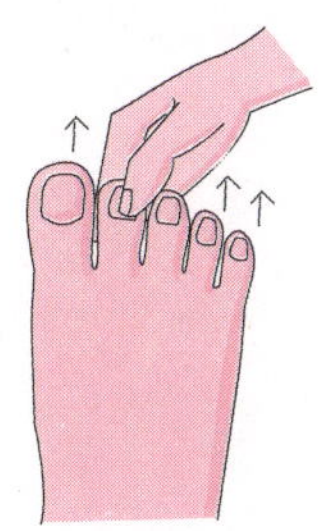

◎用双手握住整个脚背，模仿掰开一个苹果的动作，重复4～5次。

◎用大拇指和食指依次抓住5个脚趾向上提拉。

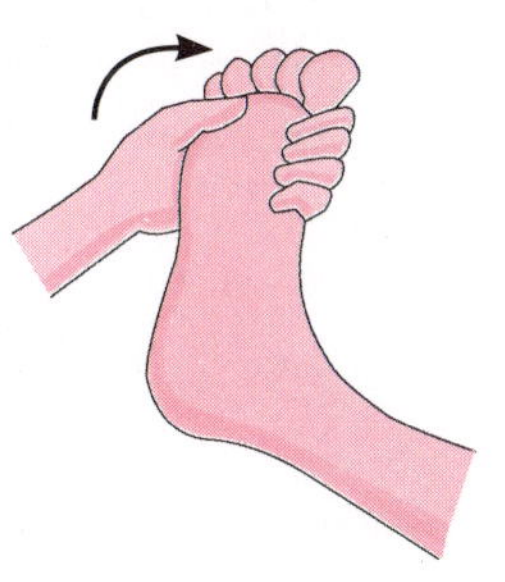

◎握住脚底向后扳，重复这一舒展运动4～5次。

◎用大拇指在脚踝的侧边卵巢反射区依照逆时针方向画圆，通过这一动作达到按摩的效果。

◎用大拇指在涌泉穴上按下并按压3次，每次4秒钟。

针对鼻塞、流鼻血和过敏性鼻炎

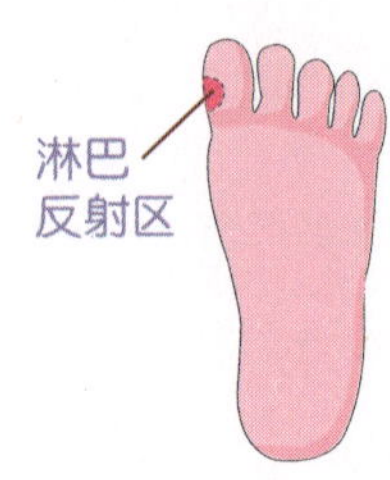

◎按下并按压位于脚底中央的肾脏反射区涌泉穴3次，每次4秒钟。

◎在大脚趾上的大脑反射区位置用大拇指和食指一起按住4秒钟以上，重复4~5次。

◎用拇指按压鼻部反射区进行刺激，重复4~5次。

TIPS

除了采用以上按摩疗法外，还可以采用以下几种小方法缓解鼻部不适，提高胎教效果：

少接触有烟雾的东西，不要到有人抽烟的地方去。

每天补充充足的水分。

将1/4茶匙的盐放入一杯水中，制成盐水，然后每天用盐水清洗鼻子数次。

用蒸气、热毛巾热敷鼻窦或鼻道部位，或者洗澡时利用浴室里的热气来改善鼻塞的现象。

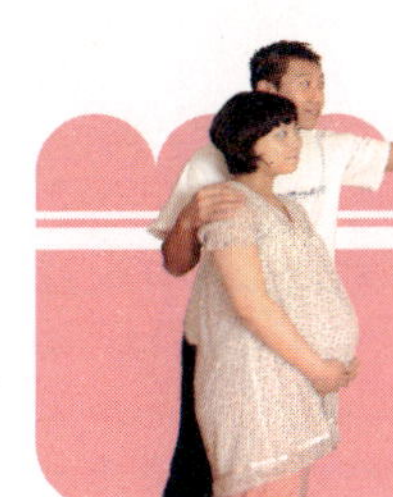

森林胎教法

◎森林浴可以使心情和身体都变得舒畅起来

所谓森林浴，就是一种“在呼吸新鲜、清爽空气的同时在森林里漫步或休憩的活动”。

走进森林，当你将新鲜、清爽的空气和树木散发出的幽香一口气吸入体内时，所有的疲劳感都会被一扫而光，它将给你的生活重新带来活力。实际上，大量的研究结果证明了森林里的空气对人体健康有益这一事实。

森林浴对在压力环境和各种污染之下生活的现代人来说是一种极佳的保健方法。不仅如此，这种使身体和心情都变得舒畅的活动给孕妇带来的积极作用也是难以估量的。

植物杀菌素和阴离子都可以对胎教产生帮助

进入树木繁茂的森林中，无论是谁都会感到自己的心情变得爽快起来。这实际上是“植物杀菌素”的功劳。植物杀菌素是植物为了保护自己不受细菌的侵害而不断释放出的一类“芳香性物质”，即所有植物产生的杀菌性物质的总和。而森林浴的效果也同样来源于这些植物杀菌素。

在你踏入森林的一刹那总会闻到一股树木特有的清香味道，这种味道来自植物杀菌素当中的主要成分萜。萜又名松烯，它在起到抗菌作用的同时对身体的活性化过程产生帮助。萜被身体吸收之后会轻微地刺激人的皮肤，提高人体的活性，促进血液循环，并达到使人的心情安定下来的效果。

森林浴的另一个效用就是为人体获取大量的

阴离子。阴离子可以使人的自由神经变得镇定，还可以起到促进新陈代谢并强化细胞和脏器机能的作用。

安定身心，增强胎教效果

森林浴可以为由于怀孕而产生压力的孕妇提供很大的帮助。在森林中一边呼吸新鲜空气一边漫步，可以将身体里的废弃物随着呼吸一起排出体外，可以促进新陈代谢并强化心肺机能，还可以缓解因为压力和疲劳而引起的肌肉与神经的紧张状况。

多听一些自然界的声音也有助于提升胎教的效果。小溪流水和鸟儿、虫儿的鸣叫这些来自于大自然的声音将超越所有古典音乐，为胎儿带来前所未有的胎教效果。

◎怎样更好地进行森林浴

森林浴的黄金季节是初夏到初秋

这段时期温度和湿度较高，植物杀菌素会被大量地释放出来。此外，在一天当中最好的时段是上午10～12点，我们应该尽量利用这段时间享受森林浴的乐趣。

进行腹式呼吸

与散步时相类似，在进行森林浴时应该努力吸入尽可能多的空气，感觉好像要用空气把自己的身体注满一样。这种腹式呼吸的方法可以让人充足地吸收氧气和植物杀菌素。此外还可以在树木之间轻轻地跳跃，或者做一做体操和伸展运动，这些都会增强森林浴的效果。

穿比较宽松的衣服

在进行森林浴时应尽量穿轻便而宽松的衣服，这样就可以使皮肤更多地接触空气中的植物杀菌素。

穿合适的鞋

由于在森林中呼吸新鲜空气的同时还要走山路，所以鞋子的选择十分重要。除了尽量穿运动鞋之外，还应该选择鞋底较厚的鞋子，以应对高低不平的山路。

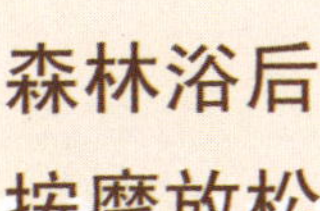

森林浴后按摩放松

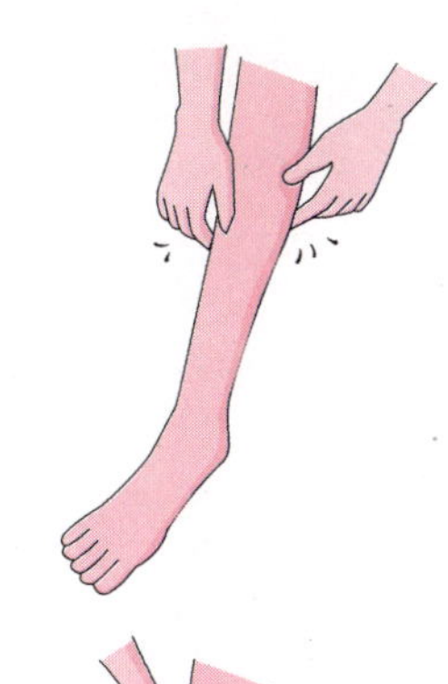

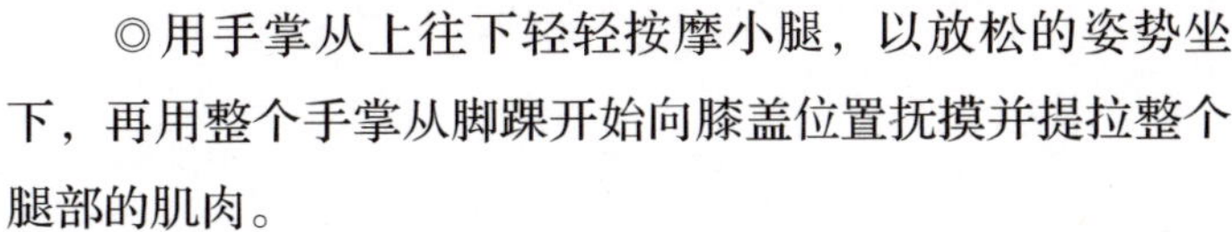

◎用手掌从上往下轻轻按摩小腿，以放松的姿势坐下，再用整个手掌从脚踝开始向膝盖位置抚摸并提拉整个腿部的肌肉。

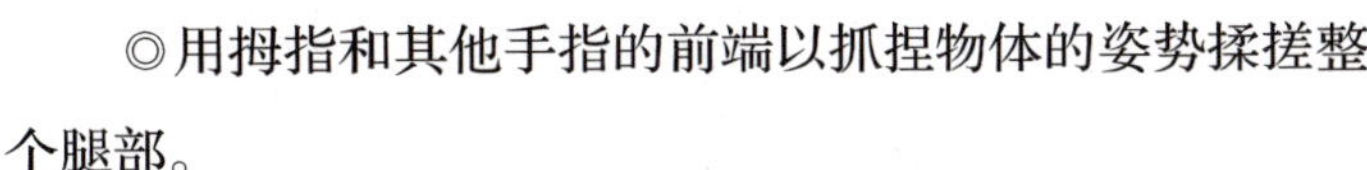

◎用拇指和其他手指的前端以抓捏物体的姿势揉搓整个腿部。

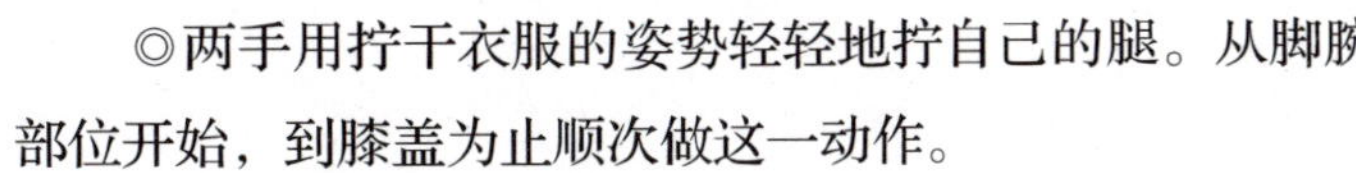

◎两手用拧干衣服的姿势轻轻地拧自己的腿。从脚腕部位开始，到膝盖为止顺次做这一动作。

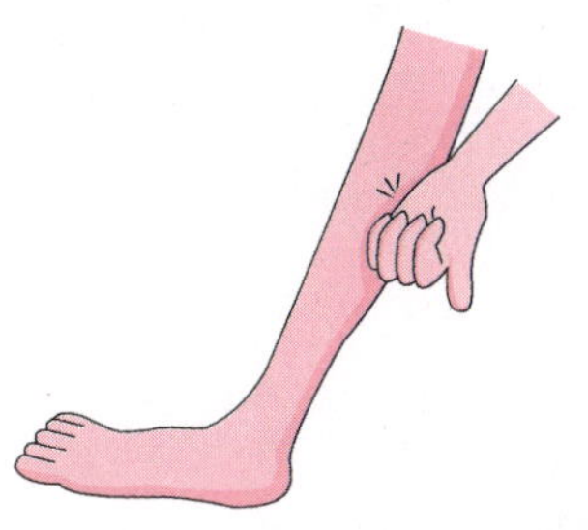

◎在按摩小腿1～3次之后，用拳头轻轻地敲自己的小腿。

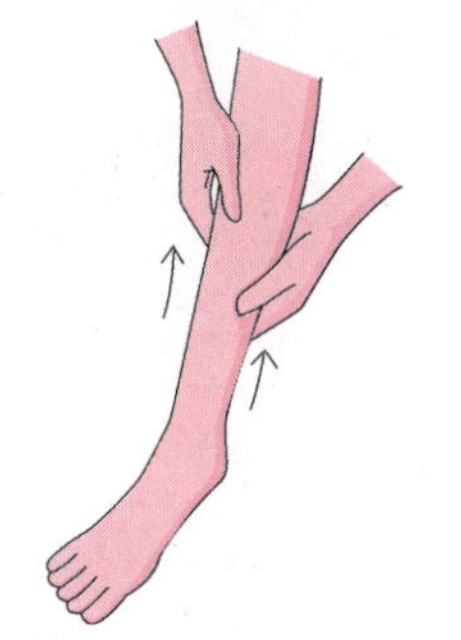

◎用整个手掌从下到上对腿部进行揉搓，让积聚其中的废弃物进入体液并流到排泄器官当中。

功效：缓解腿部的酸痛、肿胀症状。

从心底里热爱清爽的空气和美丽的大自然

以前我常常听到“胎教很重要”这样的话，但一直没有决定应该使用哪一种胎教方法，也没有像别人一样尝试每一种胎教方法。我和丈夫都认为每个孕妇都应该有自己独特的胎教方法，我所选择的方法就是愉快地对待和经历每一件事，因为我相信：孕妇在身体上和情绪上获得的所有感受都会完全传递给胎儿。所以每一天，我都尽量保持做自己喜爱的事情。在悠闲的时候听一听音乐或做几样好菜，有时就在附近散散步。丈夫也跟我一样有散步的爱好，在得知怀孕的消息之后，他非常积极地带我去公园和山上慢慢游逛。在工作日里，我们吃完晚饭以后也会在小区里兜兜圈子并愉快地谈话。我们所住的地方并不在都市圈里，所以周围有小山和树林。有时兴致来了我就会享受一番森林浴，之后便觉得自己的心情格外爽快。

在散步时我并不是简单地走来走去，而是不停给胎儿描述路边的花草、树木、蝴蝶、星星等大自然的一景一物。“树木可以给我们带来新鲜的空气、凉爽的树阴和美味的果实，它们是我们的朋友。”我就用这样的方式与胎儿进行对话。

现在我们的女儿已经1岁了，她表现出了特别强烈的好奇心，而且从不挑食，一直在健康快乐地成长着。现在回头看来，自己当初坚持散步并呼吸新鲜空气的做法的确非常明智。

胎教备忘卡　21～24周

	胎儿的生长发育	孕妇的身体变化	这一周要注意的事项	最适合21～24周进行的胎教
21周	◎胎儿开始吞咽羊水，消化系统也逐渐发挥作用。	◎发质变化较大，乳腺开始分泌初乳和乳汁； ◎孕妇可能经常感觉很热。	◎高龄孕妇和从事站立工作的孕妇静脉瘤症状可能比较严重； ◎食欲可能发生较大变化，不用忧虑。	饮食胎教： ◎选择海藻类食物缓解便秘，促进胎儿的生长；减少盐分的摄取量，葛根、人参和鸡肉对胎儿筋骨的形成很有帮助。 运动胎教： ◎采用少量运动保持肠道活动通畅，养成采用正确运动姿势的习惯。 按摩胎教： ◎进行缓解皮肤瘙痒，防止抑郁症和鼻塞、流鼻血、过敏性鼻炎的按摩。
22周	◎眼皮和睫毛开始发育，手指甲也长了出来。	◎孕吐症状几乎完全消失，胃口逐渐恢复； ◎腹部的妊娠纹可能比较明显。	◎需要预防贫血和养成按摩乳房的习惯。	
23周	◎听觉逐渐发达，嘴唇更加分明和丰满； ◎皮肤上有许多皱纹，汗毛的颜色开始加深。	◎腹部明显变圆，臀部、面部和手臂变得丰满。	◎限制盐的摄取量，避免过度疲劳。	
24周	◎羊水量开始增加，肺部血管开始发育，头部显得体积较大。	◎乳晕更加突出，受激素变化的影响鼻孔常常阻塞。	◎进行第4次产检； ◎有规律的运动，选择低脂肪的产品，保持均衡的饮食。	

胎教周历

怀孕25～28周

怀孕25周

胎儿发生了怎样的变化

这时胎儿开始了各种与呼吸有关的练习，味蕾生长完毕，身体也渐渐变胖，但皮肤仍然皱得很厉害。

孕妇发生了怎样的变化

孕妇的子宫差不多有足球那么大。腹部可能出现瘙痒症状。这时千万不要自作主张地使用软膏涂抹或用手抓挠，以免导致症状加重。由于生殖激素的分泌量增加，身体容易出汗。此外，如果打算母乳喂养，还要在这一时期注意是否有乳头下陷的情况，并就此请教专家。

本周备忘

甲状腺异常——若脉搏突然发生变化或是手掌出现红晕，则应考虑是不是与甲状腺的异常有关，孕妇的甲状腺异常往往会成为胎儿早产和流产的诱因，所以必须加以注意。如果觉得有必要补充一些营养品，也一定要在医生的指导和建议下服用。

怀孕26周

胎儿发生了怎样的变化

胎儿体重快速增长，身体变得丰满起来。胎儿开始进行呼吸，其脸部和身体越来越像新生儿了，并且开始对外界的抚摸做出自己的反应。

孕妇发生了怎样的变化

子宫继续长大。如果能够注意营养、均衡饮食，孕妇体重增加的幅度应该在7.2～9.9千克，胸部、腹部、臀部和大腿内侧都可能出现妊娠纹。

孕妇还很容易出现腰疼、小腿痉挛和头痛等症状。此外还有可能出现暂时性的思考能力降低和健忘等症状。相反，有的时候怀孕过程中分泌的某些激素可以刺激脑部当中负责学习和记忆的那块区域，其活动性变强以后往往会出现记忆力不降反升的现象。

本周备忘

腹部不适与消化不良——腹部不适与消化不良会使孕妇吃不下饭，在这种情况下，应该选择绿叶蔬菜等营养丰富的食品，而不要吃那些脂肪、油和糖分高的食物。

预防早产——有过早产史或胎膜早破史等问题的孕妇很容易发生早产，这一类孕妇应该经常记录自己的宫缩情况并时刻保持警惕。

怀孕27周

胎儿发生了怎样的变化

胎儿身体的每个部分几乎都已经形成，视网膜继续发育，内耳的神经连结已经完成，眼皮已能够分开，并且会出现不时眨眼的动作。

孕妇发生了怎样的变化

子宫底的高度到达了肚脐上方7厘米的位置。耻骨到子宫上部的距离变为27厘米。孕妇的手臂、腿、脚等部位可能肿得很厉害，这时，可以通过按摩缓解症状。子宫变大的同时胸部会有疼痛的感觉。开始出现有规律的胎动，如果胎动发生的次数很少就有必要做检查。

本周备忘

补充维生素——应及时摄入含有对人体生长起到重要作用的维生素A、对神经发育和血液细胞的形成有积极影响的B族维生素，以及可以促进肌肉和红细胞生成的维生素E。

伸展运动——若使用电脑，每小时需要休息一次，久坐之后也要站起来做运动以舒展身体，转动脚腕、肩膀，并拉伸背部对缓解紧张的神经有所帮助。

怀孕28周

胎儿发生了怎样的变化

这一周可以算是孕晚期的开端，胎儿的眉毛和睫毛不断地生长，脑组织数量明显增加。头发变得更长，体重有了成倍的增长。进入这一时期以后，胎儿会做梦了，睡眠也有规律了。

孕妇发生了怎样的变化

耻骨到子宫上部的距离已经达到了28厘米。到此时为止体重的正常增长幅度是7.7～10.8千克，腹部的红色妊娠纹十分明显。腹部，臀部和大腿内侧都变得更加丰满，乳房上的血管也显得更加突出了。

本周备忘

浮肿——手臂、腿部、脸和脚腕都有可能发生浮肿，这段时间里应该经常把腿搁在高处，坐的时候将腿伸直，还要注意穿比较宽松的鞋子。除此之外，多喝水可以将身体里的废弃物排泄出去，对消除浮肿也有很大的帮助。

胸部疼痛——如果想缓解消化不良和心口难受的症状，可以每天进餐5～6次，减少每餐的摄入量。

胎儿的大脑组织正以惊人的速度增长着，身体也渐渐结实起来。孕妇可能感到肋骨部位的疼痛。有的时候缺水也会造成浮肿，只要补充充足的水分就可以消除这一症状。

胎教进行时

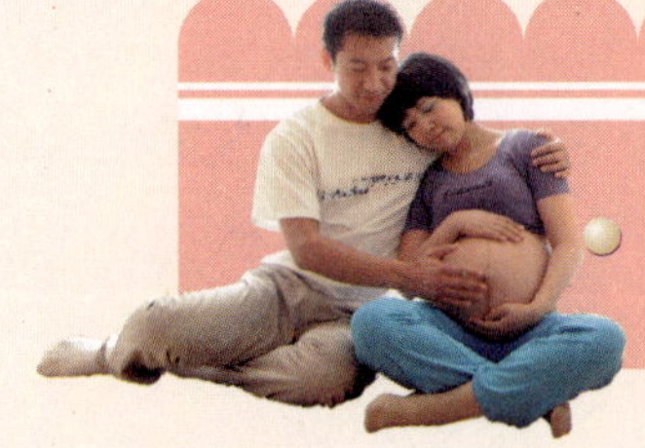

一家三口胎教法

营养丰富和言行举止文雅能给胎儿带来好处

胎儿——随着脑部的不断发育，胎儿渐渐开始对自己的身体有了控制能力。这一时期胎儿的脑电波变得十分发达，几乎接近新生儿，具体而言就是能够在羊水中控制自己，并做出转身的动作。胎儿的感觉变得更加敏锐，并且会将自己心情愉快与否的信息传递给母体。在听见美妙的声音时懂得静静欣赏，听见嘈杂的噪音时则会不耐烦地踢打妈妈的腹部。由于获得了分辨光亮与黑暗的能力，胎宝宝开始有了自己的生物钟。同时，味觉变得越来越发达，可以尝到甜味和苦味，并很快喜欢上了甜味。手脚变长，逐渐具备了人的模样，肺部的发育进一步带动了呼吸。

孕妇——身体的重量逐渐增加，肚子也越变越大，这让孕妇很难保持平衡。体重的增加使两条腿的负担越来越大，随着疲劳程度的增加，腿部的形状可能改变。此外，体积不断增加的子宫已经满满地占据了整个下腹部。拖着这样沉重的身躯恐怕连睡觉也成了一件困难的事情。所以，这一时期有的孕妇会被慢性疲劳症状困扰，还有的人会感到胸部疼痛，或者出现由于胃部被扩大的子宫压迫而引起的消化不

良。胎动的幅度越来越大，如果把手放在孕妇肚皮上也能感觉到胎动。

准爸爸——可以通过活跃的胎动而强烈地感受到胎儿的存在。应该从现在开始就和妻子一起为孩子的出生做准备，包括购置婴儿用品。渴望与爸爸沟通的胎儿也希望得到更多的父爱，如果丈夫根据妻子的提示在胎儿踢中的部位外侧轻轻回敲，胎儿就会再次踢打那个部位以试图和爸爸对话，所以此时对胎儿的各种努力做出积极的反应就成了准爸爸当仁不让的任务。当然，不要忘记给因为身体发生巨大变化而备感吃力的妻子做一做按摩。除此之外为她做一顿美味佳肴或者去环境优美的餐厅吃饭也是不错的选择。这样既可以慰劳妻子，也可以给刚刚能品尝到味道的胎儿带来享受，岂不是一举两得吗？

孕妇吃的就是胎儿吃的

“又没有直接吃东西，何谈胎儿会有味觉呢”？有的人可能提出这样的问题。但胎儿的确是具有味觉的，到了第28周，胎儿的味觉已经很发达了。例如，当孕妇直接服用葡萄糖时，可以观测到胎儿的心脏搏动次数有明显的增加。因为胎儿有着强烈地摄取葡萄糖这种必需营养成分的愿望，所以才想通过自己活泼的表现表达出这种愿望。

让胎儿也来参与制订孕妇食谱吧

孕妇摄取营养的状况与胎儿成长状况相关。所以不能随随便便地决定孕妇的饮食内容，而要考虑其在滋补身体方面所能起到的作用。因此，孕妇要为了胎儿的健康选择最营养的食物，不要把方便食品或快餐食品当正餐。在没怀孕之前，可以随心所欲地选择吃什么，但是怀孕之后则是你和胎儿共同的选择，所以，在确定食谱时，怎么能不考虑胎儿的感受呢？

不要忘记“胎儿可以记住一切”这句话哦

胎儿也具有记忆吗？根据胎儿出生以后记得以前听到过的父母的声音这一点来看，他的确具有一定的记忆能力。那么，胎儿到底能记住些什么呢？

有许多相关的研究结果都表明：怀孕7个月以后，随着负责记忆功能的中枢神经逐渐形成，在胎儿周围发生的所有事情都有可能被其记住。所以身为父母，在胎儿7个月左右时就要特别注意自己的言行。还有研究发现：胎儿对音乐和语言这两大领域的记忆能力最为突出。

饮食胎教法

沙参对强化肺部机能有帮助

怀孕第25～28周，母体的“手太阴经脉”控制着胎儿的生长。这条经脉是与肺部直接相关的。我们所选择的食物必须有强化肺部的作用，并且能够对胎儿的皮肤、毛发和大脑的发育有所帮助。沙参的重要作用在于可以同时保护到肺部的阴气，除此之外，橘子、核桃、梅子和牛奶也是对孕妇的身体极其有益的食品，可将牛奶和米粥一起熬制后随时服用。

适量饮水和低盐饮食可以消除浮肿

这一时期还是要保证孕妇每一顿都吃饱，但不要吃太咸的食物。每天保持摄入水分1500毫升左右，并在此基础上根据身体是否浮肿来相应调整。除了白开水以外，孕妇也可饮用大麦茶和果汁等来补充水分。

尽管怀孕第17～24周也会出现全身浮肿、腹部隆起和呼吸困难的现象，但浮肿出现得最为明显和频繁的阶段还是在怀孕第7个月，即在第25～28周。

孕期浮肿严重会导致胎儿发育不良

浮肿严重时可以考虑采取食疗法：把鲤鱼的腹内掏空，在其中放入一把红豆后熬汤服下。或者把桑根皮和红豆按照同样的分量混合烧煮后饮用。

桑根皮和红豆不但具有显著的利尿作用，还可以预防与浮肿同时发生的高血压症状。除此之外冬葵汤、玉米粥和玉米茶对缓解浮肿症状也有一定的效果。

链接：孕中期每日营养结构表

第一类	乳类	牛乳	400毫升
		乳酪	25克
	蛋类	鸡蛋	1个
第二类	荤食	瘦肉	50克
		鱼	80克
	豆类	豆腐	1/2块
第三类	蔬菜	深色	100克
		浅色	200克
	薯类	土豆	100克
	水果	苹果/柑橘	200克
第四类	谷类	米饭	100～200克
		面包（馒头）	100克
	糖类	砂糖	20克
	脂类	脂类	20克

烧核桃

原料：核桃仁200克，碎牛肉100克

调料：蒜泥5克，碎葱10克，砂糖8克，香油3毫升，牛肉调料、酱油5毫升，蜂蜜5毫升，胡椒少许

做法：

1. 将核桃仁放入沸水中烧煮1～2分钟，去核桃仁皮。
2. 把碎牛肉蘸上牛肉调料，放在倒上油的平底锅中炒熟。
3. 加入核桃继续煎炒。
4. 把除蜂蜜以外的调料按照各自的分量放入锅中烧煮，待其变得浓稠以后把核桃和牛肉倒进去并搅拌均匀。
5. 待核桃开始发出深色光泽以后倒上蜂蜜。

沙参玉竹老鸭汤

原料：鸭子1只，北沙参60克，玉竹60克

调料：生姜2片，盐适量

做法：

1、将鸭子、北沙参、玉竹洗净，切块。
2. 把全部用料放入锅内，加清水适量，武火煮沸后，文火煲2小时。
3. 加盐调味后即可食用。

冬葵薏米粥

原料：冬葵子30克，薏米200克

调料：糖适量

做法：

1. 将冬葵子切碎，煮沸10～15分钟。
2. 放入薏米共煮，熬制成粥，加适量糖，搅拌均匀，空腹服用。

红豆薏米姜汤

原料：红豆50克，薏米50克，老姜5片

调料：白糖适量

做法：

红豆和薏米用冷水浸泡3小时以上，将老姜与红豆、薏米同煮，大火煮开后转小火继续煮40分钟，待红豆薏米煮熟软后，再酌加少量白糖即可食用。

功效：

红豆和薏米相配具有利水渗湿、健脾消肿的作用。

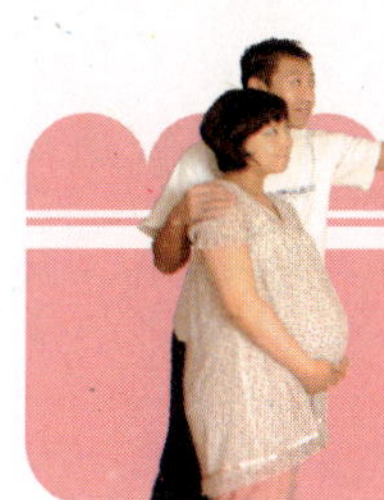

运动胎教法

胎儿的脑部快速发育，产生大量的脑细胞，此时需要为胎儿提供充足的氧气和营养。那些能够促进呼吸的运动意味着可以给胎儿带来更多新鲜的空气。相反，那些需要屏住呼吸，或者要求举起重物的运动，孕妇最好不要考虑。

抬头呼吸

Step 1

◎两脚分开，与肩同宽，将双臂缓缓地举向上方并用鼻子吸气，与此同时抬起自己的脚后跟。

Step 2

◎两臂缓缓放下，与肩持平，脚后跟着地，吐气。

功效：提高身体平衡能力并增加氧气的供应量。

拉伸肩部

◎两腿分开，膝盖弯曲，跪坐，上半身前倾并让两手接触地面。

◎尽可能地向前伸出双手，彻底地舒展自己的肩部。

功效：增加肩膀的柔韧性，并让整个身体松弛下来。

舒展背部

◎双臂上举，吸入空气再从口里慢慢吐出，上半身向前弯曲。

◎注意保持背部挺直，

◎脖子稍稍上抬，两眼凝视前方。待身体弯曲至与双腿构成直角之后再次吸入空气，弓起背部并慢慢地让上半身恢复原位。

功效：强化肌肉，并使孕妇的呼吸变得更畅通。

抬头呼吸

◎将右腿完全伸直，左腿弯曲起来并跨过右腿踩在地面上，此时开始扭动上半身并向后看。

◎用右手揽住膝盖，左胳膊撑在地面上。上半身保持竖直，在保持有规律地呼吸的同时做上述动作。换另一侧重复做。

功效：缓解背部肌肉紧张。

TIPS

现在很多医院都开设了孕妇学校，很多孕妇这时也在学习拉梅兹分娩呼吸法。这种呼吸法通过一系列的学习与持续的练习，使每位孕妇在情绪上、理智上、心理上及生理上都有所准备。这种呼吸法可以让孕妇对分娩过程有一定了解，减少对分娩的恐惧，从而提升分娩胎教的效果。同时练习这种呼吸法可以使孕妇分散身体的不适感，从而保持呼吸顺畅，这也有利于胎儿的脑部发育。这种呼吸法鼓励准爸爸的参与，并且鼓励夫妻双方共同分享生产所带来的一切，因此练习这种呼吸法，更有利于准爸爸参与胎教的过程，从而提升胎教的效果。

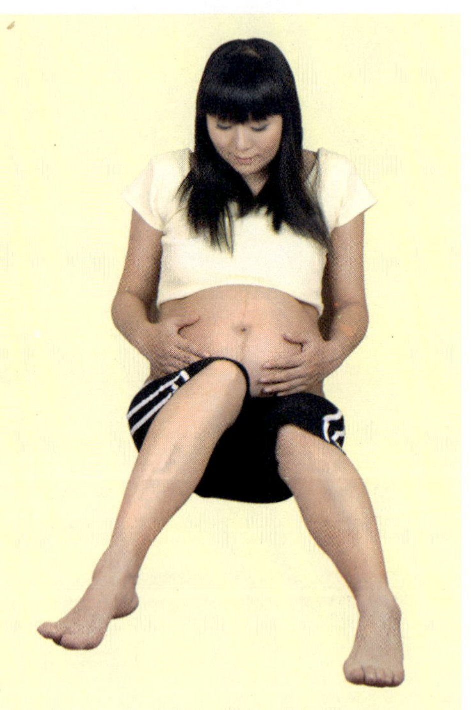

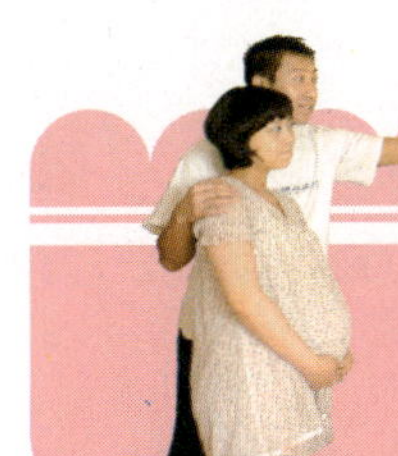

按摩胎教法

针对失眠

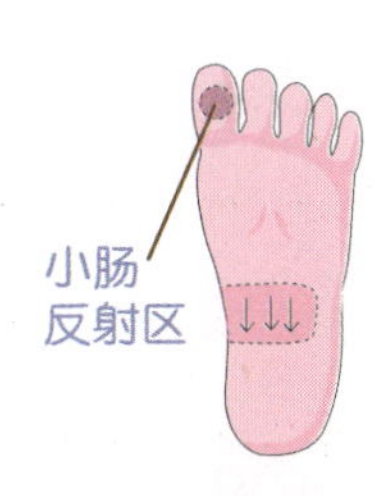

◎用热水泡脚15分钟左右。

◎在脚底中央的涌泉穴反射区按压2～3次，每次4秒钟。

◎在大脚趾中央位置的大脑反射区上用大拇指使劲按4～5次。

◎用大拇指在小肠反射区按照箭头方向反复擦拭，并按摩。

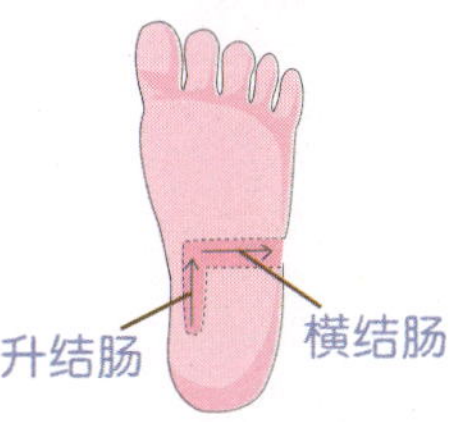

◎左手按压右脚，右手按压左脚，用大拇指在脚底部位每隔4秒钟按压1次，最终每一个按下的点连接起来可成为直角的形状。

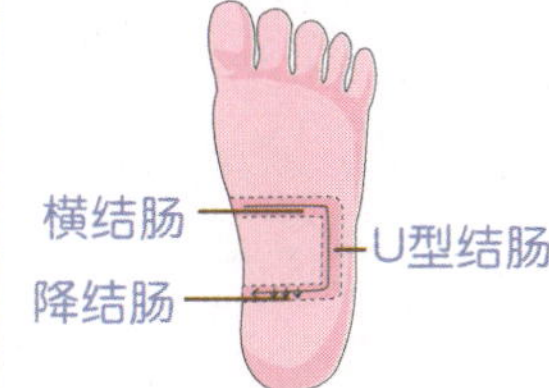

◎用右手大拇指在左脚脚底上每隔4秒钟按压1次，把按下的点连接起来就呈“U”状。还要记得在直肠反射区上多按下1次，这一动作在晚上睡觉之前应重复4次。

针对呼吸困难和胸部疼痛

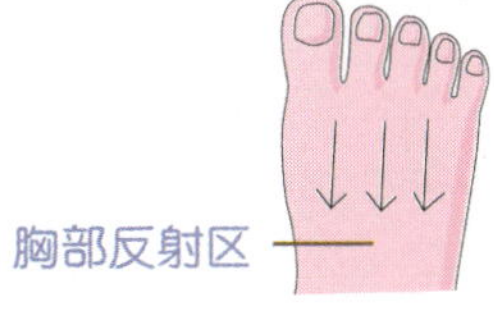

◎用热水泡脚10分钟以上。

◎在脚底中央的涌泉穴反射区按压3次，每次4秒钟。

◎在脚背上朝着箭头所示意的方向进行整体的滑动按摩。

针对静脉瘤

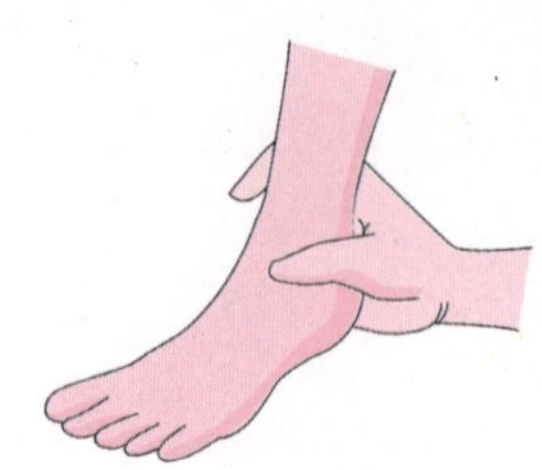

◎用大拇指按涌泉穴3次，每次4秒钟。

◎向着对角线方向的输尿管反射区滑动按摩，重复9次左右。

◎在脚踝内侧的膀胱反射区用大拇指按压3次，每次4秒钟。

◎用大拇指和食指握住脚踝，然后从下部向膝盖方向摩擦，重复4～5次，以达到按摩脚内侧、外侧和后侧的效果。

妈妈睡好觉胎儿才能健康成长

对付失眠不仅要采用按摩胎教法，还可以采用其他胎教法有效地应对。我怀孕的时候有一些小方法和你们一起分享吧：

1.养成正确的睡姿习惯：有意识地养成侧卧，双腿弯曲睡眠的姿势，这样胎儿才不会压迫孕妇的腹部大血管，使得血液自下肢向心脏回流顺畅，从而减少孕妇的心脏负担，保证睡眠质量。

2.适当的运动可以帮助睡眠：怀孕后要养成运动的习惯，即使在身体最为沉重的时候，也要坚持散步，做孕妇体操等。

3.调整饮食，积极治疗，减少不适：由于缺钙，会造成孕妇夜里腿抽筋，建议在医生指导下服用补钙制剂。怀孕后的饮食中，要少吃精淀粉食物，如白面包、白米饭、甜食等，这些食物容易造成血液酸碱度不平衡，影响睡眠。日常饮食中注意控制盐分的摄人量，晚饭时到人睡前控制水分的摄取，避免吃有刺激性的食品，如油炸食品、茶水、可乐等，千万不能憋尿，有尿意就立即如厕，避免加重尿频。实在难以人眠，并且持续很长时间，建议去看医生，由医生决定治疗方案，没有医嘱，千万不要自行服用安眠药。

4.调节心理，学会精神放松：孕妇心理紧张，会造成自己和周围人的身体、精神不适，更会影响腹中的胎儿，良好的心态也是一种“胎教”。

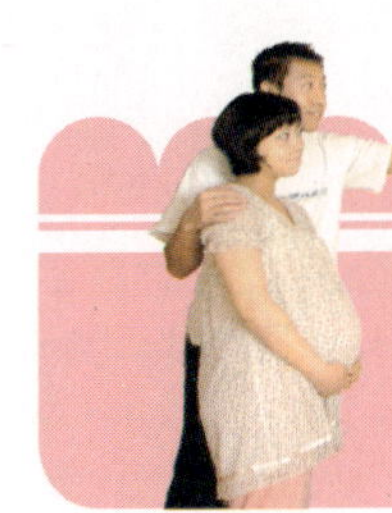

视觉胎教法

尽管一直以来人们更为熟悉的是音乐胎教和童话胎教，但最近随着人们对胎教的关注程度不断上升，视觉胎教也终于出现在了大多数人的视野当中。对名画进行鉴赏、给图案上色等方法都属于通过接触色彩，训练胎儿感性能力的视觉胎教。孕妇看到的东西越多，胎儿所能感受到的美觉体验就越多，因此，现在就让我们开始看，开始感受吧。

◎培养感性能力和审美习惯的视觉胎教

视觉刺激与听觉刺激同样重要

对胎儿进行视觉刺激与听觉刺激同样重要。胎儿的听觉在孕早期不断发育，并且会在怀孕24周时达到成人的水准，而相比之下，视觉的发育则要晚许多。在这种情况下，我们切不可因此而疏忽必须对胎儿进行的视觉刺激。

胎儿在视觉上接受的刺激也同样会对其在情绪上产生明显的影响。相对而言，人的视觉需要极为复杂的机能作为支持，而直到出生时为止，胎儿并没有完全具备这些机能。进一步说，小孩子要长到8岁才能获得与成人一样的视觉能力。人类视觉发育的周期如此之长，这就难怪胎儿只能分辨光线明暗的程度了。

胎儿会根据孕妇所分泌的褪黑激素辨别明暗。当看到明亮物体的时候，褪黑激素的分泌量会下降，看到昏暗物体的时候上升，这一点使胎儿也具备了辨别外界事物明暗的本能。胎儿对外部的光线开始产生反应往往是在怀孕第7个月之后开始。

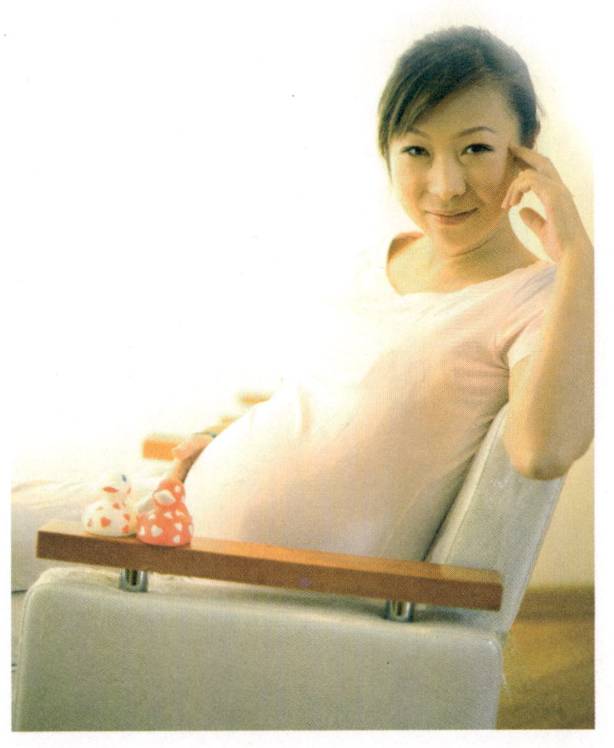

刺激五感可以促进脑部发育

当人们看到伦勃朗的《犹太新娘》，莫奈的《睡莲，水景系列》这样的名画时，心情会很自然地平静下来。这些画当中包含着画家的精神境界，以及一种可以使人感动的东西。

此外，在观赏名画的同时进行一定的讲述也可以增强刺激的效果。怀孕6～7个月之后胎儿已具有了五感，而美术正是具有能够有效刺激五感的胎教内容。胎儿的脑部在有所感受的时候才会快速发育，此时全面地刺激五感就能促进大脑的快速发育。

视觉胎教的方法

提到视觉胎教，你的脑海中也许立刻就浮现出了孕妇欣赏名画的场景。对于很多人来说，欣赏图画似乎就是视觉胎教的全部内容，其实系蝴蝶结、织十字绣、折纸和陶艺也都属于视觉胎教的范畴。靠手指来进行操作的织十字绣、系蝴蝶结和折纸等，不仅能够培养人的注意力，还可以使内心很快安定下来。因此孕妇最好能培养自己对上述活动的兴趣，并且用它们来打发平日里的闲暇时光。

不过，要想完成一个作品往往需要花费很长的时间，所以无论是谁，在参与时一定要具有耐心。这一点其实也与胎教的根本目的完全相符，因为孕妇的耐心和意志力会对胎儿产生很大的影响。同时，在这一过程中，胎儿的审美能力也会受到一定的提高。孕妇可以经常去附近的文化宫或美术馆探索并尝试适合自己的视觉胎教方法。

漂亮的照片和景色也可以成为视觉胎教的素材

平时对美术毫无兴趣的人，如果因为怀孕而强迫自己去美术馆或画展，是不可能有任何明显效果的。假若一个人从未去过美术馆，即使特地跑到美术馆欣赏名作，也很难真正产生特殊的感觉和印象。

在这样的情况下，和丈夫一起去看场电影，漫步在夜景迷人的步行街，或者看一看可以带来美好回忆的照片则是较为明智的选择，这样也属于视觉胎教。无论真实的风景还是照片，只要能让孕妇心态平和并引起欣赏的兴趣，就可以称得上是视觉胎教最好的素材。

鉴赏胎教

抛开负担，愉快地开始吧

与音乐胎教、胎谈胎教和童话胎教相比，视觉胎教可能显得较为无趣和困难。然而事实上，视觉胎教也是一种可以轻松掌握的方法。

提起对美术的认识，也许你只记得米勒的

《拾穗者》和达芬奇的《蒙娜丽莎》，但这没有关系，因为你一定具有人类的基本色感。只要对画作没有反感，任何人都可以从零开始对它们进行鉴赏。

其实，对于鉴赏名画，最重要的并不是了解多少与之相关的背景知识，而是排除一切拒绝感和心理负担。因为，无论采用多么好的胎教方法，如果孕妇在进行胎教的过程中感到有压力，就一定会产生负面影响。

参观画展和到美术馆欣赏名画

欣赏好的画作就和听到优美旋律、阅读感人的文字一样是一种美的享受，此时人的内心会变得安定，甚至会有一种被净化的感觉。参观摄影作品、画作、雕刻、陶艺和版画等展览将对胎教起到很大的帮助。

一位小提琴家的母亲在怀孕时，曾乐此不疲地前往美术馆和音乐会进行艺术胎教，这让人联想到，正是这种经历使这位小提琴家的感性能力在胎儿时期就得到了锻炼。

即使一周只有一次，能够和丈夫一起前往最近的美术馆或画展，接触各种各样的画作无疑将给胎儿带来极大的享受。况且步行去场馆，孕妇还能锻炼身体，何乐而不为呢？对于常常待在家里的孕妇，出一趟门也会使孕妇与胎儿之间谈论的话题变得丰富起来。

职业女性可以利用画册进行胎教

如果居住区文化氛围偏差或附近没有美术馆，可以借助画册进行胎教。

在选择画册时，要把孕妇的偏好当作最为重要的基准。比起一些受到别人称赞的“杰作”，不如选择一些孕妇所熟知和喜爱的画家的作品。此外，在学生时代的美术课上曾学习过的，或平时通过各种媒体经常接触的作品也很适合在胎教中使用。孕妇看到这些作品时，往往会产生一种亲切的感觉。

进行音乐胎教，并不都是为了把孩子培养成音乐家。所以如果期待通过视觉胎教使孩子具有较高的审美感，长大以后成为一位知名画家，是不切实际的，但这种视觉胎教却是具有深远影响力的。

美的感染比美学知识更重要

通过鉴赏画作使自己的感情变得丰富，并将这种美感传递到胎儿的做法才是真正意义上的视觉胎教。

以欣赏优雅而柔和的作品为主

在进行视觉胎教时，人们往往会因为不知道该看哪些作品而感到苦恼。最适合被用作胎教的其实就是那些美感充足，线条和色彩较为鲜明且能够带给人柔和感觉的作品。从这一点上来说，那些能够用明亮的颜色和快速的笔触很好地展现色感变化的印象派作品就符合这样的条件。

名画鉴赏要点

1. 刚开始的时候，与其欣赏细腻的人物肖像，不如看那些一眼就可以了解画家基本意图的风景画，看到美丽的自然风景就如同倾听自然的声音一样，可以使情绪安定下来。

2. 在去美术馆之前可以先了解一下正在展示的大概是哪些作品。掌握了画家和作品的基本信息之后再对其进行鉴赏，往往可以带来更多的感受。

只要能看出画家何时创作了这幅作品，作品的名称是什么就已经足够了。掌握这些基本信息后就会对画作产生许多相关的疑问，到最后也就能相应的有许多感动和收获。也只有在孕妇拥有感情的情况下，胎教才能真正有效。

3. 对孕妇来说，一本画册并不只具有观赏一次的价值。遇到一本好书，每读一遍都会有新的收获，欣赏画作也是这样，即使是同样一幅作品，每看一次都可能有不同的感受。昨天没有领悟的内涵也许会在今天的欣赏中产生新的感受，这种体验将带给你无比喜悦的感觉。

视觉胎教也和其他胎教一样，只有持之以恒才可以收到效果。去过几次画展,看了两眼画册并不代表着整个胎教过程就已进行完毕。只有坚持与那些画作打交道才可以使胎教变得更有效果，在这一点上，任何东西都不如“兴趣”这两个字重要。

胎教备忘卡 25～28周

	胎儿的生长发育	孕妇的身体变化	这一周要注意的事项	最适合25～28周进行的胎教
25周	◎胎儿开始了与呼吸有关的练习； ◎味蕾生长完毕，身体变胖。	◎子宫有足球那么大； ◎腹部长出更多皮肤和肌肉。	◎注意甲状腺是否异常，多补充营养品。	饮食胎教： ◎人参可以强化肺部机能，适量饮水和低盐饮食可以消除浮肿。 运动胎教： ◎多做能够促进呼吸的运动。 按摩胎教： ◎适宜进行缓解失眠，呼吸困难，胸部疼痛等症状的按摩。
26周	◎胎儿开始呼吸，并能对外界的抚摸做出反应； ◎脸部和身体逐渐向新生儿模样靠近。	◎乳房比以往大了很多，可以尝试穿一些带弹性的贴身孕妇装。	◎预防早产，少吃脂肪、油和糖分高的食物。	
27周	◎视网膜继续发育，内耳的神经连接已经完成； ◎眼皮已能够分开，会眨眼了。	◎孕妇睡觉时可能做一些逼真的梦，这是很正常的； ◎出现了有规律的胎动。	◎补充维生素，进行舒展运动缓解紧张神经。	
28周	◎体重成倍增长，头发变长； ◎大脑组织数量明显增加，会做梦了。	◎腹部妊娠纹变得分明； ◎腹部、臀部和大腿内侧都变得更加丰满； ◎乳房血管更加突出。	◎进行第5次产检； ◎多喝水对消除浮肿有很大帮助； ◎可以适当减少每天进餐的摄入量缓解消化不良和心口疼痛。	

胎教周历

怀孕29～32周

怀孕29周

胎儿发生了怎样的变化

胎儿的皮下脂肪不断积累增多，长出了手指甲，用光线刺激时，胎儿会随着光线的方向转动。

孕妇发生了怎样的变化

子宫在4周之内又增加了4厘米，体重增加的正常范围是8.5～11.2千克。妊娠纹、宫缩或者浮肿都属于怀孕后期的正常现象，所以出现这些症状时用不着过于担心。此时可能常会有乳汁分泌，为了保持清洁，可以在胸罩里垫上纱布或棉垫。

孕妇很容易长出黑痣或者雀斑，并且会由于油脂和水分的不均衡导致皮肤角质的出现，保证充足的睡眠并缓解压力可以有效地预防黑痣和雀斑等皮肤问题。

本周备忘

阵痛——即使只是非常轻微的阵痛，也最好采取侧卧姿势并保持镇静。一般来说，只要通过休养就可以解决宫缩和阵痛的问题。多次出现这些情况时要到医院接受检查。

饮食习惯——遵循少食多餐的原则，如果不喜欢某一种食物，不要因为其营养价值而勉强食用。

怀孕30周

胎儿发生了怎样的变化

女胎的阴蒂开始变大，并长出了阴唇模样的组织。男胎的睾丸则从肾脏附近移动到了阴囊当中。

孕妇发生了怎样的变化

子宫已经增大到几乎要触及肋骨的程度，看上去好像再也没有继续扩大的空间了。然而事实上胎儿和子宫的体积仍在不断变大，羊水也在持续增多。

变大的子宫接触到横膈膜，让孕妇感到呼吸困难。便秘、消化不良和小腿痉挛的情况时常发生。如果乳头上有残留分泌物，用温水柔和地清洗干净即可。

本周备忘

小心摔伤——沐浴时要注意水温不可过热，还要特别小心脚底打滑。

这一时期需要注意的是早产。尽管随着医学的发展，早产儿存活的概率有所提高，但尽量让胎儿正常出生总归是一件好事。怀孕后期，对孕妇最大的威胁莫过于妊娠高血压综合征了，因此要时刻对浮肿、蛋白尿和高血压等症状保持警惕。

怀孕31周

胎儿发生了怎样的变化

胎儿仍然一刻不停地生长着。胎儿的皮下脂肪明显增多，在一周的时间里体重能够增加500克以上。实际上新生儿的体重有一半都是在出生之前的7周里增加的。胎儿肺部与消化器官几乎都已形成，当光线照射孕妇腹部可以观察到胎儿做出反应，眉毛和睫毛也变得更加完整了。

孕妇发生了怎样的变化

在怀孕第12周的时候，子宫就已经占据了整个骨盆，到了第31周则扩增至了腹部的大部分空间，体重正常增长范围是9.4～12.1千克。

孕妇的体重几乎以每周500克的速度增长着。血液和体液量增加导致腿部常常发生浮肿。当骨盆的血管被子宫压迫时，有可能引起整个下半身的血液循环受阻。

本周备忘

睡眠习惯——怀孕后期孕妇可能出现各种睡眠障碍，这种情况完全属于正常现象。此时可以稍稍侧卧并将一条腿放在枕头上，这样可以帮助孕妇进入熟睡的状态。

检查血压和体重——经常检查自己的血压和体重，在感到疲劳的时候要保证充分的休息。

怀孕32周

胎儿发生了怎样的变化

胎儿的头部、臂部和腿部按照适当的比例生长着，并且开始排尿。由于没有活动的空间，胎动的次数逐渐减少，如果发现是双胞胎，则需要根据胎儿不同的位置来确定分娩方法。

孕妇发生了怎样的变化

肚脐与子宫上部相距12厘米，耻骨与子宫上部的距离则是32厘米左右。腹部的深色条纹变得更加显眼，肚脐可能变得平整，也可能明显地凸出。怀孕后期应该保持每天按摩乳房的习惯。脊柱和骨盆的关节变化常常导致腰部疼痛的发生，肩膀向后活动时也很容易产生疲劳的感觉。

本周备忘

控制体重——怀有双胞胎时，体重会增加20千克左右，这种情况下孕妇就需要把更多的注意力放在对体重的监控上。

适当做运动——对于孕妇而言，行走可以减轻浮肿的症状，所以每天都外出行走，鞋跟不能超过2～3厘米。

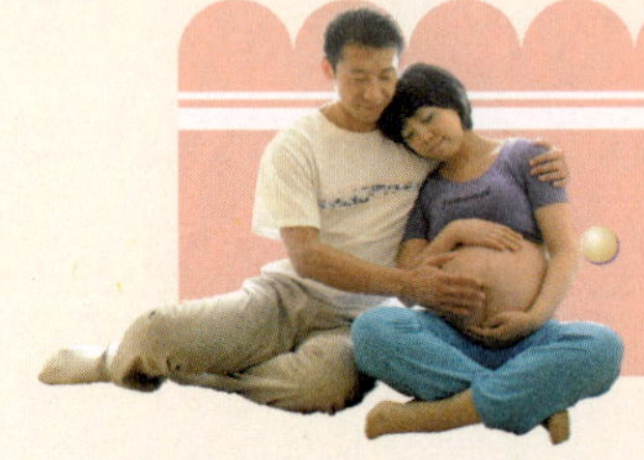

一家三口胎教法

保持父母与孩子之间的各种接触吧

胎儿——到了怀孕的第8个月，即使是早产，胎儿存活的可能性也非常高，此时出生的婴儿在外表上已经和足月儿极为相似，其听觉和视觉几乎完全发育成熟，第30周胎儿已经能够通过脑电波而产生感情。胎儿身躯修长，大约30厘米。随着身躯渐渐变大，胎儿活动的空间越来越狭窄，所以胎动的次数比起过去有所减小。如果仔细观察，还可以看见胎儿为了适应出生以后的环境而进行呼吸练习。

孕妇——随着胎儿体积变大，孕妇越来越有压迫感。孕妇由于膀胱受到压迫还会产生尿失禁的症状，受激素影响会出现腰部疼痛等不良反应，对每一个人而言都是一个艰苦的阶段。

准爸爸——这一时期里孕妇真的非常辛苦，丈夫一定要给予最大的帮助。这种帮助不仅是给妻子按摩，还包括处处关心妻子。有时妻子会感到非常疲惫，不由自主地想一直躺着不愿活动，这时丈夫应该主动提出散步，让妻子得到必要的锻炼。怀孕后期仍然保持一定活动量，有利于分娩。此外这一阶段子宫较为敏感，所以一定要尽量节制性生活。丈夫分担妻子的辛苦，才是最大的帮助。

胎儿能记住羊水的味道

一项研究结果显示，将分娩时排出的羊水涂抹在母亲一侧乳头上，让新生儿接近母亲，大部分的婴儿都会选择吸吮抹上羊水的那一侧乳头，这证明新生儿仍记得羊水的气味。由此看来，胎儿是具有嗅觉的。

但是胎儿这种出色的嗅觉能力在出生1周以后就渐渐消失了。

正是因为胎儿对自己所处的子宫环境存在记忆，所以孕妇要吃有益的食物，听柔和的声音，看优美的景象，这样才会对胎儿产生良好的刺激。

从胎儿时期就与孩子进行皮肤接触吧

胎儿的脑部发育和所接受的身体接触有着密切的关系。如今不仅有各种婴儿按摩法、五感刺激法和皮肤接触法，还主张让父母和刚出生的婴儿进行一定的身体接触。

出生以后的身体接触固然重要，但是在出生之前的接触也是非常必要的。多和胎儿进行间接接触可以促进脑部发育，使他们的情绪安定下来。

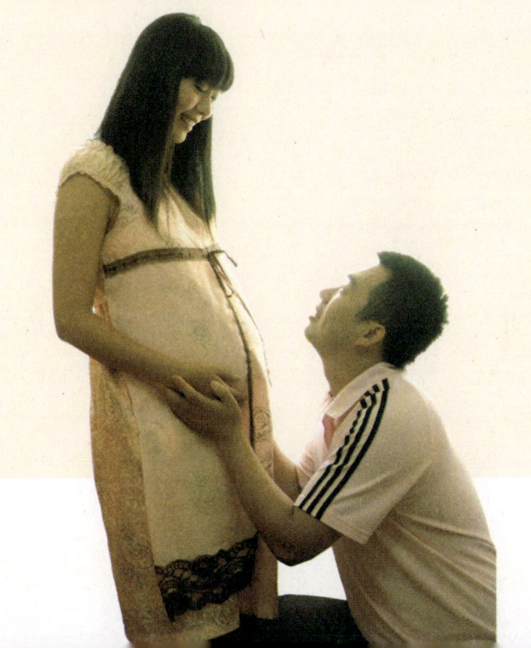

间接接触=抚摸胎教

那么，什么是与胎儿进行间接接触呢？让丈夫抚摸孕妇的腹部，或者孕妇抚摸自己的腹部，这都可以算作是与胎儿进行间接接触。这样不仅能促进胎儿的脑部发育而且能安定身心。

需要注意的是，如果抚摸力度过大有可能引起宫缩，所以在抚摸过程中一定要调整好力度。

不断变化的子宫

女性子宫的体积在怀孕之后竟然能够发生1000倍以上的增长，这太神奇了。

没有怀孕的女性子宫体积仅有7～10立方厘米，而怀孕末期时包含着胎儿、胎盘和羊水在内的子宫已达到了5000立方厘米。这还是只怀一个胎儿的情况，如果怀的是双胞胎，子宫的体积还要再膨胀几乎1倍。

事实上，子宫变大是与胎儿自身的努力分不开的。怀孕12周之前子宫体积增加依靠的是母体激素的作用，在此时期以后则改由胎儿来承担这一重任。从第13周开始，随着自身体积的增加，胎儿会尽一切努力使子宫变大，这着实可以被看作一种自力更生的行为。

女性的子宫被称为“梦之宫殿”，我想在女性怀孕的时候，这所宫殿的主人应该就是居住在当中的胎儿吧。

饮食胎教法

梅子和牡蛎可以使大肠充分地发挥作用

怀孕第29～32周，孕妇的“手阳明大肠经”与胎儿的生长有关。手阳明经脉所对应的器官是人的大肠。

所以这一时期孕妇应该多吃可以强化大肠机能的小米、梅子、牡蛎、蛤蜊、芹菜、白菜和牛奶等食物。

增加对新鲜蔬菜和鱼类的摄入量

可以给孕妇补充以下这些食物：麦芽糖，含有大量亚油酸、卵磷脂和维生素E的花生以及蛋白质、钙质和铁质含量丰富的鲍鱼、牛肉。

五味子、芝麻、食醋以及香菇、柠檬、土豆、菠菜、芹菜、芦荟等新鲜蔬菜和水果对孕妇也很有好处，还可以考虑增加对海藻类和鱼类食品的摄入量。

除此以外，含有18种氨基酸的橘子、维生素E含量丰富的葵花子与扁桃、铁元素含量丰富的褐藻、鹿尾菜和钙质含量丰富的虾和沙丁鱼等都是不错的选择。当然，糙米以及可以补充人体赖氨酸的大豆、大豆胚芽和豆浆也同样具有很高的营养价值。

芹菜汁能有效缓解妊娠期高血压综合征

这一时期孕妇的子宫变大会压迫肠胃，因此应当采取一些措施来促进消化，预防便秘。要减少每餐的进食量而增加用餐的次数，用餐之后可以采取右腹朝下的姿势卧床休息30分钟左右。

怀孕8个月后，孕妇可能发生妊娠期高血压综合征，表现为血压升高、蛋白尿和浮肿三大症状，严重时会使孕妇全身痉挛，甚至昏迷。

因此，孕妇应该尽量避免盐分含量过高或具有强烈刺激性的食物。平时血压就偏高的女性还可以在怀孕期间尝试喝芹菜汁来预防妊娠期高血压综合征。

链接：孕晚期每日营养结构参考

第一类	乳类	牛乳	400毫升
		乳酪	25克
	蛋类	鸡蛋	1个
第二类	荤食	肝脏	35克
		鱼干	25克
第三类	蔬菜	深色	100克
		浅色	200克
	薯类	土豆	100克
	水果	苹果/柑橘	200克
第四类	谷类	米饭	100～200克
		面包（馒头）	130克
	糖类	砂糖	25克
	脂类	油脂	20克

运动胎教法

到了这一时期，子宫的上端开始压迫腹部，所以吃多一点就很容易感到不适。孕妇还要一直保持营养丰富、摄入均衡的饮食习惯，保证每天摄入300～500千焦的热量。

如果想控制体重，千万不要节食，可以做些运动，比如散步、游泳以及在水中行走和慢跑。

胸罩不合适也有可能造成背部不适、疲劳以及肋骨酸痛，因此，应当及时更换能够完全支撑整个胸部的胸罩。有些孕妇转动肩部感觉颈部有痛感，可以有针对性地训练上半身和脖子，利用重量合适的哑铃锻炼颈部、上臂以及脊柱。垫高背部或是采取侧卧姿势睡觉容易造成高血压、恶心和眩晕等，所以一定要保持正确姿势。

手臂运动

◎保持放松的坐姿，两肩向后倾的同时抬起双手，让肘部完全向上舒展后再放下，重复数次。

◎举起双臂时要吸气，向下放时呼气，反复进行。

功效：使手臂得到锻炼。

推掌

◎以放松的状态坐下，两手在胸前合掌，吸气的同时用力推动双掌。一边吐气一边放松。重复这一动作。

功效：使呼吸顺畅。

拉伸腰部

◎以放松的姿态盘腿而坐，用一只胳膊肘撑住地面。另一只手臂向上举并做腰部弯曲，同时肘部以上的部分向地面方向用力。

功效：强化肋部肌肉。

肩部运动

◎站姿，两腿分开，膝盖弯曲并呈90°角。

◎两手撑住双膝，一侧的手将膝盖向后推，另一侧则尽量使肩膀往里沉，扭动上半身以配合这一动作。

功效：解除肩部和背部的紧张状态，并使大腿内侧的肌肉放松。

抖动双手

◎紧握双拳再放松，接着从上向下抖动双手。

功效：促进血液循环并缓解手部肌肉僵硬的感觉。

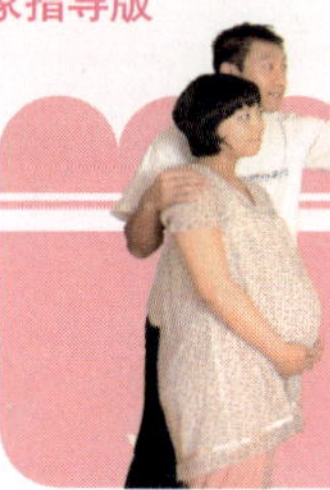

瑜伽胎教法

蝙蝠姿势

◎两腿完全伸直，尽最大可能向两侧分开，舒展脚后跟，同时注意自己的腰部保持挺直。

◎一边吐气一边让双手接近两侧地面，然后上半身缓缓向前俯下。

◎保持均匀的呼吸，持续10~20秒钟。

◎吸气的同时再缓缓抬起上半身。

◎双腿慢慢并拢，休息片刻。

功效：增加腿部内侧和后侧的肌肉，消除肌肉疼痛和肌肉痉挛的症状。增强骨盆的柔软性，使肝脏和肾脏的机能保持正常。

猫姿

◎手掌与膝盖着地，摆出爬行的姿势。双手之间和双膝之间与肩同宽。尽量使手臂和大腿都与地面形成90° 角。

◎一边吸气一边向后弯曲颈部，在注视屋顶的同时腰部自然下陷，臀部保持向上顶的姿势。伸直手臂的同时手掌和膝盖用力，持续做向下推的动作。

◎在吐气的同时低下头并曲起肩部，摆出注视自己腹部的姿势。

◎慢慢地恢复正常姿态，再重复进行第3~5步。

◎跪起膝盖坐下或用其他的舒适姿势放松身体。

功效：怀孕之后，变大的子宫一直压迫着骨盆的血管和腰椎，此动作可以改善这一情况，并减轻腿部和肾部的血液循环障碍。

强化腹部和脊柱附近的肌肉并促使其均衡发展，从而有效地支撑子宫的重量。

放松腿

◎垫高背部，在肩膀或头的下面垫一张垫子并平躺。把腿搁在墙壁上让其与底面呈45度角，注意不要让背部太过僵硬，手臂可以放在身体的两侧或向外平伸。

◎这一姿势保持几分钟，但不要让脚有发凉或者发麻的感觉。闭上眼睛，舒服而有节奏地进行呼吸。

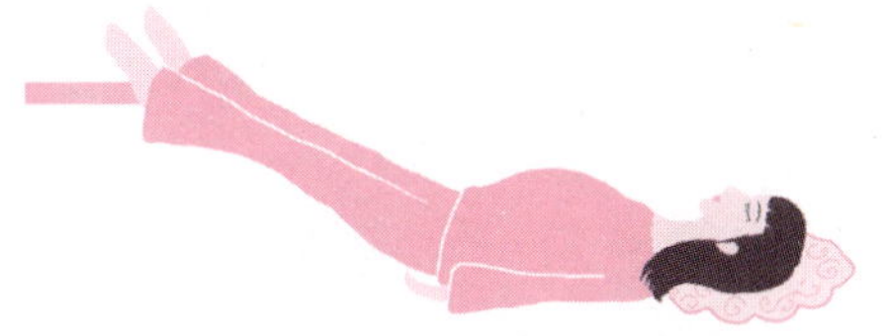

功效： 通过抬腿来帮助血液顺利地流回到心脏，使孕妇肿胀而疲劳的臂部和腿得到放松。此外还能自然地伸展腰肢，可以起到预防腰痛的效果。

胎教法精华

怀孕期间运动的注意事项

1. 运动前先咨询医生的建议。
2. 有规律的运动，1周3次最为合适。
3. 认真完成准备活动和整理活动。
4. 怀孕时运动能力会有所降低，因此要随时注意自己身体发出的信号。
5. 保证营养。怀孕期间每天应该多摄取300千卡的热量。
6. 穿较为舒适的衣服，饮用大量的水。最好不要在天气湿热的白天或晚上进行运动。
7. 运动结束之后向左侧躺下并保持这一姿势15～20分钟。
8. 任何时候都不要让呼吸过于急促，以免给孕妇和胎儿造成供氧困难。

和丈夫一起练瑜伽

我遵照教练的建议从怀孕初期就开始练习孕妇瑜伽，并一直坚持到了怀孕后期。由于我的丈夫也是瑜伽爱好者，所以我们常常在家一起练习，并围绕身体和瑜伽等话题进行了大量的讨论。许多人都说在怀孕之后与丈夫的关系似乎变得疏远了，但可能是由于瑜伽的关系，我们两人之间反而有了许多新的话题，关系也变得越发亲密起来。

我怀孕的时候，年纪已经不小了，所以在能否顺产这个问题上着实有那么一点担心，但是在练习瑜伽的过程中这种恐惧感一点点消失了，教练给我讲了许多呼吸的要领，告诉我呼吸是自然的镇定剂，只要掌握呼吸就可以让一切都变得轻松起来，于是我非常努力地练习用鼻子吸气，再用嘴呼气的正确呼吸方法。

说来也怪，在分娩的时候我真的没有出现很剧烈的阵痛，在疼了3个小时以后就把孩子生了下来。

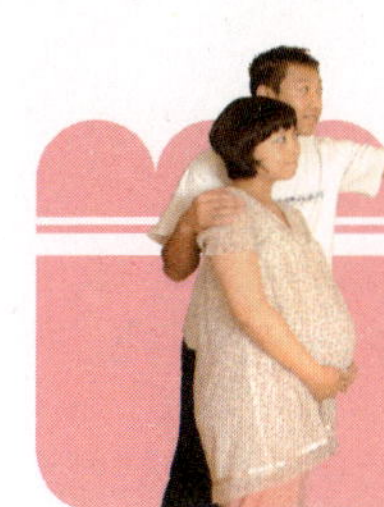

孕妇普拉提

很多孕妇在怀孕后期都会感到呼吸不畅和异常疲惫，并且会经常出现手、足、脚踝浮肿的现象。在这一时期，轻柔的运动和摄取充足的水分会减轻浮肿症状。

抬腿

◎靠墙而坐，两腿向前伸直。在右腿下垫两个枕头，左脚紧贴地面并屈起左膝。

◎慢慢地完全伸直右腿，并继续尽力拉伸。保持脚趾向上并对脚后跟用力。在这之后让腿放松下来，并舒适地放在枕头上面。重复10次后换另一只腿。

功效：缓解腿部浮肿症状。

靠墙抬腿

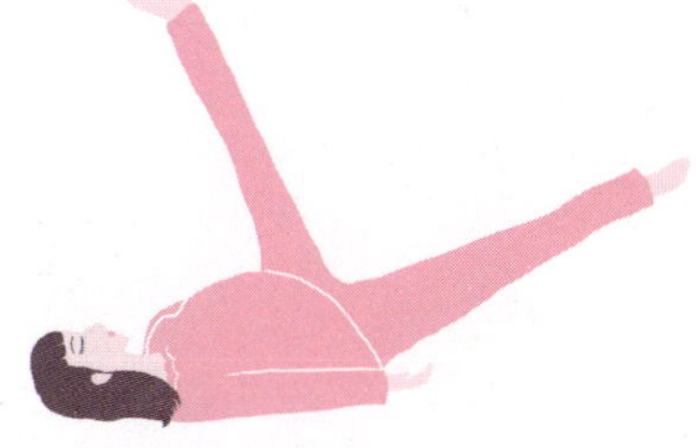

◎用垫子垫住头部，尽量让自己的臀部贴在墙壁上。保证背部处于舒适状态后，在尽可能的范围内让双腿自然伸至墙的上端。保持这一姿势5分钟。

◎双腿向两侧分开，直至起到拉伸的效果为止，但注意不要太过吃力。保持这一姿势5分钟。

功效：缓解腿部浮肿症状。

TIPS

1. 如果不太舒服或者颈部有沉降感，可以在颈下垫一个较小的枕头。
2. 在吸气的同时应该有一种骨盆的肌肉被牵拉起来的感觉。

按摩胎教法

预防早产

◎丈夫与孕妇对坐，孕妇把脚放在丈夫的膝盖上。

◎用大拇指在脚底中央的涌泉穴上用力按压2次。

◎用大拇指捏住大脑反射区所在的大脚趾位置，然后进行揉搓按摩，重复2次。

◎在位于脚后跟的生殖腺反射区上按逆时针方向画圆进行按摩，重复2次左右。

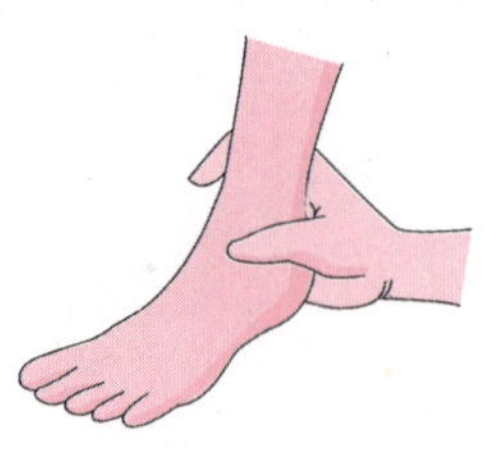

◎用大拇指和食指抓住脚踝，然后柔和地进行左右转动。

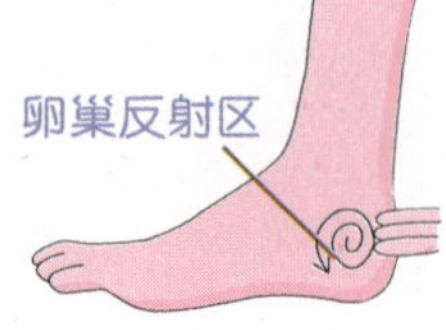

◎食指、中指和无名指并拢，然后用指纹所在的部位在卵巢反射区按逆时针方向揉搓。

针对妊娠性浮肿

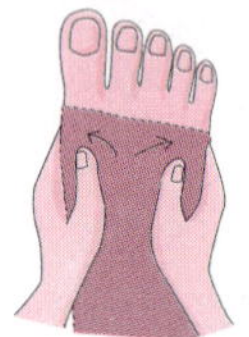

◎把毛巾敷在脚背上，用双手握住整个脚背，模仿掰开一只苹果的动作进行按摩，持续1～2分钟。

◎用一只手从脚踝出发往膝盖方向摩擦，就好像要让血液向上流动一样。持续1～2分钟。随后按摩另一只脚。

◎用大拇指在脚底中央位置的涌泉穴上轻轻按3次，每次持续4秒钟。

针对手脚麻木

◎将手脚浸泡在热水中10分钟。

◎用大拇指在涌泉反射区从里到外按逆时针方向旋转着进行按摩。

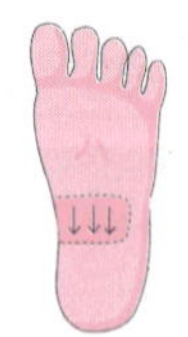

◎在小肠反射区上用大拇指按照箭头所示方向进行摩擦。

◎用大拇指按压各个脚趾的顶端。

◎再将手和脚放到热水当中，不断地搓擦手脚直到感觉发热为止。

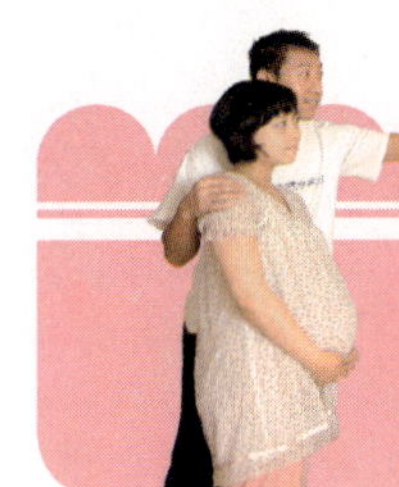

视觉胎教法

绘画胎教

自己动手作画吧

在雪白的画纸上将自己的感情表达出来并不是一件容易的事情，对于认为自己完全没有美术细胞的人来说，更是如此。

事实上，做美术作业就像接受心理治疗一样，可以达到释放内心情绪的目的，这种能够缓解压力的活动所起到的胎教效果比鉴赏画作高出数倍。不管怎么样，强迫自己作画是毫无意义的，所以请带着愉快、自愿的心情参与这项活动吧。

我们所画的并不是要拿给别人欣赏的作品，所以不一定要把它画得非常完美。比起作品完成得好与坏，我们更应该关心的是，在作画的时候自己是否做到了一直保持镇定，以及是否有与胎儿共同参与的感觉。

如果孕妇平时就经常进行艺术鉴赏，这种习惯在进行胎教时就可以提供很大的帮助。孕妇在生活中不仅要学会从普通的事物中发现美，还要想像如何用图画将这种美表现出来。

用不同的色彩和素材进行绘画

在进行视觉胎教时要尽可能多地接触不同的色彩和素材。可以尝试着用蜡笔、颜料和彩色铅笔绘画。蓝天、白云或是孩子漂亮的面庞等都可作为素材。甚至可以对着从医院带出来的B超图片画一画胎儿现在的模样。除了绘画之外，捏泥人和剪纸也同样是极具趣味的美术活动。

十字绣胎教

锻炼手指可以使脑部变得发达

我们都知道锻炼自己的手指可以使脑部变得

发达。在进行手工作业时，手指上的神经会对脑部产生一定的刺激作用，所以一直以来，我们都非常注重让儿童参加动手的活动。

需要进行手工作业的活动有折纸、陶艺、缝纫和编织等，其中因技法简单、费用低廉而广受大众欢迎的则当属十字绣了。做十字绣可以使孕妇的心情很快得以平静，对提高其集中注意力的能力也有一定的作用。

孕妇的色彩感也可以得到提升

在一幅十字绣作品里往往要用到数十种颜色的丝线，所以在一针一线的编织过程中，孕妇的色彩感和调和颜色的能力也不知不觉得到了提高。孕妇若能在怀孕时多接触一些美丽的颜色和形状，生出的孩子也将拥有较高的审美能力。

不要让自己太疲劳

刺绣使人眼光和神经都集中在了针尖上，所以很容易产生疲倦的感觉；另一方面，孕妇也不适合长久保持刺绣的姿势。因此，孕妇最好把每次刺绣的时间控制在1个小时之内。

此外，刺绣可以陶冶性情，稳定情绪，是一种修身养性的过程，不可当成任务，过于形式。最好在腰后垫一个垫子，在舒适的姿势下完成这项活动。

孕妇还可以在刺绣的同时与胎儿聊天。可以说一说正在为其制作的东西，比如枕头、围兜和儿童被等，也可以说对各种颜色的喜好，最好能在刺绣的同时达到胎谈的效果。

◎装饰胎教

以胎儿为中心重新把房间装饰一番吧！进行这一活动的最佳时期是怀孕第5～8个月。首先可以养一些绿色植物，让每个人都感受到自然的气

息。在看到绿色植物时，都会自然而然地产生平静的感觉，而植物释放出的香气还可以起到使大脑更加清醒的效果。此外，换上不同颜色的窗帘和坐垫也可以起到调节气氛的作用。

挂上名画或贴上以美丽风景为内容的明信片和照片也是很好的方法。有的孕妇还喜欢把漂亮宝宝的照片放在家中。除此以外，悬挂具有特殊意义或是能感动和教育胎儿的作品则是最佳的选择。

我用一针一线来传递对孩子的爱

我怀孕的时候，就在冥思苦想到底应该采用什么样的胎教方法。那时我刚好看到一个做十字绣的小店，尽管平时得去上班，但我仍有充足的休息时间绣十字绣。在绣十字绣时手指要不停地动，这样不仅对胎儿的脑部发育大有的好处，还可以培养胎儿的色彩感和美感。我对绣十字绣的热情很高。刚开始的时候我只能做一些手机链，后来水平慢慢提高到能做围兜、内衣。在欣赏优美旋律的同时一针一线地绣成一样作品，等到完工的时候会有一种极大的成就感。此外，把做好的十字绣裱在像框里送给朋友，也可以使心情变得愉快起来。这种兴奋的感觉也同样会传递给胎儿。如今我的儿子已经有31个月了，不知道是不是我绣十字绣的缘故，他对做东西、拆东西、剪东西这样的事表现出了很明显的兴趣。都说孩子只有多动手才能使头脑发育得更快，对于我的儿子来说都不用去教他，他自己就喜欢上了各种动手的活动。连幼儿园的老师都说，她从来没有看到过对手工这么感兴趣的孩子。

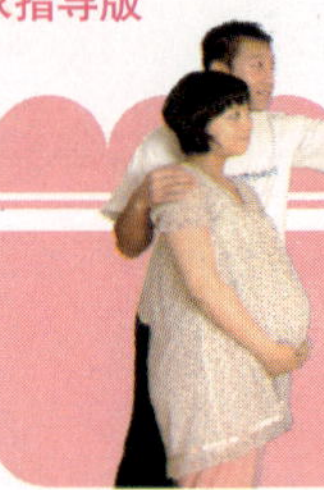

其他胎教法

胎谈胎教法

将各种事物的名称告诉胎儿吧

只要经常让胎儿听到爸爸妈妈的谈话，他就能对这两种声音做出分辨。胎儿的记忆能力是在怀孕第6～8个月形成的，所以这一时期，让胎儿在胎谈时接触文字卡片或是动物名称就可以起到非常好的效果。

此外，无论胎儿在怀孕期间接触了什么，学习了什么，请你都不要吝惜使用“宝宝，你太棒了”这样的赞扬话语。

随着分娩的临近，孕妇自身往往会产生一种不安的感觉。因此这时应该尽量传达一些与顺产有关的期望，“我们的宝宝长什么样呢？”就用这样的语句来表达我们急切等待胎儿出生的美好心意吧！

音乐胎教法

胎儿已可以区分声音之间的差别了

胎儿的脑细胞正以惊人的速度增长着，这时应该听一些可以产生良性刺激的声音。

这一时期胎儿已经能够分辨出声音的高低和强弱，并开始通过自己的记忆力区分各种不同的声音。胎儿能够对外界传来的声音做出反应，这一点可以通过其心脏搏动次数的变化得以体现。此时我们可以适当地用具有动感的旋律代替原先的宁静乐曲。那些像鸟儿叫声一般平稳、自然的音乐和弦乐曲等都是极为合适。

这些曲目最为合适

圣桑的《动物狂欢节》第七首《水族馆》

勃拉姆斯的《雨之歌》

德彪西的交响诗《大海》第二首《海浪的嬉戏》

胎教备忘卡 29～32周

	胎儿的生长发育	孕妇的身体变化	这一周要注意的事项	最适合29～32周进行的胎教
29周	◎皮下脂肪不断增多，手指甲开始生长； ◎已经可以感受到光线刺激。	◎又开始感到疲惫，尽可能地休息吧； ◎有乳汁分泌，容易长出雀斑或黑痣。	◎多次出现阵痛应该到医院去检查，少食多餐。	饮食胎教： ◎选择食用梅子和牡蛎强化大肠机能，增加新鲜蔬菜和鱼类的摄入量。 运动胎教： ◎可进行游泳、散步或慢跑等控制体重。 按摩胎教： ◎适宜进行预防早产、浮肿、早期阵痛或者手脚麻木的按摩。
30周	◎女胎的阴蒂开始变大，并长出阴唇组织； ◎男胎的睾丸从肾脏向阴囊中移动。	◎子宫继续增大，羊水持续增加； ◎孕妇感到呼吸困难。	◎小心摔伤。	
31周	◎皮下脂肪明显增多，眉毛和睫毛变得更加完整； ◎肺部和消化器官几乎都已形成。	◎血液和体液量增加，腿部常常发生浮肿； ◎每天晚上可能都需要起夜。	◎要保证充分的休息，若有睡眠障碍属于正常现象。	
32周	◎头部、臀部和腿部按适当比例生长，并且开始排尿。	◎腹部的深色条纹更加明显，常常会有腰部疼痛和肩部疲劳的感觉。	◎控制体重，适当外出行走和做运动。	

胎教周历

怀孕33～36周

怀孕33周

胎儿发生了怎样的变化

胎儿会吞入羊水并进行呼吸练习，头发明显长长，男胎的睾丸完全进入到了阴囊当中。

孕妇发生了怎样的变化

肚脐到子宫上部的距离变为13厘米，耻骨到子宫上部的距离有33厘米左右。体重增加了9.9～12.6千克。当感到腰部疼痛时，可以通过洗热水澡或进行按摩，以缓解肌肉的紧张状态。对乳房进行按摩的最佳时期是洗澡之后和睡觉之前。胎儿的快速成长使孕妇的体重增加，胸部的不适也变得更加严重。

本周备忘

早期破水——由于羊水随时都有破裂的可能，所以应事先熟知早期破水的征兆。若阴道内有近似于水一样的清澈透明液体流出，则是破水的信号。

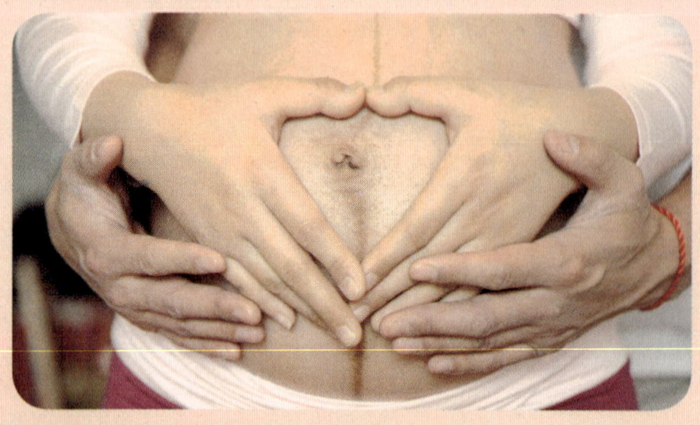

怀孕34周

胎儿发生了怎样的变化

头部的骨骼变得坚硬，皮肤上的皱纹也减少了许多。脚趾甲长出来的同时手指甲已经完全长出。

孕妇发生了怎样的变化

有些孕妇喜欢与其他孕妇比较腹部大小，其实谁大谁小并不重要，重要的是子宫增长的速度是否合理，因为这是我们判断腹中的胎儿是否在正常成长的依据之一。

孕妇的脸上有可能出现白色的斑点，但在分娩之后会很快消失。孕妇可以感觉到胎儿的位置有所下降，呼吸变得轻松起来，但是由于胎儿向下移动，骨盆会有压迫感。在感到难以适应这种压迫时，就要去医院检查。此外，激素分泌的增多使乳腺保持着发达的状态，开始分泌少许乳汁。

本周备忘

胸部疼痛——发达的乳腺可能造成胸部发胀或疼痛，要想减轻这种疼痛，可以在沐浴之后做一些按摩。激素的增加还可能使胆固醇升高。这时可吃一些烤土豆、花菜和酸奶当做加餐。

怀孕35周

胎儿发生了怎样的变化

胎儿的肺部正充分地发育着，这一时期出生的宝宝存活率已经接近到了99%。

孕妇发生了怎样的变化

从肚脐到子宫上部的距离是15厘米，耻骨到子宫上部大约35厘米。孕妇的体重增加了10.8～13千克。随着分娩的临近，腰部的疼痛症状越来越严重，乳房胀至最大上限，身体变重使孕妇很难进入到熟睡状态，情绪波动较大。

本周备忘

摄取营养——为了保证胎儿的健康和营养，孕妇需摄取大量的维生素和矿物质，如果打算进行母乳喂养就应该更加注重营养的补充。

怀孕36周

胎儿发生了怎样的变化

可以在胎儿出生以后起到体温调节作用的皮下脂肪逐渐增多，胎儿暂时还不能自主呼吸，所以此时出生的婴儿在一段时间内，必须依靠人工呼吸才能够生存。

孕妇发生了怎样的变化

从肚脐到子宫上部的距离是14厘米，从耻骨到子宫上部是36厘米。孕妇的腹腔内几乎再也没有多余的空间了。子宫随胎儿一起变大，这时已经抵到了肋骨下段的位置。由于膀胱受到压力，孕妇又出现尿频现象，体重增加了11～13千克，胎动次数也明显减少。

本周备忘

自然分娩——自然分娩可以避免手术带来的后遗症，分娩后只需要2天时间就可以出院，而且之后的恢复期也很快。但如果孕妇的骨盆较小，胎儿的个头又很大等采取自然分娩会有一定难度，在怀有双胞胎或孕妇有高血压、胎儿宫内缺氧的情况下，医生会建议采取剖宫产手术。总之，应该根据孕妇和胎儿的健康状况选择适当的分娩方法。

乳房按摩——为了今后能顺利地进行母乳喂养，在给乳房做按摩这一方面不要有丝毫的马虎。

要时刻注意早期破水。由于羊水随时都有破裂的可能，所以怀孕后期千万不能进行超过身体负荷的劳动。这一时期孕妇会感到胎儿头部朝骨盆方向移动，按压胃部时，会发现压迫感几乎完全消失，取而代之的是一种轻松的感觉。除此以外，胎动也在这一时期明显地减少。

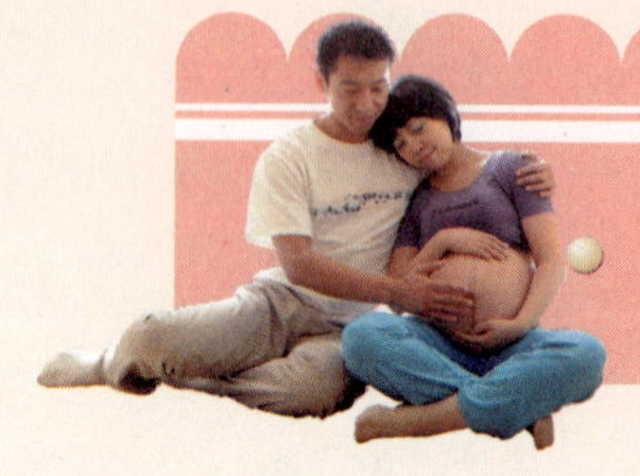

一家三口胎教法

大家一起参与的社会胎教才是真正的胎教

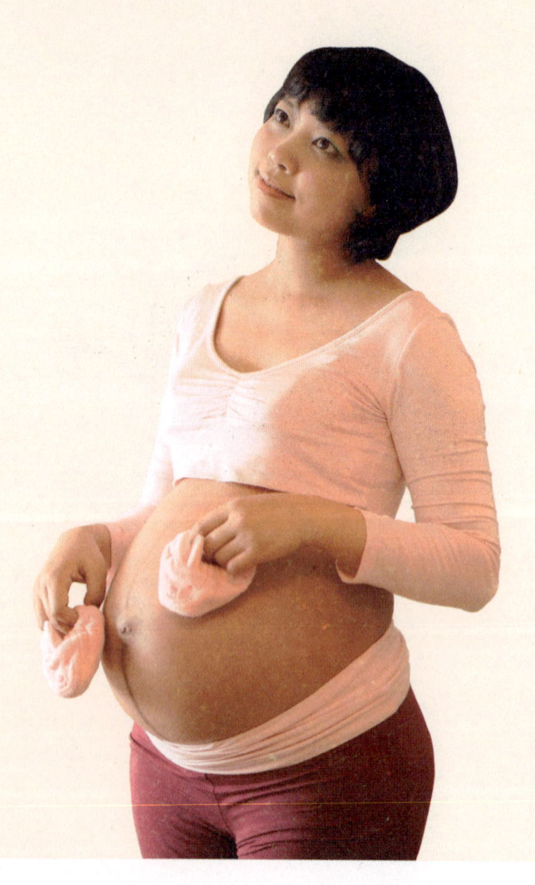

胎儿——胎儿身体的各个器官都发育完成，虽然肺部尚未完成，但此时出生完全可以存活。脸部的表情更加丰富，有时皱眉，有时微笑。由于胎儿的身躯过大，此刻在子宫中几乎无法再做移动。此外，胎儿还会向下调整自己的头部，已经做好了随时来到这个世界的充分准备。

孕妇——子宫膨胀到了极限，孕妇感觉呼吸困难、胸部难受，心跳也厉害了，排尿次数明显增多。如果发生尿失禁也用不着过于担心，因为这多半是一种暂时性的症状。某些孕妇食欲出现下降，也有一些人会受到便秘或痔疮的困扰。腿部经常会发生浮肿，腹部可能有发胀和堵塞的感觉。因此孕妇要尽量避免久站或长时间保持一种姿势，还要有意识地减轻各种压力。

准爸爸——必须要经历生产这一考验的孕妇，不仅在身体上十分疲惫，在心理上也同样会产生不安的感觉。因此准爸爸一定要多为孕妇着想，对其进行无微不至的照顾。随着孕妇的身体变得越来越笨重，此时再提出任何性要求都是不合适的。准爸爸应该尽可能地抽时间陪在孕妇身边，与其一起练习按摩和调整呼吸的方法，还可以购置婴儿用品，与孕妇一起做好迎接孩子到来的准备。

胎儿也会做梦

“胎儿也会做梦吗？”妻子怀孕后，她自己或是身边的人都有可能做梦，这种梦被称作胎梦。每个人的胎梦都不一样，对胎梦的解释和分析也不尽相同，但我们可以把胎梦看成提示准爸爸或者孕妇开始进行胎教的自然信号。

另一方面，不仅孕妇和准爸爸会做梦，胎儿也有做梦的可能。在怀孕第9个月时，对胎儿进行脑电波测试，就可以观察到胎儿大脑电波会发生交叉并引起做梦。尽管我们无法了解那是一些怎样的梦境，但是胎儿会做梦这一事实已经被明确地证实了。

那么，孕妇和准爸爸此时应该给予胎儿怎样的帮助呢？其实只要仔细想想自己做梦的情况就可以找到正确的答案。在心情舒畅、愉快的日子里我们往往会在睡觉时进入美好的梦境，相反在心情沉闷的时候我们不仅很难入睡，还常常会进入到乱七八糟的复杂梦境当中。

胎儿的所有经历都是通过母亲获得的，所以母亲只有在生活中保持平和安定的心态才能对胎儿的梦境产生好的影响。想想看，孕妇在梦里见到即将要出生的胎儿，而胎儿则梦到不久将要见到的爸爸妈妈，这是一件多么美好的事情啊！不过请记住一点：要想达成这一目标，需要孕妇、丈夫、同事、亲戚以及其他所有周围人的共同努力。

社会胎教对孕妇十分必要

孕妇在怀孕的10个月当中无疑时刻需要被保护，因此，周围人的细心照顾非常必要，而这也同样是倡导社会胎教的理由。工作中的同事应该尽可能地给孕妇最好的照顾，婆家的亲戚则要在各方面都多加注意，争取将孕妇的压力减到最小。

在面对孕妇时，我们要记住她是一个怀有充满希望的小生命的人，记住自己的言行举止都可能对两个人的未来产生影响，这样想的话我们就能变得更加小心起来。每个人都为培育健全美好的生命而贡献一份力量，请记住，这就是真正的“社会胎教”。

忧郁症

这一时期孕妇很容易被这样或那样的不安感所包围，往往会为分娩时的痛苦和以后抚育孩子的问题而担忧，严重的会患上忧郁症。

然而，只要我们能够事先了解这种疾病的原因，就可以采取一定的措施加以预防，从而使怀孕末期的孕妇从这种不必要的心理压力中摆脱出来。

忧郁症是孕妇在适应怀孕和生产所带来的各种变化的过程中，可能发生的一种常见的精神疾病。它的致病原因一直被认为会给孕妇带来负担的各种环境因素。一般来说这种症状会在产后6个月左右自行消失，但假如恢复的过程很不顺利，就可能使孕妇受到产后忧郁症的困扰。

孕妇应该把这些事实告诉身边的人，尤其是要告诉自己的丈夫，这样就能够得到应有的关心和照顾。也只有这样孕妇才可以轻松地摆脱忧郁症所带来的烦恼。

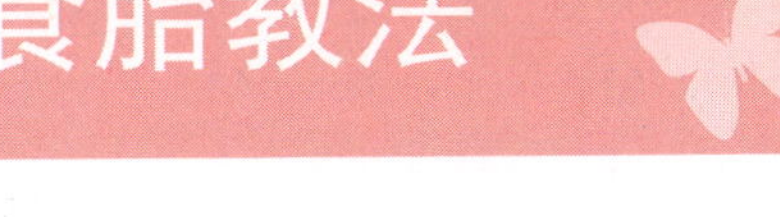

饮食胎教法

胎儿已经具备呼吸和吸吮乳头的生存能力，即使这时出生，存活率也可达到95%。

肉枣和五味子可以强化肾脏机能

怀孕33～36周，母体的“足少阴经脉”控制着胎儿的生长，这是一条与肾脏有关的经脉。所以强化孕妇的肾脏机能可以促进胎儿的性器官发育，并使骨骼变得结实起来。总而言之，这一时期的饮食宗旨就是帮助胎儿获得完整健全的身躯。

例如，肉枣和五味子可以对孕妇的肾脏起到补养作用，在保护胎儿的“精血”方面大有好处。橘子、栗子和黑豆也都是具有类似功效的食物。

如果是初产妇，并且此时胎儿的头部已经入盆，为了应对分娩时所发生的出血状况，就要从这一时期摄取含有大量维生素C、维生素K、B族维生素、叶酸和铁元素的食品。含有这些元素的食品还包括酵母、瘦肉、动物肝脏、牛奶、奶酪、鸡蛋黄、鱼子、蛤蜊、鱼、紫菜、白菜和菠菜等。

大枣可以起到安胎的作用

将大枣烤熟后食用也可以起到安定神经和补养虚羸的作用。

如果胎儿情况一直不稳定或者孕妇有出血症状，腰和下腹部有坠痛，食用松子可以获得意想不到的显著效果。还可以将南瓜柄炒熟之后裹上一层面粉，然后与糯米浆一起食用，或者服用南瓜藤煮成的汤，这些都具有显著的安胎效果。此外莲根汁液和当归茶在补充B族维生素、维生素C、维生素E的同时能起到止血和保暖的作用。

吃富含维生素的食品可以预防流产

一般来说，不足37周的分娩称早产。孕妇在平时经常摄取富含钙质和维生素的食物可预防流

产和早产。

孕妇还应该吃一些维生素E含量丰富的食品。维生素E的实际成分就是生育酚，因此，如果在怀孕期间缺乏维生素E就很容易出现流产、早产等危险情况。小麦胚芽、向日葵油和羊肉里含有比较多的这类物质。

每500克的羊肉内含有45毫克的维生素E，还含有钙质112毫克，铁质21毫克和大量的维生素B_1、维生素B_2，因此羊肉对防止早产很有帮助。

孕期食谱这样做

枣　茶

原料：干肉枣200克

调料：蜂蜜和砂糖少许

做法：

1. 将肉枣放在冷水中迅速清洗再捞出。
2. 将肉枣放入水中，用小火微微烧煮。
3. 把肉枣的颜色煮出来之后将肉枣茶倒入茶杯当中。
4. 根据自己的喜好放入蜂蜜或砂糖即可饮用。

海参炖鸡茸

原料：水发海参750克、鸡脯肉40克、鳜鱼肉20克

调料：酱油30克、料酒20克、盐5克、味精20克，葱、姜末各5克、蛋清8克、淀粉20克、烟葱油40克、高汤适量、白糖5克

做法：

1. 将海参切条，轻焯以后倒出。
2. 将鸡脯肉和鱼切成肉茸。放入碗中，加水冲开后，与蛋清、淀粉搅拌成粥。
3. 将锅中倒如食用油，烧至3分熟，把鸡鱼茸倒入漏勺，漏在油里，如不漏，用手将勺压一压，等其漏完捞出。
4. 用葱、姜炝锅，放酱油，料酒、汤、盐、味精、糖、海参，烧2分钟后勾芡，倒入肉茸中既可食用。

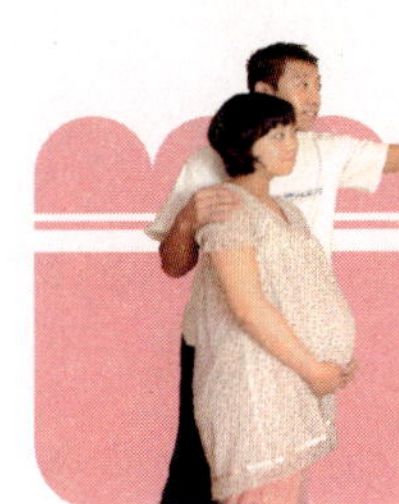

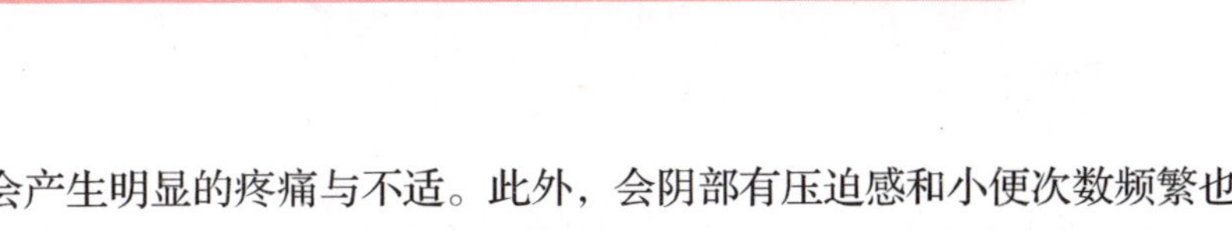

运动胎教法

怀孕后期由于胎儿变大，骨盆会产生明显的疼痛与不适。此外，会阴部有压迫感和小便次数频繁也是常有的现象。通过规则的提肛和收缩骨盆的运动可以降低尿失禁的发生概率，如果有尿失禁的情况，可以使用卫生巾。

体积增大的胎儿会让孕妇感到胸闷和呼吸困难，可以活动上半身以促进呼吸。某些孕妇静脉症状可能比较严重，需要通过运动来促进血液循环，让血管恢复弹力。

有静脉曲张等症状的孕妇不可久站或者久坐，应该让自己的一条腿保持尽量高的高度。不要穿高跟鞋，要穿较为宽松的袜子。

缩紧阴道

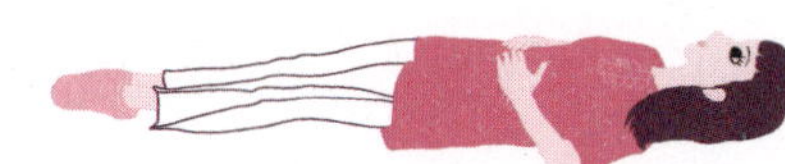

◎吸气，同时慢慢地从肛门用力尽力缩紧阴道，注意不要把力量分散到其他部位。

◎呼气，同时慢慢放松下来。吸气时数到6，呼气时数到8，重复5次之后改向一侧躺下休息。

功效： 锻炼阴部的力量。

分腿运动

◎在平躺的姿势下将膝盖向上举。用嘴慢慢呼气的同时，按住膝盖并抬起上半身。

◎用鼻子吸气并恢复平躺姿势，重复5次之后改向一侧躺下休息。

功效： 锻炼腿部的力量。

找平衡

Step 1

◎两腿分开站立，用鼻子吸气的同时高举双臂。

功效：锻炼身体的平衡感。

Step 2

◎一边吐气一边放下双臂降到与肩同高，一条腿保持不动并尽力寻找平衡感，另一条腿稍稍向前抬起。再次呼吸之后将腿放下，变换方向，重复这一动作。

脚踝运动

◎两手自然地撑住地面，双腿向前舒展，待腿部完全放松之后碰撞两脚踝。多次重复这一动作。

功效：锻炼腿部的力量。

腿部运动

Step 1

◎平躺以后把双腿举起并靠在墙壁上。

Step 2

◎一条腿慢慢下沉到地面后再重新抬起。再换另一条腿进行这一动作。重复5次左右之后改向一侧躺下休息。

功效：强化腿部、臀部肌肉及增加大腿内侧柔软性，并且解除疲劳，防止在孕妇的腿足部位的血液过于集中。

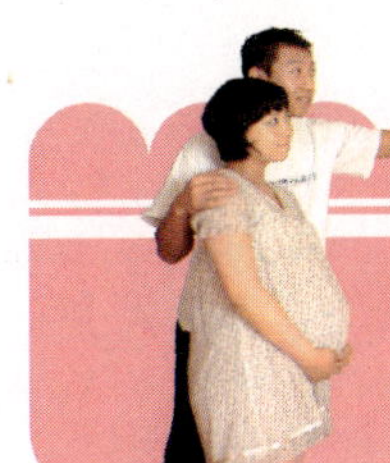

按摩胎教法

针对妊娠期糖尿病

◎用热水浸泡双脚20分钟以上。

◎在脚底中心的涌泉穴上用力按压2次。

◎用拇指和食指揉搓大脑反射区所在的大脚趾下面区域，重复2次。

◎在脚后跟部位的生殖腺反射区上用画圈的方法进行按摩，重复2次。

◎用大拇指和食指抓住孕妇的脚腕，然后柔和地进行左右转动的按摩。

◎将食指、中指和无名指并拢，然后用指纹所在的部位在孕妇的脚踝周围用画圆的方法进行转动按摩。

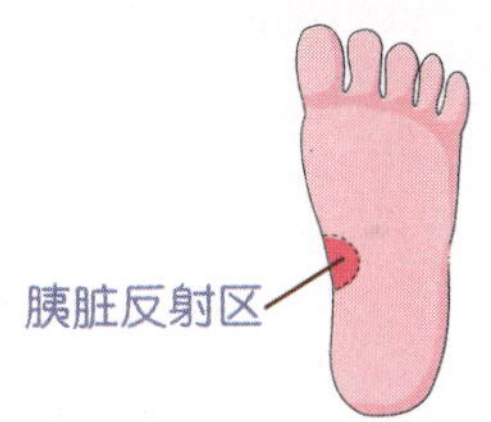

◎如图所示，大脚趾正下方的区域是胰脏反射区。在这一位置用大拇指按压3次，每次持续4秒钟。

针对记忆力和思考能力降低

◎在脚底部位的涌泉反射区上用大拇指按2～3次，每次4秒钟。

◎用一只手从脚踝出发向膝盖方向摩擦，就好像要让血液向上流动一样。两手交叉方向对两只脚分别进行这种按摩，持续1～2分钟。

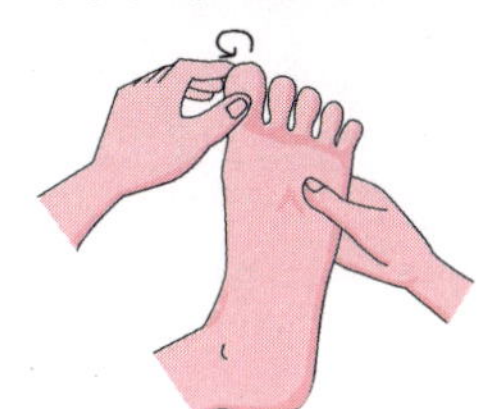

◎用拇指和食指捏住位于大脚趾上的大脑反射区，然后用转圈的方法进行按摩，重复2次。

针对压力过大

◎在脚底中心的涌泉反射区上用大拇指缓缓按4～5次，按时要尽量用力。

◎在小肠反射区从上向下进行滑动摩擦，重复4～5次。

◎在脚后跟部位的生殖腺反射区上用画圈的方法进行按摩，重复2次。

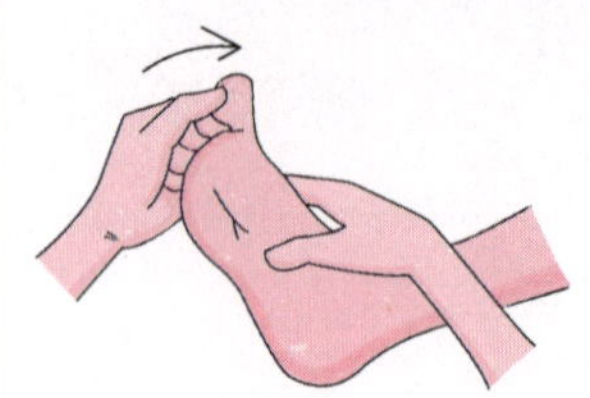

◎用一只手抓住自己的脚，另一只手将5个脚趾一起向后扳动。

TIPS

妊娠期糖尿病的饮食原则

应对妊娠期糖尿病，除可进行按摩胎教法外，还可结合饮食胎教法提升胎教效果：

饮食胎教的目的是提供母体与胎儿足够的热量及营养素，使母体及胎儿能适当地增加体重，符合理想的血糖控制、预防妊娠毒血症及减少早产、流产与难产的发生。饮食胎教方面包括如下点：

1.注意热量需求

必须依照孕前所需的热量，再增加300大卡/天。由于体重减轻可能会使母体内的酮体增加，对胎儿造成不良影响，故孕期中不宜减肥。

2. 注意餐次分配

建议少量多餐，将每天应摄取的食物分成5～6餐。特别要避免晚餐与隔天早餐的时间相距过长，所以睡前要补充点心。

3.合理摄取糖类

应尽量避免加有蔗糖、砂糖、果糖、葡萄糖、冰糖、蜂蜜、麦芽糖之含糖饮料及甜食。如有需要可加少许代糖，但应使用对胎儿无害的AK糖。

4.注重蛋白质摄取

多吃高蛋白质的事物，如：蛋、牛奶、深红色肉类、鱼类及豆浆、豆腐等黄豆制品。最好每天喝至少两杯牛奶，以获得足够钙质，但千万不可以牛奶当水喝，以免血糖过高。

5.油脂类要注意

烹调用油以植物油为主，减少油炸、油煎、油酥之食物，以及动物之皮、肥肉等。

6.多摄取纤维质

在可摄取的份量范围内，多摄取高纤维食物，如：以糙米或五谷米饭取代白米饭、增加蔬菜之摄取量、吃新鲜水果而勿喝果汁等，如此可延缓血糖的升高，帮助血糖的控制，也比较有饱腹感。但千万不可无限量地吃水果。

胎教备忘卡 33～36周

<table>
<tr><th></th><th>胎儿的生长发育</th><th>孕妇的身体变化</th><th>这一周要注意的事项</th><th>最适合33～36周进行的胎教</th></tr>
<tr><td>33周</td><td>◎可以吞入羊水并进行呼吸练习；
◎头发长长，男胎的睾丸完全进入到阴囊中。</td><td>◎体重增加。</td><td>◎熟知早期羊水破裂的征兆。</td><td rowspan="4">饮食胎教：
◎选择强健胎儿骨骼的食物，食用肉枣和五味子强化肾脏机能，食用海参安胎，富含维生素的食品则可以预防流产。

运动胎教：
◎进行规则的提肛和收缩骨盆运动。

按摩胎教：
◎主要进行防止产生妊娠糖尿病，记忆力和思考能力降低，压力过大等症状的按摩。</td></tr>
<tr><td>34周</td><td>◎骨骼开始变硬，皮肤皱纹减少；
◎手指甲已完全长出。</td><td>◎脸上可能出现白色斑点，开始分泌乳汁；
◎感觉胎儿的位置有所下降，常会想要小便；
◎呼吸较为轻松。</td><td>◎可做按摩或涂抹药膏减轻胸部发胀引起的疼痛；
◎食用花菜和酸奶降低胆固醇。</td></tr>
<tr><td>35周</td><td>◎肺部正在充分发育，胎儿的存活率接近99%。</td><td>◎乳房胀至最大限，身体变重；
◎难以进入熟睡状态，容易困乏。</td><td>◎需要摄取大量维生素和矿物质为母乳喂养做准备。</td></tr>
<tr><td>36周</td><td>◎皮下脂肪逐渐增多，但暂时不能自主呼吸。</td><td>◎子宫收缩更加频繁；
◎体重增加，胎动次数明显减少。</td><td>◎进行第7次产检，注重对乳房的按摩。</td></tr>
</table>

胎教周历

怀孕37～40周

怀孕37周

胎儿发生了怎样的变化

胎儿继续生长，体重仍在增加，并生成了大量的皮下脂肪。

孕妇发生了怎样的变化

子宫大小与上一周相似。孕妇的体重差不多到达了最高点，与怀孕之前相比增加11～15千克。胎儿向骨盆下方移动，这一过程可能造成痔疮的发生。孕妇单侧乳房的重量已经达到了400～800克，发生阵痛时子宫颈会变软、变薄。分娩过程中，当胎儿通过产道时孕妇的腰和背会感觉到明显的疼痛，这种疼痛的感觉会在分娩之后仍然持续很长时间。

本周备忘

饮食习惯——直到分娩之前孕妇都应该保持良好的饮食习惯。要尽量避免摄入高脂肪和高热量的食物，也不要吃生鱼、生肉。

运动——孕妇可以进行强化阴道肌肉的提肛运动，腹部肌肉以及促进血液循环、减轻浮肿和痉挛症状的腿部运动。此外轻微的舒展活动也一样可以起到强化韧带及周围肌肉的效果。

怀孕38周

胎儿发生了怎样的变化

现在胎儿已经完全成熟了。

孕妇发生了怎样的变化

在怀孕的最后几周里，孕妇的腹部不再继续变大，但此时已经很笨重了。从肚脐到子宫上部的距离是16～18厘米，耻骨与子宫上部之间达到了36～38厘米。

这一时期最好不要采取仰卧的姿势，以免造成呼吸困难和恶心。进行适当的运动可以缓解力气不足和情绪不安的症状。

本周备忘

为母乳喂养做准备——如果打算母乳喂养就要事先准备好哺乳用的胸罩，卡扣在前的那类胸罩往往较为舒适。

胸部不适——最好不要一下吃太多的东西，只要做到少食多餐就不会有胸部难受的感觉。保持营养均衡的饮食，在想吃甜食的时候尽量选择香蕉、葡萄、芒果等健康水果。可把土豆、鸡肉当做加餐。

怀孕39周

胎儿发生了怎样的变化

胎儿可能将脱落下来的头发和汗毛吞进肚子里，一段时间之后就会成为胎便并排出体外。肺部得到了完整的发育，所有的身体器官都已发育成熟。

孕妇发生了怎样的变化

从肚脐到子宫上部的距离是16～20厘米，耻骨到子宫上部的距离是36～40厘米。此阶段应避免体重增长过快，最好控制在12～16千克。胎儿位置的下降能会给孕妇的行走造成困难。此外，分娩之后在胸部等地会留下妊娠纹。

本周备忘

母乳喂养——如果打算母乳喂养，就要继续保持均衡的营养摄取。进行母乳喂养的女性每天要额外消耗425～700千卡的热量，所以这一时期应远离各种容易引起肠胃不适或带有强烈刺激性的食物，还应每天保持喝2升以上的水，并注意补充钙质。

怀孕40周

胎儿发生了怎样的变化

胎儿占据了整个子宫，几乎再也没有任何移动的空间。尽管这一周是预产期，但宝宝有可能提前1周，或推迟1周降生。

孕妇发生了怎样的变化

从肚脐到子宫上部的距离是16～20厘米，耻骨到子宫上部的距离为36～40厘米。这时孕妇可以感觉到胎儿做好了一切出生的准备。

腹部的皮肤时刻处于紧绷的状态，并有可能产生瘙痒的感觉。此外，颜色变深的乳晕在哺乳时则可以成为一种对婴儿起引导作用的视觉信号。

本周备忘

做好分娩计划——每一个孕妇阵痛和分娩时的状况都不尽相同，因此要做好充足的心理准备，是否采用麻醉，何种情况下采取剖宫产手术……这些具体的分娩计划都必须事先制订。

了解阵痛——由于不知道阵痛会发展到什么程度，所以必须提前做好各种准备，包括了解阵痛和分娩过程中可能发生的紧急状况和相应的对策。阵痛发生期间还可能出现恶心和呕吐等症状，所以需要更加注意。

阵痛开始之后就可以通过胎心仪来观察其心脏的跳动情况。分娩一般要经历十几个小时，随着阵阵宫缩，胎儿全身及头部受到挤压。这种挤压对胎儿十分重要，可促进胎儿肺成熟，为第一声啼哭和生后适应外界生活做好准备。为了宝宝的身心健康，尽量争取自然分娩。从现在开始想象拥抱可爱宝宝的感觉吧！

胎教进行时

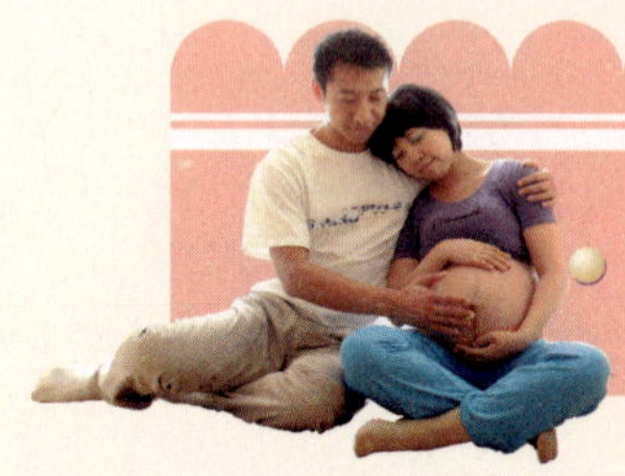

一家三口胎教法

将胎教进行到分娩那一时刻

胎儿——此时胎儿已经做好了来到这个世界的一切准备，急不可待地等着那个特殊时刻的到来。此时的胎儿正为出生后的呼吸做着大量的准备。胎儿还会从母体当中汲取各种抗体以增强自己的免疫力，肠道中充满了胎便，这些粪便会在出生之后的几天内排泄出来。

孕妇——孕妇和胎儿一样为分娩做着最后的准备。这时腹部体积和重量的增长让孕妇很难保持平衡。子宫口此时开始为分娩做准备，并变得潮湿且柔软，还会有许多分泌物，孕妇需要经常进行沐浴。如果下腹部发胀或者疼痛次数明显增加，应该立刻到医院检查。

准爸爸——胎儿终于要出生了。这时准爸爸应该做些什么呢？除了陪在心神不宁的妻子身边，就是时刻做好去医院的准备。因为我们无法准确地预知胎儿会在何时降临世上。假如孕妇一个人在家，往往在出现阵痛时过度紧张，所以准爸爸要尽可能地陪在妻子的身边，即使不能陪在她身边，也要随时打电话问一下。到了妻子分娩的时候，更应该在她身边与她一起承担这必经的历程，一起享受宝宝出生所带来的奇妙感觉。

自然分娩是孕妇的首选

实际上，有许多充足的理由可以让孕妇选择自然分娩法。

根据有些科学家的研究结果，采用自然分娩法生出的婴儿比采用剖宫产生出的婴儿智商高2点。因为婴儿在经过产道时，身体上的各个组织都受到了挤压的刺激，而剖宫产手术则不能达到这样的效果。身体所受到的刺激与胎儿肺成熟后及生后适应外界生活存在着不可分割的密切联系。

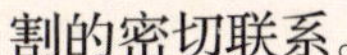

如可能，丈夫要尽量陪产

孩子的出生对其本身，对爸爸妈妈，以及对整个家族来说都是一件值得庆祝的大事。但是在现实当中孕妇被单独推进产房，家属不得不焦急地在门口等待。

妻子即将分娩了，丈夫首先要确认分娩室是否允许丈夫进入。如果条件允许，丈夫最好能陪产。即使只是表达一下想共同承受痛苦的心意，同样可以起到减轻孕妇疼痛的作用。让许多人参与进来，与孕妇一起承担痛苦的新观念，以及分娩过程中始终持续的积极氛围，对孕妇是非常重要的。

饮食胎教法

食用海带和益母茶有益于强化膀胱功能

怀孕第10个月母体的“足太阳经脉”控制着胎儿的生长，这是一条与膀胱有关的经脉。

胎儿借助母体膀胱的机能在怀孕最后阶段获得了完整的骨骼和元气，然后才来到这个世界上。因此孕妇一定要食用可以强化膀胱机能的食物。这类食物包括海带等海藻类的食物，还包括益母茶。

摄取可以促进母乳分泌的食物

孕妇需要在这一时期提前为以后的喂奶做好准备。存在于动物肝脏和酵母中的维生素L有促进乳汁分泌的作用。此外，如果打算母乳喂养，从现在开始要以比平时多补充40毫克维生素C，因为新生儿的出生会使产妇缺乏维生素C。

依照某一篇研究论文当中的记录，对怀孕10个月的孕妇血液当中的维生素含量进行测定，发现这一数值甚至还未超过平日的1/3，因此在怀孕过程中一定要坚持补充维生素C，尤其在怀孕的最后一个月里更是如此。

有打算母乳喂养的孕妇要避免吃含有大量脂肪的食物。摄取高脂肪食品容易使乳汁变得黏稠影响哺乳，因此孕妇在摄取肉类时需尽量只食用瘦肉部分，而且最好避免吃冷食和过咸的菜肴。

分娩之后为虚弱的身体补充营养

维生素C还可以使伤口快速恢复。充足地补充骨蛋白能有效预防和治疗各种骨骼疾病。

因此，如果想尽快摆脱各种产后后遗症的困扰并让虚弱的身体恢复正常，就必须在怀孕第10个月进一步增加维生素C的摄取量。补充维生素C的最佳方式莫过于吃蔬菜和水果了，西芹、白菜、青椒、菠菜、橘子和莴笋是最佳的选择。

链接：分娩期的营养结构表

第一类	谷类	精白米
		杂粮
第二类	优质蛋白质	动物性食品
		大豆类食品
第三类	含钙丰富的食品乳制品	鱼虾
		蔬菜及豆类
第四类	含铁高的食物	动物肝脏
		肉类
		鱼类
		蔬菜
		大豆及其制品
第五类	维生素和碘	新鲜蔬菜
		水果
		海藻类

蘑菇炒青椒

原料：蘑菇300克，青椒100克 ，洋葱50克

调料：葱、蒜泥各5克、盐3克，料酒、辣椒油和芝麻适量，辣椒丝少许

做法：

1. 剪掉蘑菇的底端，去除外皮之后分成4等份。
2. 把青椒的子去除干净，分成4等份以后再按2厘米的长度切开。
3. 把洋葱切成与青椒一样的大小，再把小葱细细切碎。
4. 在平底锅里倒入油，放进蒜泥和洋葱开始炒，再先后放入蘑菇和青椒继续炒。
5. 在锅里倒入料酒和辣椒油并用盐进行调味，接着加入辣椒丝、芝麻粒和小葱后拌一下，即可食用。

银耳拌芹菜

原料：芹菜400克，银耳200克

调料：盐3克，味精3克，花生酱5克，酱油5克，胡椒粉3克，醋5克，香油15克

做法：

1. 将芹菜洗净摘取较嫩的枝干，银耳浸泡后洗净去根。
2. 先将芹菜焯水后，捞出沥干，依次加入盐、味精、香油少许，拌匀，平摊盘中。
3. 将银耳入沸水略氽捞起，盛入碗中。
4. 另取一只碗，放入花生酱，加少许凉开水调成糊状，加入酱油、味精、胡椒粉、醋、香油调匀，倒入银耳中拌匀，放在芹菜上即可食用。

清拌莴笋丝

原料：莴笋600克

调料：食醋10毫升，盐10克、香油、味精少许

做法：

1. 莴笋切丝，用少量盐腌制5～10分钟，倒掉多余的水分。
2. 加入适量葱末，调入盐、香油、醋、味精，即可食用。

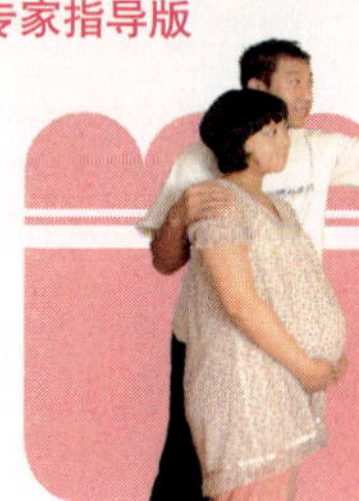

运动胎教法

最后一周，可以做一些呼吸练习，为分娩做准备。如拉梅兹呼吸法，通过对它的学习和伸展大腿内侧肌肉的运动，可以使孕妇的分娩变得更加顺利。

屈膝观顶

◎将双腿大幅度分开，两臂向侧面平伸。然而一只腿慢慢弯曲过来，上半身向弯腿的那一侧倾斜。

◎一只手向地面伸出，另一只手伸向屋顶，同时双眼向上仰望，注意臀部不能下沉。

功效： 增加平衡感，并使大腿内侧的肌肉变得柔软。

侧卧抬腿

◎在侧卧的姿势下让位于下方的腿微微弯曲或平伸。

◎另一只腿伸直，用手抓住靠上的一只脚使劲向上拉。

功效： 放松臀部和大腿内侧的肌肉。

蹲坐运动

◎双脚大幅度分开站立，然后慢慢地蹲坐下，双手在身体前方撑住地面。

◎上半身俯下，膝盖伸直，从臀部开始向上抬举并站起身来。

功效：放松大腿内转筋。

盆骨运动

Step 1

◎坐姿，双脚大幅度分开，竖膝。两手抱住膝盖，一边靠鼻子用力吸气，一边让身体竖直，向前推动骨盆。

Step 2

◎在从口中吐气的同时背部向后弓曲。

功效：使骨盆放松，并解除背部肌肉疲劳。

侧分双腿

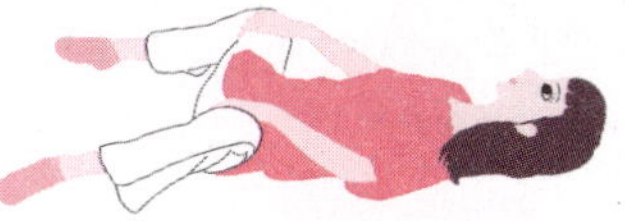

Step 1

◎双腿向两侧分开，将两膝弯曲起来并向上举起。

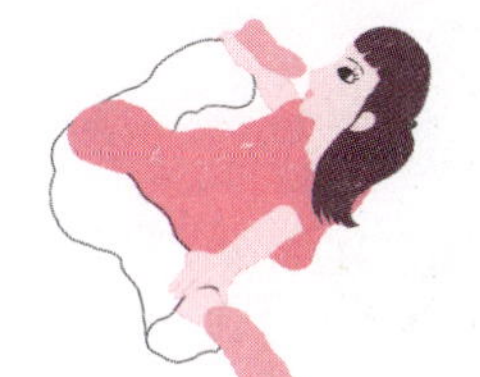

Step 2

◎在吸气、吐气的同时将上半身抬起，展开膝盖并用双手按住两侧的小腿肚子。静止下来从1慢数到5，再次吸气并向后躺下。在重复2~3次以后身体向侧面躺下休息。

功效：有利于分娩，并使大腿内侧肌肉的柔软性得到增强。

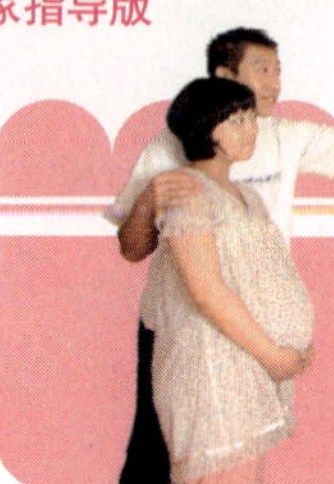

按摩胎教法

针对产后忧郁症

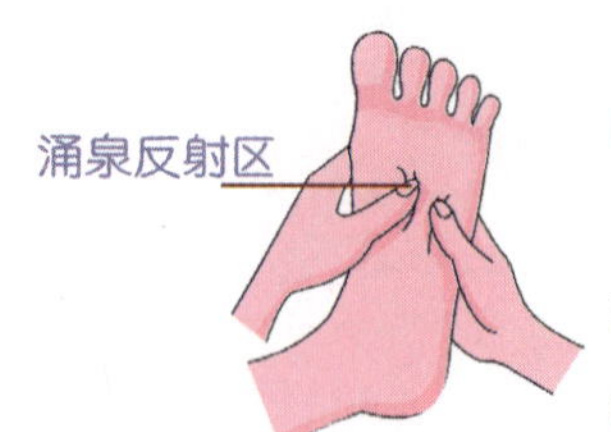

◎用双手握住整个脚背，模仿掰开一个苹果的动作进行按摩，重复4～5次。

◎用大拇指和食指依次抓住5个脚趾中的每一个向上提拉。

◎握住脚底向后扳，重复4～5次。

◎用大拇指在脚踝侧边的子宫反射区上依照逆时针方向画圆。

◎用两手的大拇指从左右两侧对应着按压脚底中心的涌泉反射区。一共按压3次，每次4秒钟。也可以用一只大拇指进行按摩。

针对肥胖

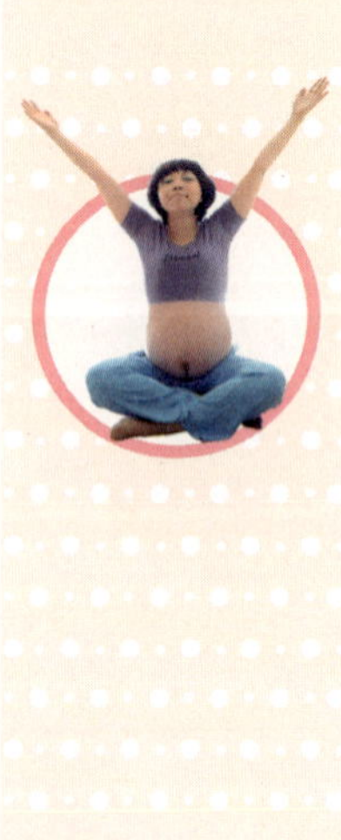

◎把毛巾敷在脚背上，用双手握住整个脚背，模掰仿开一个苹果的动作进行按摩，持续1～2分钟。

◎从脚踝出发向膝盖方向摩擦，对两只脚轮流做这种按摩，持续1～2分钟。

◎用大拇指轻按脚底中心的涌泉穴上3次，每次按4秒钟。

针对妊娠期高血压综合征

◎把毛巾敷在脚背上，双手握住整个脚背，模仿掰开一个苹果的动作进行按摩，持续1～2分钟。

◎从脚踝开始向膝盖方向摩擦，就好像要让血液向上流动一样。对两只脚轮流进行这种按摩，持续1～2分钟。

◎用大拇指轻按脚底中心的涌泉穴上3次，每次按4秒钟。

促进乳汁分泌

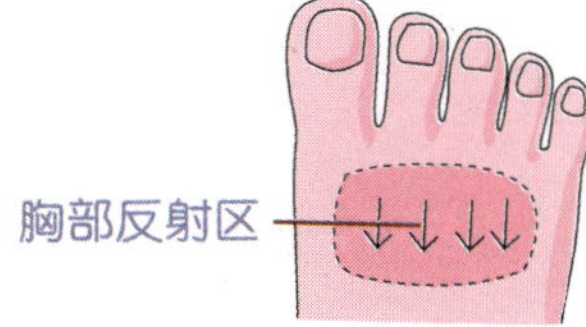

◎在脚底中心的涌泉反射区上按4次，每次3秒钟。

◎向着对角线方向的输尿管反射区滑动按摩，重复9次左右。

◎在位于脚踝内侧的膀胱反射区上按压3次，每次持续4秒钟。

◎在胸部反射区按照箭头方向滑动，搓揉4～5次。

针对产后浮肿

◎把毛巾敷在脚背上，用双手握住整个脚背，模仿掰开一个苹果的动作进行按摩，持续1～2分钟。

◎从脚踝开始向膝盖方向摩擦，就好像要让血液向上流动一样。对两只脚轮流进行这种按摩，持续1～2分钟。

◎在脚底中心位置的涌泉反射区用大拇指轻按3次，每次4秒钟。

按时量血压很重要

医生告诉我怀孕时血压的变化是很重要的信号，因为它会提示你你是否患了妊娠高血压综合征，因此在刚怀孕时我就养成了定时量血压的习惯。但是不同的人情况又有所不同，我没怀孕时血压就高，因此即使怀了孕，血压也还在90～40毫米汞柱，这对于别人来说可能是高血压的征兆，但对于我来说就不是了。但我还是有些担心，于是去咨询医生，医生说没有关系，只要饮食起居正常就可以了，但医生又特别叮嘱我如果有蛋白尿、手和脸浮肿的现象发生，就要特别注意了。在怀孕时我一直按照医生的吩咐，按时量血压，最后我终于有了一个健康可爱的女儿。所以提醒怀孕的姐妹们，要按时量血压啊！

胎教备忘卡 37～40周

<table>
<tr><th></th><th>胎儿的生长发育</th><th>孕妇的身体变化</th><th>这一周要注意的事项</th><th>最适合37～40周进行的胎教</th></tr>
<tr><td>37周</td><td>◎继续不断生长，体重仍在增加；
◎生成大量皮下脂肪。</td><td>◎体重到达最高点，等待胎儿出生时有些焦虑。</td><td>◎进行第8次产检；
◎保持良好的饮食习惯；
◎强化阴道肌肉的提肛运动和轻微的舒展运动。</td><td rowspan="4">饮食胎教：
◎食用海带和益母茶强化膀胱功能，摄取可以促进母乳分泌的食物。
运动胎教：
◎伸展大腿内部肌肉，并进行为分娩做准备的呼吸练习。
按摩胎教：
◎主要进行防止产后忧郁症，妊娠期高血压综合征，缓解肥胖和浮肿等症状的相关按摩。</td></tr>
<tr><td>38周</td><td>◎已经完全成熟。</td><td>◎腹部不再变大；
◎需要坚持骨盆底锻炼。</td><td>◎进行第9次产检；
◎有过早产经历的孕妇应严格禁止性生活；
◎注意分娩征兆。</td></tr>
<tr><td>39周</td><td>◎身体器官都已发育成熟。</td><td>◎胎儿位置的下降可能造成孕妇行走困难。</td><td>◎进行第10次产检为母乳喂养做准备。</td></tr>
<tr><td>40周</td><td>◎占据了整个子宫。</td><td>◎腹部肌肤时刻处于紧绷状态。</td><td>◎了解阵痛，做好分娩计划。</td></tr>
</table>